reinhardt

Beiträge zur Frühförderung interdisziplinär – Band 18

Klaus Sarimski

Soziale Teilhabe von Kindern mit komplexer Behinderung in der Kita

Mit 14 Abbildungen und 6 Tabellen

Ernst Reinhardt Verlag München Basel

Prof. Dr. Klaus Sarimski, Dipl.-Psych., lehrt sonderpädagogische Frühförderung und allgemeine Elementarpädagogik an der Pädagogischen Hochschule Heidelberg. Arbeitsschwerpunkte: Fragen der sozialen Teilhabe und Umgang mit Verhaltensauffälligkeiten von Kindern mit unterschiedlichen Behinderungen.

Bibliografische Information der Deutschen Nationalbibliothek

Die Deutsche Nationalbibliothek verzeichnet diese Publikation in der Deutschen Nationalbibliografie; detaillierte bibliografische Daten sind im Internet über <http://dnb.d-nb.de> abrufbar.
ISBN 978-3-497-02588-6 (Print)
ISBN 978-3-497-60243-8 (E-Book)

Printed in Germany
Cover unter Verwendung eines Fotos von © fotolia.com – Jaren Wicklund
Autorenportrait © Atelier Robra
Satz: JÖRG KALIES – Satz, Layout, Grafik & Druck, Unterumbach

Ernst Reinhardt Verlag, Kemnatenstr. 46, D-80639 München
Net: www.reinhardt-verlag.de E-Mail: info@reinhardt-verlag.de

Inhalt

Statt eines Vorwortes

> *„Lotta soll in den Kindergarten gehen?" Ben lacht. „Die kann doch gar nicht gehen." Lotta ist zwei und so schwer behindert, dass sie sich nicht mal an der Nase kratzen kann, ihr Bruder Ben ist fünf und einer der wenigen Menschen, die das Wort behindert so aussprechen wie blond oder kleine Schwester. „Wie geht das, Mama?", fragt Ben und lacht schon wieder. „Lotta kann nicht Fangen spielen, nicht singen, nicht malen [...]" Was macht ein Kind im Kindergarten, das so viel wohl nie lernen wird? Den anderen zusehen kann sie auch nicht, sie ist auch schwer sehbehindert. „Lächeln", sagt Ben. „Das kann sie da. Kindergarten ist lustig, Mama." – „Genau", sage ich. Reicht das? (Roth 2013a)*

So erinnert Sandra Roth, Mutter einer Tochter mit schwerer Behinderung, in einem Beitrag für die ZEIT, zu deren Mitarbeiterinnen sie gehört, das Gespräch mit ihrem älteren Sohn, als es darum geht, einen Kindergartenplatz für ihre Tochter Lotta zu suchen (Roth 2013a). Lotta wurde mit einer Gefäßfehlbildung im Kopf geboren, die mit einer schweren und mehrfachen Behinderung einhergeht. Wie die Mutter die Mitteilung der Diagnose einer drohenden schweren Behinderung erlebt hat, die Zeit vor und nach der Geburt, die Suche nach Klarheit über das, was für sie und ihre Familie damit verbunden ist und welche Unterstützungen helfen könnten, berichtet sie in „Lotta Wundertüte. Unser Leben mit Bobbycar und Rollstuhl" (Roth 2013b). Sicher – ein Einzelfall. Aber ein sehr lesenswertes Buch – für Eltern, die vor einer solchen Herausforderung stehen, aber auch für sogenannte Fachleute, die sich mit dem Erleben von Eltern vertraut machen wollen, bei deren Kind eine schwere und mehrfache Behinderung diagnostiziert wird.

Sandra Roths Zweifel, wie für ihr Kind soziale Teilhabe in einem Kindergarten möglich sein wird, entspricht den Gedanken und Sorgen, die sich viele Eltern machen. In meiner 25-jährigen Tätigkeit als Psychologe im Kinderzentrum München, einem Sozialpädiatrischen Zentrum, in dem ich viele Eltern von Kindern mit schwerer Behinderung zu beraten und zu begleiten versucht habe, und in meiner jetzigen Stellung als Professor für Sonderpädagogische Frühförderung an der Pädagogischen Hochschule Heidelberg, habe ich Beispiele für beides kennengelernt: Beispiele für gelungene soziale Teilhabe – sowohl in allgemeinen Kindergärten wie auch in Sonder- oder Heilpädagogischen Kindergärten. Aber auch Beispiele, bei denen zu erkennen war, dass die Kinder zwar in einen Kindergarten aufgenommen wurden, aber doch nicht wirklich „dabei" waren, d. h. von sozialer Teilhabe keine Rede sein konnte. Um genau diese soziale Teilhabe von Kindern mit schwerer und mehrfacher Behinderung soll es in diesem Buch gehen.

1 Kinder mit schwerer und mehrfacher Behinderung

1.1 Um welche Kinder geht es?

Kinder mit schwerer und mehrfacher Behinderung sind Kinder, die in ihren alltäglichen Lebensvollzügen wie Nahrungsaufnahme, Verdauung, Atmung, Ein- und Durchschlafen, Bewegungsmöglichkeiten, Erkunden der Umwelt und Verständigung mit den Bezugspersonen in gravierendem Maße beeinträchtigt sind und bei denen ein lebenslanges hohes Maß an sozialer Abhängigkeit besteht (Fröhlich et al. 2007). Ihnen ist meist keine Verständigung über Lautsprache möglich. Einige von ihnen sind auf besondere, apparative Pflegemaßnahmen angewiesen, um ihre körperlichen Grundfunktionen zu sichern; sie werden über eine Sonde ernährt oder benötigen zur Sicherung ihrer Atmung eine Trachealkanüle. In manchen Veröffentlichungen werden sie auch Kinder mit „schwersten" Behinderungen genannt.

Fröhlich (2014) erläutert diese Stichworte, mit denen er und seine Mitherausgeber in einem Band zur Frühförderung die Kinder mit schwerer und mehrfacher Behinderung beschrieben haben. Danach gehört die körperliche Beeinträchtigung, die Störung der Bewegungsentwicklung, zentral zu dem, was schwerste Behinderung genannt wird. Darüber hinaus ist bei Menschen mit schwerer und mehrfacher Behinderung die Fähigkeit, die Welt und sich selbst mit ihren Sinnen aufnehmen und daraus Sinn entnehmen zu können, in hohem Maße beeinträchtigt – sei es, weil ein Sinnesbereich stark reduziert ist oder ganz ausfällt, z. B. bei Blindheit oder Gehörlosigkeit, oder weil die Verarbeitung von Wahrnehmungseindrücken und das Denken durch eine schwere Schädigung des Gehirns massiv beeinträchtigt und damit die Orientierung in der Welt verändert ist. Menschen mit schwerer und mehrfacher Behinderung sind schließlich in ihrer Fähigkeit, Sprache aktiv und passiv zu erlernen, sehr begrenzt. Oft bleibt es bei einfachsten Austauschprozessen, die ihre Bezugspersonen nicht selten vor große Herausforderungen stellen, wenn sie die Verhaltensweisen deuten und verstehen wollen. Die eingeschränkte Selbstpflegekompetenz ist nach Fröhlich (2014) ein weiteres Charakteristikum; Kinder, Jugendliche und Erwachsene mit schwerer und mehrfacher Behinderung sind in der Regel auf Hilfe beim Waschen, Toilettengang, aber auch beim Essen angewiesen.

Menschen mit schwerer und mehrfacher Behinderung benötigen zudem meist kontinuierliche Behandlungsmaßnahmen und Hilfsmittel. Dazu gehören Physiotherapie (zur Erleichterung von Atmung und Verdauung, Verbesserung ihrer Bewegungsmöglichkeiten und Vorbeugung von Kontrakturen), orthopädische Hilfsmittel (Stützapparate, angepasste Sitzschalen, Rollstühle), eine medikamentöse Versorgung (z. B. zur Behandlung einer Epilepsie) und evtl. technische Kommunikationshilfen („Unterstützte Kommunikation“).

Diese Beschreibung des Personenkreises, wie sie Fröhlich für den deutschen Sprachraum wegweisend formuliert hat, entspricht Definitionen, die sich in der internationalen Fachliteratur finden. So definieren z. B. Samuel und Pritchard (2001) den in England gebräuchlichen Begriff der „Profound and Multiple Learning Disabilities“ (PMLD):

> *„Children and adults with profound learning disability have extremely delayed intellectual and social functioning with little or no apparent understanding of verbal language and little or no symbolic interaction with objects. They possess little or no ability to care for themselves. There is nearly always an associated medical factor such as neurological problems, physical dysfunction or pervasive developmental delay. In highly structured environments, with constant support and supervision and an individualized relationship with a carer, people with profound learning disabilities have the chance to engage in their world and to achieve their optimum potential (which might even mean progress out of this classification as development proceeds). However, without structure and appropriate one-to-one-support such progress in unlikely” (Samuel/Pritchard 2001, 39).*

Diese Beschreibungen des Personenkreises sind wesentlich hilfreicher zur Charakterisierung ihres Unterstützungsbedarfs als zahlenmäßige Angaben, mit denen ihr Intelligenz- oder Entwicklungsniveau ausgedrückt wird. Dennoch seien sie hier noch angeführt, da sie in einigen wissenschaftlichen Studien verwendet werden, um die Stichprobe zu definieren. So wird z. B. in der „International Classification of Diseases“ (ICD-10; DIMDI 2013) von schwerer intellektueller Behinderung („severe intellectual disability“) gesprochen, wenn ein Intelligenz- oder Entwicklungsquotient < 35 sowie entsprechende Einschränkungen der adaptiven Kompetenzen vorliegen; von schwerster intellektueller Behinderung („profound intellectual disability“), wenn ein Intelligenzquotient < 20 vorliegt. In beiden Fällen ist natürlich fragwürdig, welche Aussagekraft ein Zahlenwert hat, der – aufgrund der geringen Differenzierung der meisten Intelligenztests im unteren Kompetenzbereich – rechnerisch z. B. durch Division des Entwicklungsalters in einem standardisierten Test oder einem Inventar zur Dokumentation der adaptiven Kompetenzen durch das Lebensalter bestimmt wird.

Einige Autoren definieren den Personenkreis z. B. durch die Angabe, dass auch im Erwachsenenalter die Fähigkeiten von Menschen mit schwerer und schwerster Behinderung in der kognitiven, sprachlichen und adaptiven Entwicklung unter dem Entwicklungsniveau zweijähriger (in der Praxis oft einjähriger) Kinder mit unbeeinträchtigter Entwicklung liegen und sie sich nicht selbstständig fortbewegen können (z. B. Ware 1996; Nakken / Vlaskamp 2007). Auch dies ist als zusammenfassender Ausdruck für einen ausgeprägten Hilfe- und Unterstützungsbedarf gedacht, aber für die Planung pädagogischer Maßnahmen wenig tauglich. Immerhin legt diese Formulierung aber nahe, das Wissen um Entwicklungsprozesse im ersten Lebensjahr (z. B. im sensomotorischen und vorsprachlichen kommunikativen Bereich) als eine Orientierungshilfe für das Verständnis von Entwicklungsschritten bei Menschen mit schwerster Behinderung zu nutzen.

1.2 Ursachen und Prävalenz

Schwere und mehrfache Behinderungen dieser Art können im Rahmen eines genetischen Syndroms eintreten, d. h. anlagebedingt sein, oder durch eine schwere pränatale Infektion entstehen. Weitere Ursachen sind zerebrale Schädigungen, wie sie infolge einer schweren Hirnblutung oder eines Sauerstoffmangels in der Neugeborenenperiode auftreten können; ihr Risiko ist bei sehr unreif geborenen Kindern besonders hoch. Schwere und mehrfache Behinderungen können schließlich auch postnatal durch eine Hirnschädigung (z. B. als Schädel-Hirn-Trauma nach Verkehrsunfällen oder im Rahmen eines Ertrinkungsunfalls) eintreten. Eine repräsentative Untersuchung von 461 Kindern, Jugendlichen und Erwachsenen mit einer schweren oder schwersten intellektuellen Behinderung (IQ < 35 bzw. IQ < 20 gemäß der ICD-10-Definition) zeigt den relativen Anteil der verschiedenen Schädigungsursachen (Arvio / Sillanpää 2003; Abb. 1).

Für den deutschsprachigen Raum fehlt es an empirischen Daten zur Prävalenz von schwerer und mehrfacher Behinderung im Kindesalter. Eine Annäherung an die Zahl der Kinder, bei denen der beschriebene umfangreiche Hilfebedarf vorliegt, lässt sich jedoch aus den statistischen Angaben zur schulischen Versorgung von Kindern mit unterschiedlichen Behinderungen in Deutschland gewinnen. Zusätzlich können internationale populationsbasierte, epidemiologische Studien sowie einzelne Forschungsprojekte und regionale Erhebungen herangezogen werden. Allerdings ist dabei zu berücksichtigen, dass die Erhebungsmethoden, auf denen diese Daten beruhen, nicht einheitlich sind. So differenzieren die Angaben zu Schülerzahlen nach dem sonderpädagogischen Förderbedarf, während die epidemiologischen Studien medizinische Klassifikationen benutzen.

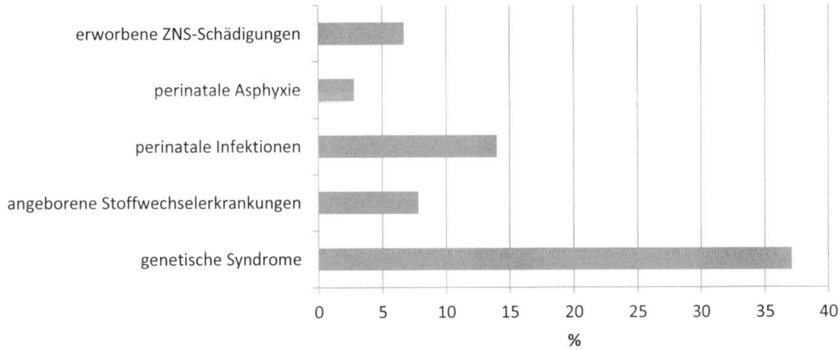

Abb. 1: Ursachen von schweren und schwersten Intelligenzminderungen (n = 461; Arvio/Sillanpää 2003)

Nach Angaben der Bertelsmann-Stiftung (2010) liegt die Zahl der Kinder, die nach dem Bildungsplan der Schule mit dem Förderschwerpunkt „geistige Entwicklung“ (die in den einzelnen Bundesländern unterschiedliche Bezeichnungen trägt) unterrichtet werden, bei 1 % der gesamten Schülerschaft. Der relative Anteil der Kinder mit Förderbedarf in der körperlichen und motorischen Entwicklung beträgt 0,4 %. Nach der Schulstatistik haben somit 1,4 % bzw. fast 10.000 Kinder pro Geburtsjahrgang einen sonderpädagogischen Förderbedarf im Bereich der geistigen oder körperlichen Entwicklung. Ein sonderpädagogischer Förderbedarf im Hören liegt danach bei 0,2 %, Blindheit oder Sehbehinderung bei 0,1 % vor.

Das „Center for Disease Control and Prevention“ (Boyle et al. 2011), das flächendeckend in den USA jährlich die Häufigkeit von verschiedenen Behinderungen dokumentiert, belegt eine Prävalenz von 0,7 % von intellektuellen Behinderungen bei Kindern zwischen drei und siebzehn Jahren. Zerebralparesen liegen danach bei 0,4 %, Hörschädigungen mittleren oder schweren Grades bei 0,5 % und Blindheit bei 0,1 % dieser Altersgruppe vor.

Dass die Zahl der Kinder und Jugendlichen mit intellektuellen Behinderungen hier niedriger ist als in der deutschen Schulstatistik, ist angesichts der Veränderungen der Schülerschaft dieser Förderschulform plausibel. In den letzten Jahren wurden in die Schulen mit Förderschwerpunkt „geistige Entwicklung“ zunehmend mehr Kinder aufgenommen, bei denen zwar keine Intelligenzminderung im Sinne der ICD-10 (IQ < 70; DIMDI 2013) vorliegt, die aber aus anderen Gründen an den schulischen Anforderungen in der Förder- oder Regelschule gescheitert sind.

Ergebnisse von flächendeckenden, regionalen Untersuchungen von Kindern, Jugendlichen und Erwachsenen mit Behinderungen (nach ICD-10-Klassifikation) liegen aus Skandinavien vor. Sie erlauben eine quantitative Angabe zum Anteil der Kinder mit schwerer und schwerster Intelligenzminderung (IQ < 35 bzw. IQ < 20, wie sie nach der ICD-10 unterschieden werden). So fanden Arvio und Sillanpää (2003) in einem Distrikt Finnlands unter mehr als 340.000 Einwohnern 461 Bewohner (0,13 %) mit einer solchen Diagnose. Eine norwegische Studie (Stromme/Valvatne 1998) berichtet eine Rate von 0,12 %. Eine englische Studie, die 2010 durchgeführt wurde, gibt ebenfalls eine Prävalenz von 0,12 % für schwere und mehrfache Behinderungen („Profound and Multiple Learning Disabilities") an. Wenn man diese Zahlen auf Deutschland überträgt, kann davon ausgegangen werden, dass pro Geburtsjahrgang etwa 800–900 Kinder zu den Kindern mit schwerer und schwerster intellektueller Behinderung gehören.

Bei den meisten Kindern mit schwerer intellektueller Behinderung liegt eine Kombination mit körperlichen Erkrankungen, Einschränkungen der Mobilität und/oder Sinnesbehinderungen vor. Zijlstra und Vlaskamp (2005) werteten z. B. die Diagnosen von 48 Kindern mit schwerer intellektueller Behinderung in drei Zentren in den Niederlanden aus. Danach bestand bei mehr als 80 % eine zusätzliche Seh- und bei ca. 30 % eine zusätzliche Hörbehinderung (Abb. 2).

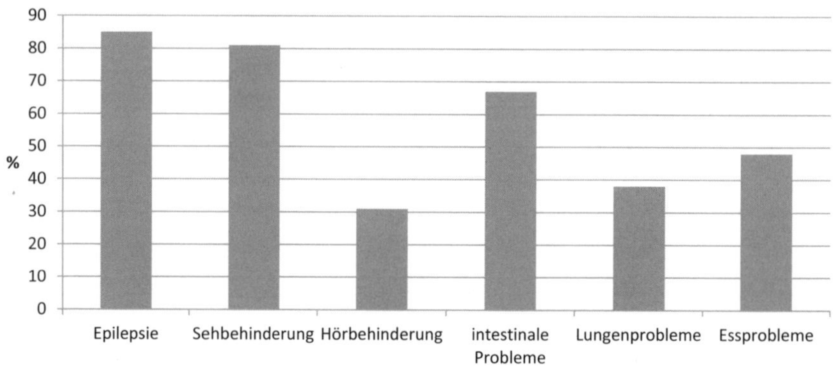

Abb. 2: Assoziierte Diagnosen bei Kindern mit schwerer intellektueller Behinderung (n = 48; Zijlstra/Vlaskamp 2005)

Aus einer Studie zur Bildungsrealität von Schülern mit schwerer und mehrfacher Behinderung in Baden-Württemberg ergibt sich ein ähnliches Bild. Bei 165 Schülern, die an Schulen mit dem Förderschwerpunkt „körperliche und motorische Entwicklung" und an Schulen mit dem Förderschwerpunkt „geistige Entwicklung" (von den Lehrkräften) als schwerstbehindert eingeschätzt wurden, gaben die Eltern bei über 90 % eine Beeinträchtigung der Sprache, bei 77 % eine schwere körperliche Behinderung und bei etwa 50 % eine Seh- oder Hörbehinderung an (Klauß 2006). Etwa 10 % teilten mit, dass ihr Kind Probleme mit der Nahrungsaufnahme hat.

Ein Teil der Kinder mit schwerer und mehrfacher Behinderung ist im Rahmen ihres komplexen Hilfebedarfs auf spezifische apparative Pflegemaßnahmen angewiesen, z.B. auf eine Ernährungssonde oder auf Beatmungshilfen über eine Trachealkanüle. Verlässliche Zahlen über die Prävalenz von Kindern mit einem solchen apparativen Pflegebedarf fehlen in Deutschland. Besonders hoch dürfte der Anteil der sondierten Kinder unter den Kindern mit schwerer Zerebralparese sein. Bei 90 % dieser Patienten treten Fütterstörungen auf, 75 % der Patienten mit schwerer Zerebralparese sind (betrachtet über die gesamte Lebensspanne) unzureichend ernährt und viele von ihnen entwickeln einen gastro-ösophagealen Reflux (Smith 1999).

Das Sondieren oder Versorgen eines Tracheostomas sowie der Umgang mit Schwierigkeiten beim Essen und mit orthopädischen Hilfsmitteln gehören damit auch zu den Betreuungsaufgaben der pädagogischen Fachkräfte bei Kindern mit schwerer und mehrfacher Behinderung. Das gilt für den Bereich von Kindergarten und Schule gleichermaßen. Dabei können Unterricht und Pflege bei Kindern mit schwerer und mehrfacher Behinderung nicht voneinander getrennt werden. Kompetenzen bei der Versorgung der Kinder in ihren körperlichen Bedürfnissen sind vielfach essentiell als Voraussetzung für pädagogische Förderung. Oft bieten zudem gerade Pflegehandlungen – das Essengeben, Wickeln, Umkleiden oder die Umlagerung von Kindern in Stehbretter oder angepasste Sitzschalen – Gelegenheiten für die Förderung sozialer Teilhabe, bei denen das Verständnis der Kinder für die Abläufe in ihrer Umgebung und die Fähigkeit, eigene Beiträge zu ihrem Fortgang beizusteuern, angeregt werden.

So gaben 20 % von 129 Lehrkräften in Schulen mit dem Förderschwerpunkt „geistige Entwicklung", die Kuhl und Spies (2013) befragten, an, dass sie in ihrer Klasse regelmäßig oder häufig Kinder haben, die mit Sondenkost ernährt werden. 9 % hatten danach im Laufe ihres Berufslebens bereits einmal Erfahrungen in der Betreuung eines atmungsbeeinträchtigten Kindes. Ebenso viele Lehrerinnen und Lehrer hatten Erfahrung im Umgang mit Rollstühlen, Orthesen, Liegeschalen oder anderen Hilfsmitteln für Kinder mit körperlicher Behinderung. In Schulen mit dem Förderschwerpunkt „körperliche und motorische Entwicklung" stellen sich diese Aufgaben sicherlich noch wesentlich häufiger.

Weitere empirische Daten zu Schädigungen der Körperfunktionen – wie sie in der „International Classification of Functioning" (ICF; Kraus de Camargo/Simon 2013) genannt werden – liegen für das Erwachsenenalter vor und machen ebenfalls deutlich, dass bei Menschen mit schwerer Behinderung in den meisten Fällen eine Schädigung in mehreren Körperfunktionen vorliegt. Auch hier schwanken die Daten, die in denen einzelnen Studien ermittelt wurden, allerdings relativ stark. Van Splunder et al. (2006) berichteten bei 85 % eine (häufig zentral bedingte) Sehschädigung, Evenhuis et al. (2001) bei 25–35 % eine Hörschädigung und Lhatoo und Sander (2001) bei 24 % der Menschen mit schwerer intellektueller Behinderung und bei 50 % der Menschen mit schwerster intellektueller Behinderung eine Epilepsie. In der bereits zitierten finnischen Studie von Arvio und Sillanpää (2003) wurde bei 51 % der Kinder, Jugendlichen und Erwachsenen mit schwerer und schwerster intellektueller Behinderung eine Epilepsie, bei 7 % Blindheit und bei 2 % Gehörlosigkeit diagnostiziert. Diese zusätzlichen Behinderungen bedeuten Barrieren für die soziale Teilhabe und die Aktivitätsmöglichkeiten von Menschen mit schwerer und mehrfacher Behinderung.

1.3 Häufigkeit schwerer und mehrfacher Behinderungen im Kindergartenalter

Quantitative Erhebungen, die sich explizit mit der Zahl von Kindern mit schwerer Behinderung, zusätzlichen Behinderungen sowie spezifischen medizinischen Pflegebedürfnissen im Kindergartenalter befassen, fehlen für den deutschen Sprachraum bisher. In einer elektronisch gestützten Erhebung versuchten wir deshalb, die Prävalenz von schwerer und mehrfacher Behinderung im Alter von 3–6 Jahren in Baden-Württemberg einzuschätzen. In diesem Bundesland ist die Institution der Schulkindergärten, die an Förderschulen angegliedert sind, aus historischen Gründen sehr breit etabliert. Dort wurden im Schuljahr 2013/2014 insgesamt 4.459 Kinder mit unterschiedlichen Behinderungen betreut. Es besteht zwar die Möglichkeit, Kinder mit Behinderungen auch in allgemeine Kindergärten zu integrieren, diese wird aber insbesondere von den Eltern der Kinder mit schweren Behinderungen bisher kaum genutzt, da nur in begrenztem Maße eine sonderpädagogische und therapeutische Unterstützung durch Assistenz- oder heilpädagogische Fachkräfte gesichert werden kann, die vom Träger der Einrichtung jeweils per Einzelvereinbarung eingestellt werden müssen. Eine zentrale Erfassung der Kinder, die mit besonderem Förderbedarf in allgemeine Kindergärten integriert werden, erfolgt nicht. Es kann aber davon ausgegangen werden, dass sich darunter nur eine kleine Zahl von Kindern mit schwerer und mehrfacher Behinderung befindet.

Aus diesen Gründen erschien es gerechtfertigt, die Erhebung auf Kinder in Schulkindergärten zu beschränken. Eine weitere Einschränkung erfolgte auf die Schulkindergärten, die an Förderschulen für Kinder mit geistiger oder körperlicher Behinderung, an Schulen für blinde Kinder und Kinder mit Sehbeeinträchtigungen oder mit Hörbeeinträchtigungen angeschlossen sind. Angesichts des komplexen Unterstützungsbedarfs von Kindern mit schwerer und mehrfacher Behinderung ist eine Aufnahme in einen Schulkindergarten für Kinder mit Lernbehinderung oder Sprachbehinderung bzw. einen Schulkindergarten, der an eine Schule für Erziehungshilfe angeschlossen ist, sehr unwahrscheinlich.

An der Erhebung beteiligten sich 258 Gruppenleiterinnen (50,7 % aller Gruppenleiterinnen in den betreffenden Schulkindergärten), davon konnten 238 Fragebögen in die Auswertung einbezogen werden. Die Angaben der Gruppenleiterinnen aus diesen 238 Gruppen beziehen sich auf insgesamt 1811 Kinder. Das sind 66,9 % der Gesamtzahl der Kinder, die in den vier genannten Schulkindergärten betreut werden. Auch wenn es sich somit nicht um eine Vollerhebung handelt, scheint es auf dieser Grundlage doch möglich, Aussagen über die Zahl der Kinder mit schweren und mehrfachen Behinderungen in diesem Bundesland zu machen, die einen Kindergarten besuchen.

Die Stichprobe erscheint hinreichend repräsentativ, um zumindest eine Orientierung über den relativen Anteil von Kindern mit ausgeprägtem Hilfebedarf im Bereich der Umwelterkundung, Verständigung und Fortbildung sowie über die Zahl der Kinder gewinnen zu können, die zur Grundversorgung auf besonderen medizinische Pflegemaßnahmen (Ernährungssonde, Trachealkanüle) bzw. zur Verständigung auf elektronische Kommunikationshilfen angewiesen sind.

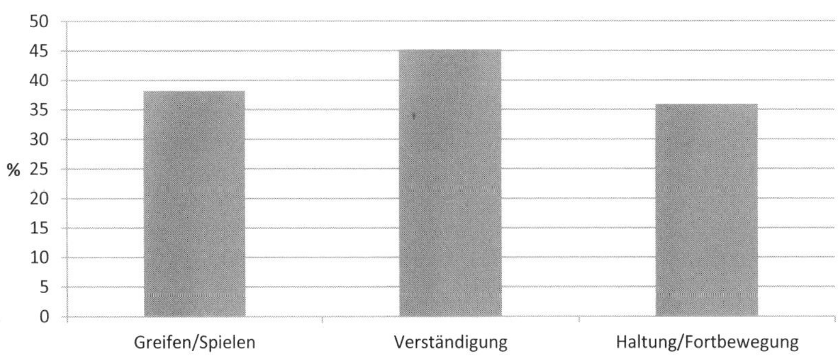

Abb. 3: Relativer Anteil von Kindern mit ausgeprägtem Hilfebedarf in Schulkindergärten in Baden-Württemberg (Angaben von 238 Gruppenleiterinnen)

Die Ergebnisse unserer Prävalenzerhebung lassen sich in folgenden Aussagen zusammenfassen:

- Mehr als ein Drittel der Kinder, die in Schulkindergärten für Kinder mit geistiger oder körperlicher Behinderung, für blinde Kinder und Kinder mit Sehbeeinträchtigungen oder mit Hörschädigungen betreut werden, sind als mehrfach behindert anzusehen (Abb. 3). 25 % weisen einen ausgeprägten Hilfebedarf in allen drei abgefragten Bereichen (Umwelterkundung, Verständigung, Mobilität) auf.
- 37 % der Kinder haben einen ausgeprägten Hilfebedarf bei der Nahrungsaufnahme. 2 % sind auf die Versorgung mit einer Ernährungssonde, 0,5 % auf eine Trachealkanüle angewiesen. 9,2 % benötigen nach Einschätzung der Fachkräfte elektronische Kommunikationshilfen zur Unterstützung der Verständigung.
- Der Anteil von Kindern mit ausgeprägtem Hilfebedarf und der Anteil der Kinder, die auf eine Ernährungssonde, Trachealkanüle oder elektronische Kommunikationshilfe angewiesen sind, ist in Schulkindergärten für blinde Kinder und Kinder mit Sehbeeinträchtigungen besonders hoch. In Einrichtungen für Kinder mit Hörschädigung weisen nur relativ wenige Kinder eine komplexe Behinderung und den genannten spezifischen Hilfebedarf auf.

Die ermittelte Zahl von 446 Kindern mit ausgeprägtem Hilfebedarf in den Bereichen Umwelterkundung, Verständigung und Mobilität und die Zahl von 168 Kindern, die aus Sicht der Fachkräfte eine elektronische Kommunikationshilfe zur Verständigung benötigen, sind ein deutlicher Hinweis auf die pädagogischen Herausforderungen, vor denen viele Fachkräfte in Schulkindergärten stehen. In Einrichtungen für Kinder mit geistiger Behinderung, mit körperlicher Behinderung und – vor allem – für blinde Kinder und Kinder mit Sehbeeinträchtigung sind sie häufig mit komplexen Behinderungen konfrontiert. Auch wenn die Zahl der Kinder, die auf eine Ernährungssonde angewiesen sind (n = 38) bzw. mit einer Trachealkanüle versorgt werden (n = 9), relativ klein ist, stellen diese Kinder sie vor zusätzliche Anforderungen in der Pflege und alltäglichen Versorgung. Dies gilt für Fachkräfte, die Kinder mit Behinderungen in Sonder- oder Heilpädagogischen Kindergärten betreuen – aber natürlich unterstreichen diese Zahlen auch den Bedarf an Hilfen und pädagogischer Unterstützung, die bei einer Aufnahme eines Kindes mit schwerer und mehrfacher Behinderung in eine inklusive allgemeine Kindestagesstätte zu gewährleisten sind.

1.4 Kindergartenaufnahme als Entlastung und Schritt in die Normalität

Die Aufnahme in einen Kindergarten hat eine hohe Bedeutung für die Eltern. In den ersten Lebensjahren des Kindes müssen sie sich mit der Diagnose auseinandersetzen, mit der sie konfrontiert sind. In jedem Fall haben ihnen die Ärzte die Dauerhaftigkeit und Schwere der Behinderung ihres Kindes mitteilen müssen, auch wenn nicht immer eine eindeutige Ursachenklärung möglich ist. Diese Diagnose verändert ihre Lebensperspektiven und ihren Alltag grundlegend und unumkehrbar. Sie müssen lernen, mit den gesundheitlichen Risiken und Komplikationen zurechtzukommen, die bei ihren Kindern auftreten, und müssen sich mit den verschiedenen medizinischen Behandlungsmöglichkeiten vertraut machen. Insbesondere die regelmäßige physiotherapeutische Behandlung beansprucht ihre Zeit und Kraft. Pädagogische Frühfördermaßnahmen kommen hinzu und bedeuten eine weitere Anforderung. Viele Eltern beklagen in diesem Zusammenhang eine unzureichende Koordination der Fördermaßnahmen, z.B. wenn neben der ärztlich indizierten Physiotherapie auch eine Förderung durch Mitarbeiter einer allgemeinen Frühförderstelle sowie eine Förderung für Kinder mit Seh- oder Hörschädigungen miteinander kombiniert werden sollen. Schließlich müssen sie sich auf die besonderen Pflegebedürfnisse ihres Kindes einstellen. Auch das kann eine hohe Belastung bedeuten, z.B. wenn das Kind nur schwer zu füttern ist und das Essengeben viel Zeit im Laufe eines Tages beansprucht.

In einer Serie von Einzelfallstudien zur Belastungs- und Beziehungsentwicklung von Müttern und Kindern mit schwerer und mehrfacher Behinderung in den ersten zwei Lebensjahren hat sich gezeigt, wie die Mütter um eine „Wiedereroberung von Normalität" in ihrem Leben und – in je unterschiedlicher Weise – um die Bewältigung der vielfältigen Anforderungen ringen (Sarimski 2012a). Die körperliche Fragilität der Kinder, die Erwartungen, die mit Therapien oder Fördermaßnahmen verbunden sind, aber auch die soziale Unterstützung durch den Partner, die Familie oder Freunde spielen eine Rolle, wie gut ihnen dies gelingt. Zwei charakteristische Äußerungen von Müttern, die im Rahmen dieser Einzelfallstudien über ihren Alltag berichteten, seien als Beispiele angeführt:

BEISPIEL

Das ist noch schwierig, wir waren ja jetzt in letzter Zeit viel im Krankenhaus. Das ist so eine ständige Umbruchsituation. Wir haben noch keine Normalität und noch keinerlei Alltag. Aber wir hoffen, dass es irgendwann mal zur Normalität kommt. Ich brauch jetzt auch noch ein bisschen Routine. Die Große geht jetzt in die Kinderkrippe. Da muss sie morgens um neun sein. Da muss ich um sechs aufstehen und anfangen, damit ich die beiden Kinder um neun da hab. Dass ich um viertel vor neun mit den Kindern aus dem Haus gehen kann und dann bin ich halb zehn wieder daheim. Da kann ich erstmal Frühstücken. Das schaff ich vorher nicht und ich trödel da nicht groß rum, sondern ich spring die ganze Zeit zwischen den beiden hin und her.

BEISPIEL

Man bekommt dann vielleicht in der Krankengymnastik ständig Tipps, so nach dem Motto „legen Sie ihn am Tag häufig auf den Bauch, auf die Seite legen sollten Sie ihn auch ein paarmal, tun Sie ihm möglichst oft die Füße zusammen und zum Bauch hindrücken, damit er merkt, dass er die Füße zusammen machen muss“. Von der Hörfrühförderung kommt, dass ich häufig mit ihm Singspiele machen soll, häufig mit ihm Fingerspiele machen soll, ihm Dinge zeigen soll, die Geräusche machen, ihn durch die Gegend tragen soll. Ich meine, klar, das sind Sachen, die man auch so machen würde, aber man bekommt halt immer gesagt, dass man noch mehr machen soll. Ich soll ihn auf den Bauch legen, auf die Seite legen, auf den Rücken legen, dies tun, das tun. Natürlich heißt es dann immer, von der Krankengymnastin zum Beispiel, dass ich das nur tun soll, wenn ich Zeit habe, oder nur ab und zu, oder nur mal so für fünf Minuten. Also weil – sonst müsste ich ihn den ganzen Tag einfach nur rumdrehen wie ein Spanferkel. Ja, das ist eigentlich so das nicht Normale, dass ich nicht mit ihm so diese normalen Sachen machen kann.

Depressionen, Unsicherheit in der Einschätzung des Kindes, Sorgen um die Zukunft, Anzeichen einer Traumatisierung durch die Diagnosemitteilung oder einzelne dramatische Notsituationen waren in den Interviews, die im Rahmen dieser Einzelfallstudien mit den Müttern geführt wurden, zu erkennen – aber auch ein aktives, problemorientiertes Bewältigungsstreben mit beträchtlicher Zuversicht in die eigene Kompetenz, die Herausforderungen zu meistern. Die Ergebnisse der Einzelfallstudien zeigten zudem, dass der Grad der subjektiv erlebten Belastung im Beobachtungszeitraum bis zum Ende des zweiten Lebensjahres keineswegs geringer wird.

Insbesondere die Abhängigkeit von apparativen Pflegemaßnahmen, z. B. die Ernährung über eine Sonde oder die Beatmungshilfe über eine Trachealkanüle, bedeuten eine gravierende Einschränkung für die Möglichkeiten, ein gewisses Maß an Normalität in der Alltagsgestaltung zurück zu erobern. Das Risiko, dass sich Eltern mit einem Kind mit diesem komplexen Hilfebedarf sozial isolieren, ist hoch (Kirk / Glendinning 2004). Auch das zeigt sich in den Äußerungen der befragten Mütter, z. B.:

BEISPIEL

Belastend ist, dass man nur mit den Schläuchen irgendwo hingehen kann. Also auch wenn wir jetzt den Reha-Wagen haben, Ich kann nur mit den Schläuchen rausgehen und ab 35 Grad darf ich gar nicht mehr rausgehen mit ihm. Und viel Stromkosten. Und nicht nur die Beatmung, sondern dieser Feuchttopf hier, dieser Wärmetopf frisst am meisten Strom. Dann Pulsoximeter natürlich, die Ernährungspumpe. Man ist immer angebunden, wenn der Strom ausfällt, dann muss ich mich drum kümmern, dass er schnellstmöglich wieder eingeschaltet wird, oder um den Transport kümmern, dass der M. in die Klinik kommt. Da muss ich überall nach gucken, muss ich mich drum kümmern.

Ratcliffe et al. (2002) fassten die Eindrücke aus Interviews mit Eltern aus Familien, in denen medizinisch fragile Kinder mit schweren und chronischen gesundheitlichen Beeinträchtigungen aufwachsen, in vier Kernbereiche zusammen: Rollenkonflikte in der Zusammenarbeit mit Ärzten und Pflegekräften (Elternrolle vs. Rolle als Pflegekraft), finanzielle Belastungen (z. B. durch die häufigen Termine in Kliniken, Zuzahlungen bei der Anschaffung von Hilfsmitteln, Kosten für Pflegemittel, Anschaffung rollstuhlgerechter Fahrzeuge oder entsprechende Umbauten in der Wohnung), körperliche Belastungen durch die täglichen Anforderungen von Pflege und Versorgung des Kindes sowie Abhängigkeit und soziale Isolation durch Einschränkungen der sozialen Teilhabe am normalen Alltagsleben, die durch die besonderen Pflegebedürfnisse des Kindes bedingt sind.

In der englischsprachigen Literatur finden sich in neuerer Zeit weitere Arbeiten, die die Belastungssituation für Familien mit Kindern mit komplexen Behinderungen bestätigen. Redmond und Richardson (2003) interviewten z. B. 17 Mütter von Kindern mit sehr gravierender intellektueller Behinderung und schweren gesundheitlichen Beeinträchtigungen im Alter unter vier Jahren. Die Studie wurde in Irland durchgeführt. Die Mütter beklagten, dass sie viel Mühe darauf verwenden müssen, sich nötige Informationen zur Behandlung und Förderung der Kinder zu verschaffen. Die Unterstützungsmaßnahmen empfanden sie vielfach als unkoordiniert und schwer zu erreichen. Als wichtigsten Wunsch nannten auch sie eine Unterstützung durch mobile Förder- und Behandlungsangebote sowie familienentlastende Dienste. Graham et al. (2008) berichteten über Gespräche mit Eltern von 480 Kindern, die dauerhaft auf technische Hilfen zur Sicherung ihrer Beatmung angewiesen sind. Übernahme der Verantwortung für die Pflege und den gesundheitlichen Schutz der Kinder, Probleme der Zusammenarbeit mit Ärzten und Pflegekraft und die Suche nach Unterstützung und Austausch mit anderen Familien in einer vergleichbaren Lebenssituation wurden auch dort als zentrale Themen deutlich. Die Autoren wählten für ihren Artikel über die Situation von Kindern, die mit solchen apparativen Pflegebedürfnissen aus der stationären Pflege nach Hause entlassen werden, die treffende Überschrift „Included but isolated“.

Wind und Sarimski (2012) dokumentierten in einer schriftlichen Befragung von Familien, deren Kinder auf eine Trachealkanüle angewiesen sind, ebenfalls die besondere Belastungssituation der Familien. Es wurden 14 Mütter von Kindern im Schulalter befragt. Fast alle berichteten über allgemeine Erschöpfung, Einschränkungen der familiären Freizeitgestaltung, Zukunftsängste, Vernachlässigung der eigenen Bedürfnisse und Interessen, Angst um das (Über-) Leben des Kindes und die Doppelbelastung durch Haushalt und Pflege. Mit Blick auf die schulische Versorgung hatten sie Angst, dass ihrem Kind während der Schulzeit etwas zustoßen könnte. Sie haben erlebt, dass ihr Kind von verschiedenen Angeboten in der Schule ausgeschlossen wird, und vermissten einen hinreichenden Austausch mit den Lehrerinnen und Betreuern ihres Kindes in der Schule.

Gravierende Einschränkungen des Familienlebens sind jedoch nicht auf Familien mit Kindern beschränkt, die auf eine Ernährung per Sonde oder Atmungshilfen über eine Trachealkanüle angewiesen sind. In einer Querschnittuntersuchung, bei der 69 Mütter eine Reihe von Fragebögen zu ihrem Belastungs- und Familienerleben ausfüllten, schilderten sich zwei Drittel der befragten Mütter als überdurchschnittlich hoch belastet (Sarimski 2012a). Es handelte sich durchweg um Mütter von Kindern mit schwerer Behinderung, aber nur in wenigen Fällen um Mütter von Kindern, bei denen eine apparative Versorgung erforderlich war. Das mittlere Alter der Kinder lag bei 4;8 Jahren. Als wesentlicher Einflussfaktor für die erlebte Belastung in der Interaktion erwiesen sich die Temperaments- und Verhaltensmerkmale des Kindes. Die Belastung wird jedoch – so zeigten die Angaben der Mütter – individuell unterschiedlich erlebt. Biografisch geprägte individuelle Ressourcen der Mütter, z. B. eine optimistische Grundhaltung und Zuversicht in die eigenen Bewältigungskräfte, und die soziale Unterstützung, die sie in ihrer Partnerschaft und ihrem sozialen Umfeld erleben, sind dafür von großer Bedeutung.

Die Bedürfnisse nach Unterstützung, die die Mütter in dieser Studie anmeldeten, unterstrichen die Vielfalt der Belastungen. Etwa 40 % der Mütter wünschten sich mehr Unterstützung für die weitere Förderung des Kindes und den Umgang mit schwierigen Verhaltensweisen, 25 % wünschten sich mehr Austauschmöglichkeiten mit anderen betroffenen Eltern, fast alle äußerten ein dringendes Bedürfnis nach mehr praktischer Entlastung und Zeit für sich selbst. 56 % der befragten Mütter stimmten teilweise oder nachdrücklich zu, dass sie Bedarf an Beratungsgesprächen mit Psychologen oder Sozialarbeitern haben. Die Mehrheit der befragten Mütter benötigte aus eigener Sicht auch (teilweise oder dringend) mehr Unterstützung bei der Finanzierung von familienentlastenden Diensten, ambulanten Therapien oder Hilfsmitteln, aber auch um die Kosten für den Transport des Kindes zu ärztlichen oder therapeutischen Terminen, spezielle Ernährung oder Kleidung und Anpassungen in der Wohnungsgestaltung finanzieren zu können.

Die Aufnahme des Kindes in einen Kindergarten (und später in die Schule) verspricht eine wesentliche Entlastung für die Familien – und gleichzeitig einen Schritt in die Normalität, wie sie auch Eltern von Kindern ohne Behinderungen erleben, wenn die Kinder drei Jahre oder älter geworden sind. Sie erlaubt es, den Tagesablauf neu zu strukturieren und auch für eigene Bedürfnisse oder evtl. die Bedürfnisse von weiteren Kindern der Familie wieder Zeit zu gewinnen (Rehm/Bradley 2006). Die Entlastung von der alltäglichen Versorgung, vor allem aber von den Erwartungen an die Förderung der Entwicklung des Kindes wird in den Äußerungen von zwei Müttern sehr deutlich:

BEISPIEL

Was ich sehr schnell festgestellt habe, ist, dass es eine unglaubliche Erleichterung bedeutet, wenn man auf einmal nicht mehr alleine verantwortlich ist für dieses Kind und da auf einmal Fachpersonal ist. Und das zweite, was ich einen sehr wichtigen Schritt fand: Vorher bin ich ja zu allen Therapien mit N. hingefahren. Und da oft so – und das habe ich von vielen Müttern im Nachhinein gehört – dann ist man dann zur Ergotherapie gefahren und das Kind war müde. Und man wusste schon während man hingefahren ist, diese Sitzung hat null Wert. Er wird jetzt gleich nicht gescheit mitmachen, das wird eine Qual fürs Kind und die Therapeutin. Und im Kindergarten ging es dann auf einmal so, dass die Ergotherapeutin mit im Raum war und gesagt hat: „Jetzt schnappe ich ihn mir. Weil jetzt ist er gerade gut drauf und jetzt kann ich was mit ihm machen." Und das fand ich sehr angenehm. Und dass man nicht mehr als Mutter der Therapeutin einmal die Woche erzählen muss: „Mein Kind ist so und so diese Woche gewesen", sondern, dass sie sich ein eigenes Bild machen konnten.

Weil ich dann auch die Chance sehe, hey, da kann so viel mehr passieren, als bei mir zu Hause. Weil es einfach nicht zu Hause ist und weil es einfach nicht ich bin. Also für mich ist das eine Entlastung. Wenn ich weiß, es gibt noch andere, die sich ernsthaft Gedanken machen um sie. Und versuchen, sie zu fördern. Ich hab manchmal das Gefühl, es klappt vielleicht sogar besser, als wenn ich das tue.

Die Suche nach einer Einrichtung, die ein Kind mit komplexem Hilfebedarf aufzunehmen bereit ist, gestaltet sich jedoch in vielen Fällen schwierig. Die Einrichtungen sind vielfach nicht auf diese besonderen Bedürfnisse eingestellt und verfügen nicht über ausreichende personelle Ressourcen (Hewitt-Taylor 2009). Insbesondere dann, wenn die Kinder auf spezielle Pflegemaßnahmen angewiesen sind, ist die Anmeldung in einem Kindergarten auch mit ambivalenten Gefühlen verbunden. Sie fordert von den Eltern die Bereitschaft ab, die Verantwortung für die Versorgung ihres Kindes in (zunächst) fremde Hände zu geben und darauf zu vertrauen, dass die pädagogischen Fachkräfte in der Lage sind, den umfassenden Hilfebedürfnissen des Kindes kompetent gerecht zu werden. Zwei Mütter beschreiben diese ambivalenten Gefühle so:

Also für mich war immer dieser Gang in den Kindergarten verbunden mit dem Gedanken: „Oje. Das kann ich nicht machen. Ich kann den M. noch nicht in den Kindergarten tun. Der kann ja auch fast nichts, was will er denn da machen?“ oder: „Ja, wie soll das gehen?“. Und ich habe mich da schon ein bisschen gescheut davor.

Wenn ich ihn gefragt habe: „Hat es dir gefallen im Kindergarten?“, dann hat er gelacht. Direkt dann, wenn ich ihn abgeholt habe. Aber spätestens ein, zwei Stunden später hat er schon mit dem Kopf geschüttelt. […] Weil man halt immer so die Sorge hat, weil er sich ja nicht so äußern kann wie ein gesundes Kind: Ist sein Schreien nur ein: „Mama, ich will nicht weg von dir!“ oder hat er tatsächlich ein tieferes Problem – und dann war ich immer schon so ein bisschen im Zwiespalt. […] Sie haben ihn nicht da abgeholt, wo er ist, sondern haben ihn wirklich so „zack“ ins kalte Wasser geschmissen. Vielleicht hat er es auch gebraucht, ich weiß es nicht.

Im Umgang mit Ernährungssonden oder Trachealkanülen müssen diese Mitarbeiter in der Regel angeleitet werden (Smith et al. 2003). Das gilt unabhängig davon, ob das Kind in einen allgemeinen Kindergarten oder in eine Einrichtung für Kinder mit Behinderungen (Förderkindergarten, Schulkindergarten oder Heilpädagogischer Kindergarten) aufgenommen wird. Im Prinzip besteht in beiden Fällen die Möglichkeit, eine ausgebildete Pflegefachkraft zur Versorgung der Kinder zu suchen und im Rahmen der Eingliederungshilfe zu finanzieren. Die Suche gestaltet sich allerdings oft schwierig, so dass es in vielen Fällen die Eltern sind, die ihre Erfahrung und die Kompetenz, die sie sich selbst angeeignet haben, an die Fachkräfte weitergeben.

Für die Wahl der Einrichtung, die das Kind besuchen soll, ist es aus Sicht der Eltern oft entscheidend, ob die Mitarbeiter bereits Erfahrungen mit der Betreuung eines medizinisch fragilen Kindes haben oder ob sie bereit sind, sich auf die damit verbundenen Anforderungen einzustellen. Der Wunsch nach größtmöglicher Sicherheit in der Versorgung der körperlichen Bedürfnisse ist ihnen dabei oft wichtiger, als die Frage, ob ihr Kind dort mit Kindern ohne Behinderungen aufwächst oder ob auch die anderen Kinder der Gruppe in ihrer Entwicklung beeinträchtigt sind. Drei Mütter beschreiben ihre Wahl für einen Kindergarten mit einer kleinen Gruppe und heilpädagogisch erfahrenen Erziehern so:

BEISPIEL

In Gesprächen mit Ärzten, mit Therapeuten wurde gesagt, die Kita ist das Beste, was wir jetzt machen können. Einfach der Kontakt mit anderen Kindern, kein Krankenhaus, also mal was völlig anderes. […] Also im Grunde war es für uns nie eine Option, sie in den normalen Kindergarten zu bringen. Sondern wo man einfach die Erfahrung hat, dass es in der Kita ja auch eine Krankenschwester gibt und solche Dinge. Wo man weiß, dass da jemand nicht in Panik verfällt, wenn irgendwas ist, weil er weiß, was zu tun ist. Da sind wir auch beruhigter.

BEISPIEL

Also ich hätte eigentlich gerne gehabt, dass er auch vor Ort in den Kindergarten gekommen wäre. Aber (die Fachkraft der Frühförderstelle) hatte gesagt: „Gucken Sie sich einfach die […] mal an, gehen sie mal hin." Und ich bin hier hergekommen und habe gedacht, ja, das ist es eigentlich. Es war alles neu renoviert, wunderschön eingerichtet, freundlich und halt, die Gruppe ist halt nicht so groß. Der F. hätte in einer normalen Kindergartengruppe keine Chance, weil er – also wenn er jetzt laufen würde, wäre es vielleicht noch einmal einen Tick anders, wenn er so am Leben teilnehmen würde. Es war eine richtige Entscheidung. Also, aus Sichtweise des Kindes. Denke ich einmal. Die wären da auch überfordert gewesen, da im Kindergarten.

BEISPIEL

Also das mit der Essenssituation war ja nur in dem Kindergarten gegeben, dass sie dann praktisch dort die Sondierung dann halt auch übernehmen. Also man hätte natürlich auch in einem anderen Kindergarten der J. eine Pflegekraft mitgeben können. Also, das machen jetzt ja viele, ne? Dass da eine Pflegekraft halt mit dabei ist und die Sondierung übernimmt. Aber ich muss ehrlich zugeben, ich wollte, dass die J. praktisch selbstständig wird in Anführungszeichen. Dass da nicht immer eine bekannte Person dabei ist. Dass sie dann ein bisschen Normalität hat.

Die Eltern kennen ihr Kind zu diesem Zeitpunkt am besten und erwarten damit – zu Recht – eine partnerschaftliche Kooperation mit den Fachkräften bei allen Maßnahmen, die für die Versorgung des Kindes und seine Förderung geplant werden. Diese Erwartung wird nicht in jedem Fall erfüllt.

De Geeter et al. (2002) erfragten die Erfahrungen von Eltern von Kindern mit schweren und mehrfachen Behinderungen in den Niederlanden. 723 Eltern beteiligten sich an der Umfrage. Tabelle 1 gibt einen Überblick über die Verteilung der Antworten.

Lediglich 54 % der Eltern geben an, dass sie regelmäßig in Entscheidungsprozesse bei der Förderplanung einbezogen werden. Etwa ein Drittel hat den Eindruck, dass ihre Meinung dabei ein entscheidendes Gewicht hat. 52 % fühlen sich jeweils gut informiert über die Ziele der Pädagogen in der Arbeit mit ihrem Kind. 34 % fühlen sich auch über die pädagogischen Methoden gut aufgeklärt, mit denen diese Ziele erreicht werden sollen. Allerdings äußern auch jeweils mehr als 10 % der Befragten ausdrücklich, dass sie über die Ziele der pädagogischen Fachkräfte und Therapeuten nicht ausreichend informiert seien; 23 % haben den Eindruck, dass ihre Meinung bei der Wahl von Zielen nicht regelmäßig ernst genommen wird.

Auch Jansen et al. (2012) baten 100 Eltern von Kindern mit schwerster intellektueller Beeinträchtigung und zusätzlichen Behinderungen, einen standardisierten Fragebogen auszufüllen, der sich in Untersuchungen zur Zusammenarbeit von Eltern und medizinischem Personal bewährt hat. Der Fragebogen wurde an die Fragestellung adaptiert, welche Erwartungen die Eltern an die Kooperation mit pädagogischen Fachkräften haben. Am wichtigsten war es den Eltern, dass sie die Mitarbeiter als gut informiert über die Familienumstände erleben, sich als kompetente Gesprächspartner anerkannt fühlen und in die Entscheidungen über den Einsatz von Hilfsmitteln und Prioritäten in der Förderplanung einbezogen werden. In dieser Studie – ebenfalls in den Niederlanden durchgeführt – äußerte sich die überwiegende Mehrzahl der Eltern als zufrieden mit diesen Aspekten der Zusammenarbeit. Ihre Einschätzung war dabei

Tab. 1: Erfahrungen von Eltern von Kindern mit schwerer und mehrfacher Behinderung in der Kooperation mit Lehrkräften (n = 723; in %; De Geeter et al. 2002)

	Immer	Meistens	Manchmal	Nie
Pläne für mein Kind werden gemeinsam entschieden.	54	40	4	2
Die Meinung der Eltern entscheidet bei der Wahl von Zielen.	35	43	22	1
Wir stimmen mit den Inhalten der Pläne überein.	68	29	3	0
Die Ziele der Fachkräfte sind wichtig.	68	26	6	0
Die Ziele der Therapeuten sind wichtig.	72	25	3	0
Wir kennen die Ziele der Fachkräfte.	52	38	6	4
Wir kennen die Ziele der Therapeuten.	44	43	8	4
Wir wissen um die Methoden, wie die Fachkräfte die Ziele erreichen wollen.	34	53	11	2
Wir wissen um die Methoden, wie die Therapeuten die Ziele erreichen wollen.	29	52	16	3
Wir wissen genau, was das Kind in der Schule macht.	22	65	10	4
Wir sind mit den Gesprächen mit den Fachkräften zufrieden.	43	52	5	0
Wir sind mit den Gesprächen mit den Therapeuten zufrieden.	37	55	6	2

unabhängig vom Alter des Kindes und ihrem eigenen Bildungsgrad. Dies könnte ein Indiz dafür sein, dass sich das Bewusstsein der Fachkräfte für die Bedeutung einer intensiven Zusammenarbeit mit den Eltern verbessert hat. Allerdings zeigte die Auswertung auch hier, dass etwa 18 % der Eltern mit der Qualität der Zusammenarbeit, den Informationen über die Entwicklung des Kindes und der Koordination von Fördermaßnahmen unzufrieden waren.

Einige Äußerungen von Müttern, die wir zu ihren Erfahrungen in der Zusammenarbeit mit den Fachkräften der Kindergärten befragten, bestätigen den überwiegend positiven Eindruck. Sie zeigen aber auch, dass sich einige Mütter mehr Austausch und vor allem mehr Informationen über die sozialen Kontakte wünschen, die die Kinder in der Gruppe haben.

BEISPIEL

Also als allererstes finde ich es einfach super stark und bewundere das, mit welcher Liebe sie den Job machen. Weil das kann einfach auch sicher nicht jeder, sich da so einzubringen, auf jedes Kind so individuell einzugehen und sie einfach so zu nehmen, wie sie sind. Das bewundere ich dabei. Und das merkt man auch, dass sie das wirklich gern machen, gut machen und es den Kindern gut tut. Das hat jetzt auch meine Freundin gesagt, die beim Abschiedsfest dabei war. Obwohl ich es immer wieder erzählt habe, war sie da doch nochmal positiv überrascht, wie liebevoll da mit den Kindern umgegangen wird. Und wie individuell das für jedes einzelne Kind gemacht wird. Also so einem Blick von außen, dem fällt das einfach auf. Und das ist toll. Also ich war eigentlich rundum zufrieden.

BEISPIEL

Also, und da drängt es mich dann. Das ist halt anders als im normalen Kontakt im Kindergarten, wenn man die Kinder abholt, so dieser Smalltalk, einfach zu sagen: „Okay, es ist halt so gelaufen heute“. Es ist halt die einzige Möglichkeit dann über das Buch, ne? Was ganz schön ist, ist dann auch, wenn sie ab und zu mal so Bilder mit rein kleben, was sie Besonderes gemacht haben. Da kriegt man dann da halt ein Stück weit den Kindergartenalltag mit. Ja, was man sonst eigentlich gar nicht so mitkriegen würde.

2 Soziale Teilhabe in Schule und Kindergarten

2.1 Inklusion von Kindern mit schwerer und mehrfacher Behinderung?

Seit im Jahr 2009 die Bundesrepublik Deutschland die UN-Konvention über die Rechte von Menschen mit Behinderungen ratifiziert hat, ist eine breite gesellschaftliche Diskussion in Gang gekommen, wie Kindern und Jugendlichen im Bildungsbereich eine gleichberechtigte Teilhabe ermöglicht werden kann. Mit dem Begriff „Inklusion" verbindet sich eine Vision eines „Kindergartens und einer Schule für alle", in der Heterogenität und Vielfalt als besonderer Reichtum geschätzt wird. Die Herausforderung für die pädagogischen Einrichtungen besteht darin, ihre Konzepte so weiter zu entwickeln, dass sie diesem Anspruch gerecht werden. Die politischen Entscheidungsträger und Verantwortlichen in den einzelnen Bundesländern unterscheiden sich jedoch deutlich in ihren Vorstellungen, wie dieser Anspruch im Schulbereich verwirklicht werden kann. Die Frage, welche Ressourcen dafür erforderlich sind und wie sie finanziert werden, wird dabei heftig – und oft auf der Grundlage ideologischer Festlegungen – diskutiert.

Die Diskussion über die Entwicklung inklusiver Schulsysteme ist nicht auf Deutschland beschränkt. Einige europäische Länder – Norwegen, Griechenland, Portugal, Spanien, Estland, Litauen, Luxemburg und Italien – haben weitreichende Schulreformen durchführt, so dass dort 80 – 90 % der Schüler mit sonderpädagogischem Förderbedarf in allgemeinen Schulen unterrichtet werden. Vergleichbare Zahlen liegen auch für Kanada und viele Bundesstaaten der USA vor, wobei zu berücksichtigen ist, dass dort „Inklusion" definiert ist als Teilnahme am allgemeinen Unterricht im Umfang von mindestens 80 % der Unterrichtszeit (also nicht unbedingt über den gesamten Schultag hinweg). In anderen europäischen Staaten liegen die Inklusionsquoten deutlich niedriger. Diese Zahlen deuten bereits an, dass auch in Schulsystemen, die sich als inklusiv bezeichnen, nicht alle Kinder mit Behinderungen am allgemeinen Unterricht teilnehmen bzw. nicht für die gesamte Unterrichtszeit.

Kinder und Jugendliche mit intellektueller Behinderung werden wesentlich seltener inklusiv beschult als Kinder und Jugendliche mit anderen Behinderungen. Dies zeigt sich auch in Ländern mit relativ hohen Inklusionsquoten; in den USA liegt der Anteil von Kindern mit intellektueller Behinderung, die am allgemeinen Unterricht teilnehmen, z. B. deutlich unter 20 %, in Frankreich, Belgien oder Dänemark unter 10 % (Ferguson 2008). In Deutschland beträgt dieser Anteil nach den Erhebungen der Bertelsmann-Stiftung (2010) bundesweit lediglich 3,3 %, während immerhin 20 % und mehr der Kinder mit körperlichen Beeinträchtigungen, Lernbeeinträchtigungen oder Sinnesschädigungen in allgemeinen Schulen unterrichtet werden.

Während die Entwicklung eines inklusiven Schulsystems in Deutschland also – im Vergleich zu anderen Ländern – noch in den Anfängen steckt, hat die soziale Inklusion von Kindern mit unterschiedlichen Behinderungen im Elementarbereich bereits erhebliche Fortschritte gemacht. Bundesweit werden etwa 75 % der Kinder mit Behinderungen in allgemeinen Kindertagesstätten betreut. Sie werden entweder im Rahmen der Einzelintegration aufgenommen oder besuchen eine integrative Kindergartengruppe, die z. B. aus fünf Kindern mit unterschiedlichem besonderen Förderbedarf und zehn Kindern ohne Behinderungen gebildet wird. Personalausstattung, Versorgung mit Unterstützungssystemen (heil- und sonderpädagogische Förderung, Physio- oder Ergotherapie, Sprachtherapie), Kooperationsbeziehungen zu anderen Einrichtungen (z. B. Frühförderstellen) und Finanzierungsstrukturen sind in den einzelnen Bundesländern dabei allerdings unterschiedlich geregelt.

Wie im Schulbereich, so finden sich auch im Elementarbereich beträchtliche Unterschiede zwischen den Bundesländern in der Betreuungsquote von Kindern mit Behinderungen in allgemeinen Kindergärten. In einigen Bundesländern wurden Fördereinrichtungen im Zuge politischer Entscheidung vollständig aufgelöst, in anderen bestehen neben den allgemeinen Kindergärten unverändert Fördereinrichtungen für Kinder mit Behinderungen, die zwischen zwei und sechs Jahre alt sind. Belastbare Zahlen, wie viele der Kinder in allgemeinen Kindertagesstätten Kinder mit intellektueller Behinderung sind, liegen nicht vor. Ebenso wenig ist bekannt, wie viele Kinder darunter die Kriterien einer schweren und mehrfachen Behinderung erfüllen.

„Ein Kindergarten, eine Schule für alle" – lässt diese Leitlinie der Inklusionsdebatte überhaupt die Frage zu, ob auch Kinder und Jugendliche mit schwerer und mehrfacher Behinderung damit gemeint sein sollen? Diese Frage kann man unter moralischen Gesichtspunkten als illegitim verwerfen, indem man unterstellt, dass ihnen allein schon mit dieser Frage das Recht auf ihre soziale Teilhabe generell verweigert werden solle. Die statistischen Daten zu unterschiedlichen Inklusionsquoten von Kindern mit intellektueller Behinderungen im allgemeinen Schulsystem und die Ausführungen zum umfangreichen Unterstützungs- und Förderbedarf von Kindern mit schwerer und mehrfacher Behinderung lassen es aber durchaus sinnvoll erscheinen, sorgfältiger zu argumentieren. Aus fachlicher Sicht mag es gute Gründe geben, Kinder und Jugendliche mit schwerer und mehrfacher Behinderung in kleinen Gruppen zu fördern, in denen die Fachkräfte über spezielle Kenntnisse verfügen, um den besonderen Bedürfnissen dieser Kinder und Jugendlichen gerecht zu werden. Sich mit dieser Frage auseinanderzusetzen, schärft gleichzeitig den Blick darauf, welche Bedingungen geschaffen werden müssen, damit eine soziale Teilhabe von Kindern mit schwerer und mehrfacher Behinderung auch in größeren Gruppen – in allgemeinen Kindergärten oder Schulen – gelingt.

Diese Diskussion sollte auf der Grundlage von empirischen Studien geführt werden. Aufschlussreich können dabei Studien zu drei Forschungsfragen sein:

- Welche Einstellungen und Erfahrungen haben Eltern und Fachkräfte zur Inklusion von Kindern mit schwerer Behinderung?
- Unterscheidet sich der Entwicklungsverlauf von Kindern mit schwerer Behinderung, die eine Fördereinrichtung besuchen, von dem Entwicklungsverlauf von Kindern, die in inklusiven Einrichtungen gefördert werden?
- Was sind die besonderen Herausforderungen, vor denen Fachkräfte in der Kommunikation mit Kindern mit schwerer Behinderung stehen – bei dem Versuch, ihre soziale Teilhabe zu fördern?

Bevor der Stand der empirischen Forschung zu diesen drei Themen erörtert wird, gilt es zunächst, sich klar zu machen, nach welchen Kriterien sich soziale Teilhabe von Kindern mit schweren und mehrfachen Behinderungen beurteilen lässt. Woran könnte sich erkennen lassen, dass die Förderung sozialer Teilhabe gelingt? Auf dem Weg zu einer Antwort könnte es hilfreich sein, zu prüfen, welche methodischen Ansätze diejenigen Arbeitsgruppen verfolgen, die die soziale Teilhabe von Kindern mit besonderem Förderbedarf im Allgemeinen – also nicht bezogen auf Kinder mit schwerer Behinderung – untersuchen.

Eine Arbeitsgruppe, die sich in den Niederlanden und Norwegen intensiv mit dieser Frage beschäftigt hat, kann dazu gut als Ausgangspunkt dienen. Sie legen ihren Untersuchungen folgende Definition sozialer Teilhabe zugrunde:

> *„Soziale Teilhabe von Schülern im allgemeinen Unterricht zeigt sich in positiven Kontakten/Interaktionen zwischen ihnen und ihren Klassenkameraden; Akzeptanz durch die anderen Kinder der Klasse; positiven Beziehungen/Freundschaften zwischen ihnen und ihren Klassenkameraden; und der Wahrnehmung der Schüler selbst, dass sie von ihren Klassenkameraden akzeptiert werden“ (Koster et al. 2009, 135; übersetzt aus dem Englischen durch den Autor).*

„Freundschaften und positive Beziehungen" richten den Blick dabei auf die sozialen Netzwerke, die sich für ein Kind mit besonderem Förderbedarf gebildet haben. „Positive Kontakte und Interaktionen" fokussieren eher auf Beobachtungen in Spiel- und Arbeitssituationen und die Einbeziehung bzw. soziale Ausgrenzung, die die Kinder in diesen Situationen erfahren. „Akzeptanz" durch die Klassenkameraden zeigt sich darin, dass die anderen Kinder der Gruppe die Fähigkeiten und Hilfebedürfnisse des Kindes kennen und bereit sind, sich darauf einzustellen bzw. es zu unterstützen. „Wahrnehmung von Akzeptanz" hat dagegen zu tun mit dem eigenen Erleben des Kindes von Zugehörigkeit bzw. Einsamkeit.

Grundsätzlich lassen sich drei dieser Kriterien sozialer Teilhabe – positive Kontakte, Freundschaften und Erfahrung von Akzeptanz – mit folgenden Instrumenten untersuchen: a) soziometrische Befragung aller Mitglieder einer Gruppe; b) direkte, nicht-teilnehmende Beobachtung in der Gruppe; c) Befragung von pädagogischen Fachkräften zu ihren Beobachtungen und Einschätzungen. Bei soziometrischen Befragungen werden die Kinder einer Gruppe z. B. gebeten, die (drei oder fünf) Kinder zu benennen, mit denen sie am liebsten spielen oder zusammen arbeiten, sowie diejenigen, mit denen sie dies nicht möchten. Die Verteilung der Benennung gibt dann Aufschluss darüber, welche Stellung ein Kind mit einer Behinderung in seiner Gruppe hat – ob es als Spiel- oder Arbeitspartner geschätzt wird, ob es weitgehend ignoriert oder aktiv von den sozialen Kontakten ausgegrenzt wird. Mit direkten Beobachtungen (im Freispiel, im Unterricht oder außerhalb des Gruppen- und Klassenzimmers) lässt sich erfassen, wie häufig soziale Kontakte zwischen dem Kind und anderen Kindern der Gruppe entstehen, welche Dauer sie haben, von wem sie initiiert werden, in welchen Situationen des Tages sie auftreten und welche spezifischen Verhaltensweisen der Kinder zum Entstehen solcher Kontakte beitragen.

Bei der Befragung von Fachkräften werden einzelne Statements vorgegeben, die sich als reliable und valide Indikatoren für Kontakte, Freundschaften, die Selbstwahrnehmung der Kinder und die Akzeptanz durch ihre Klassenkameraden eignen (und sich als solche in empirischen Studien haben bestätigen lassen). Die Fachkräfte werden gebeten, jeweils auf einer mehrstufigen Skala einzuschätzen, inwiefern das einzelne Statement auf ein Kind ihrer Beobachtung nach zutrifft. Aus diesen Einschätzungen lassen sich dann Summenwerte für den Grad der sozialen Teilhabe bilden. Koster et al. (2011) haben in den Niederlanden mit dem „Social Participation Questionnaire" (SPQ) einen solchen Fragebogen mit 24 Items entwickelt und an zwei Stichproben getestet, die aus 234 Schulkindern der Primarstufe mit intellektuellen, sprachlichen und motorischen Behinderungen sowie autistischen Störungen und Verhaltensstörungen bestanden. Die Validierung des Fragebogens erfolgte mittels soziometrischer

Befragungen zur Akzeptanz und Freundschaften in den Klassen sowie durch Beobachtungen sozialer Kontakte auf der Basis von Videoaufzeichnungen des sozialen Geschehens in der Klasse.

Zwei Studien in den Niederlanden und Norwegen (Pijl et al. 2008; Koster et al. 2010) haben mit diesen Methoden die soziale Teilhabe von Kindern mit Behinderungen untersucht. Die holländische Studie bezog sich dabei auf 96 Kinder mit unterschiedlichen Behinderungen (darunter 26 Kinder mit intellektuellen Behinderungen) und 148 Klassenkameraden in der Primarstufe (1.–3. Klasse). Die norwegische Studie umfasste 491 Schüler der vierten und 498 Schüler der siebten Klasse, darunter 79 Schüler mit unterschiedlichen Behinderungen. Zu diesen Kindern gehörten 21 Kinder mit mittelgradigen oder schweren intellektuellen Behinderungen. Beide Studien kamen zu sehr ähnlichen Ergebnissen. Kinder mit Behinderungen haben signifikant weniger Freunde, gehören seltener zu festen Netzwerken in der Klasse, haben weniger soziale Interaktionen mit ihren Klassenkameraden (und mehr Interaktionen mit den Lehrkräften) und sind weniger gut akzeptiert als die anderen Kinder in ihren Klassen. In der norwegischen Studie zeichneten sich zudem Differenzen zwischen den einzelnen Teilgruppen ab. Schüler mit Verhaltensstörungen und mit schweren Kommunikationsbeeinträchtigungen waren häufiger sozial isoliert als die anderen Teilgruppen. In der holländischen Studie wurden die direkten Beobachtungen zusätzlich mit den Einschätzungen der Lehrkräfte verglichen. Diese gaben positivere Einschätzungen zu den Beziehungen der Kinder mit Behinderungen in der Gruppe und zur Zahl von Freundschaftsbeziehungen zwischen ihnen und ihren Klassenkameraden ab, als sich aus der direkten Beobachtung bzw. der Befragung der Kinder ergab.

Diese methodisch sehr sorgfältigen und umfassenden Arbeiten machen deutlich, dass die soziale Integration von Kindern mit sonderpädagogischem Förderbedarf unter Alltagsbedingungen – anders als es frühere Studien nahe legten, die die Erfahrungen aus Modellprojekten auswerteten – deutlich weniger positiv verläuft als erwünscht. Zu diesem Ergebnis kommen auch neuere Studien aus dem deutschsprachigen Raum. So veröffentlichte z. B. Huber (2009) unter dem provokativen Titel „Gemeinsam einsam" eine Studie an 650 Grundschulkindern aus Nordrhein-Westfalen. Er kommt zu dem Ergebnis, dass Kinder mit sonderpädagogischem Förderbedarf in Regelklassen ein dreimal so hohes Risiko haben, zum Außenseiter zu werden, wie Kinder ohne Förderbedarf. Fast 50 % dieser Schülergruppe wurden in soziometrischen Befragungen von ihren Mitschülern abgelehnt, nur 15 % gehörten zu den „beliebten" Kindern in der Klasse.

Solche Befunde dürfen nicht als Argument für die Aufrechterhaltung getrennter Schulsysteme benutzt werden, denn genauso gibt es Studien, die darauf hindeuten, dass die sozialen Beziehungen von Schülern in Förderschulen (d.h. in Klassen, in denen alle Kinder Lernbeeinträchtigungen haben) nicht „besser“ sind. Sie machen aber deutlich, dass soziale Teilhabe nicht bereits durch die Aufnahme von Kindern mit sonderpädagogischem Förderbedarf in allgemeine Klassen gewährleistet ist, sondern von der pädagogischen Unterstützung eines positiven Klassenklimas und der sozialen Beziehungen in der Gruppe abhängt.

Diese Studien zur sozialen Teilhabe von Kindern mit intellektuellen Behinderungen im Schulalter ergänzen das Bild, das sich aus einer beträchtlichen Zahl von Einzelstudien zu sozialen Beziehungen im Kindergartenalter ergibt (Sarimski, 2012b). Zumindest Kinder mit kognitiven Beeinträchtigungen zeigen danach weniger soziale Initiative und Beteiligung am Spiel mit anderen, spielen häufiger allein, suchen öfter den Kontakt zu Erwachsenen in der Gruppe, haben einen niedrigeren sozialen Status sowie weniger Freundschaftsbeziehungen und werden häufiger von den anderen abgelehnt als Kinder mit altersgemäßer allgemeiner Entwicklung. In einer umfangreichen Untersuchung, die Odom (2002) mit 112 Kindern im Alter von drei bis fünf Jahren in integrativen Einrichtungen durchführte, suchten die Kinder mit einer Behinderung z.B. etwa doppelt so häufig den Kontakt zu einem Erwachsenen wie Kinder ohne Behinderung. Sie waren häufiger in Einzelaktivitäten mit einer pädagogischen Fachkraft involviert und verbrachten weniger Zeit in Kleingruppen. Mehr als ein Viertel der Kinder – dagegen nur ein Kind ohne Behinderung – wurden von den anderen Gruppenmitgliedern als Spielpartner abgelehnt.

In den meisten Studien zeigt sich jedoch eine beträchtliche individuelle Variabilität, d.h. es gibt sehr wohl auch Kinder mit kognitiven Beeinträchtigungen, die von den anderen Kindern der Gruppe gut akzeptiert sind, viele soziale Kontakte erleben und einzelne Freundschaften ausgebildet haben. Außerdem gibt es zahlreiche Hinweise darauf, dass Kinder mit kognitiven Entwicklungsstörungen, die in integrativen Gruppen gefördert werden, mehr soziale Initiative zeigen, ein komplexeres Spielniveau sowie mehr soziale Kompetenzen und Freundschaften ausbilden als Kinder, die einen Förderkindergarten besuchen. Offenbar profitieren sie von dem Modell und den Kontaktangeboten der altersgemäß entwickelten Kinder für ihre eigene Entwicklung.

Allerdings: Diese Studien bezogen in ihre Untersuchungen keine Kinder mit schwerer und mehrfacher Behinderung ein. Es ist somit fraglich, wie weit sich ihre Ergebnisse auf Kinder mit komplexem Hilfe- und Unterstützungsbedarf verallgemeinern lassen. Hierzu liegen nur wenige systematische Untersuchungen vor (s. Kap. 3).

Grundsätzlich lassen sich alle drei methodischen Zugänge auch in Untersuchungen mit Kindern mit schwerer und mehrfacher Behinderung im Kindergartenalter verwenden. Es müssen aber einige Einschränkungen bedacht werden. So fällt es auch Kindern mit unbeeinträchtigter Entwicklung im Alter von drei oder vier Jahren noch schwer, über ihre Vorlieben und Abneigungen differenziert Auskunft zu geben. Das gilt auch dann, wenn die Form der soziometrischen Befragung ihrem Alter angepasst wird, indem sie z.B. gebeten werden, Bilder der Kinder ihrer Gruppe auszuwählen. Wen sie bevorzugen oder ablehnen, variiert noch sehr mit einzelnen, jeweils aktuellen Situationen; feste, zeitlich stabile Freundschaften entwickeln sich erst allmählich in dieser Altersspanne. Das schränkt die Tauglichkeit von soziometrischen Untersuchungen in Kindergartengruppen ein, macht es aber auch Fachkräften schwerer, entsprechende Fragen in einem Fragebogen zu beantworten.

Eine Befragung von Kindern, Jugendlichen oder Erwachsenen mit schwerer Behinderung (um das vierte Kriterium sozialer Teilhabe, das subjektive Wohlbefinden des Kindes zu überprüfen) scheidet aufgrund der eng begrenzten Verständigungsmöglichkeiten gänzlich aus. Um einen Eindruck von ihrem subjektiven Erleben zu gewinnen, müssen sich Beobachter (und Fachkräfte in pädagogischen Einrichtungen) weitgehend auf non-verbale Signale (z.B. Lächeln oder Lachen, entspannte Körperhaltung, körperliche Zuwendung, Blickkontakt als Anzeichen von Interesse am Kontakt oder Freude) stützen, an denen sich Wohlbefinden oder Unbehagen erkennen lassen. Diese Signale sind aber wesentlich schwerer zu deuten und auf einzelne Aspekte einer sozialen Situation zu beziehen (vgl. Kap. 2.2).

Trotz dieser Schwierigkeiten bei der Interpretation der Beobachtungen müssen sich Einschätzungen der sozialen Teilhabe von Kindern mit schwerer und mehrfacher Behinderung also weitgehend auf „Fremdurteile" (Einschätzungen durch die betreuenden Fachkräfte oder direkte Beobachtungen) stützen. Auch dabei bleiben aber viele Fragen offen. Ist soziale Teilhabe nur dann gegeben, wenn die Kinder mit schwerer und mehrfacher Behinderung aktiv und von sich aus am Geschehen teilnehmen? Angesichts des ausgeprägten Hilfebedarfs von Kindern mit schwerer Behinderung bei der Umwelterkundung, Mobilität und Verständigung ist dies für sie nur schwer möglich. Besteht für sie soziale Teilhabe dann darin, dass andere Kinder der Gruppe Kontakt zu ihnen aufnehmen und sie passiv bleiben oder „nur" auf die Kontaktangebote reagieren? Und wie oft müssen solche Kontakte zu beobachten sein, um von „gelungener sozialer Teilhabe" sprechen zu können? Oder genügt es, dass Kinder mit schwerer Behinderung von den anderen überhaupt als Mitglieder der Gruppe wahrgenommen werden (z.B. die anderen Kinder nach ihnen fragen, wenn sie fehlen), sie bei Gruppenaktivitäten toleriert und nicht ausgegrenzt werden, um von „gelungener sozialer Teilhabe" zu sprechen?

2.2 Einstellungen und Erfahrungen von Eltern und Fachkräften

Mittlerweile liegt eine beträchtliche Zahl von internationalen Studien vor, die die Einstellungen von pädagogischen Fachkräften zur Inklusion von Kindern mit Behinderungen erfragten, sie mit den Einstellungen von Eltern von Kindern (mit und ohne Behinderung) verglichen und spezifische Einflussfaktoren auf diese Einstellungen analysierten (z. B. Avramidis / Norwich 2002). Die Mehrzahl dieser Studien bezieht sich auf die Einstellung zur Inklusion im Schulunterricht. Mittlerweile liegen auch eine Reihe von Studien aus deutschsprachigen Ländern zu diesem Thema vor (z. B. Heyl / Seifried 2014; Schwab 2014) sowie die deutsche Adaptation und Validierung eines der international häufig verwendeten Untersuchungsinstrumente („Einstellungen zur Integration", EZI; Kunz et al. 2010).

Diese deutschen und internationalen Studien kommen weitgehend übereinstimmend zu dem Ergebnis, dass Lehrerinnen und Lehrer dem generellen Gedanken der Inklusion positiv gegenüber stehen. Beispielhaft soll dies an der Befragung illustriert werden, die Heyl und Seifried (2014) bei Eltern und bei 366 Lehrkräften der Grund-, Haupt- und Realschule sowie des Gymnasiums durchführten. In der grundsätzlichen Einschätzung fanden sich zwischen den Lehrern der verschiedenen Schulformen keine signifikanten Unterschiede. Lehrkräfte an Förderschulen, die ebenfalls befragt wurden, zeigten die größte Bereitschaft zur Inklusion. Eltern von Kindern ohne Beeinträchtigung, die allgemeine Schulen besuchen, äußerten sich noch positiver zur Inklusion als die befragten Lehrkräfte dieser Schulform. Allerdings variierte die Bereitschaft zur Aufnahme von Kindern mit Behinderungen sehr deutlich mit der Art der Behinderung. Sie war gegenüber der Aufnahme von Schülern mit körperlicher Behinderung oder Lernbeeinträchtigungen deutlich positiver als gegenüber der Aufnahme von Schülern mit einer intellektuellen Behinderung oder Schülern mit schweren sozial-emotionalen Störungen. Heyl und Seifried (2014) fragten darüber hinaus nach der Einschätzung der Inklusion von Schülern mit schwerer und mehrfacher Behinderung (wobei dazu günstige Rahmenbedingungen unterstellt wurden). Sie war – bei Lehrkräften und Eltern – deutlich pessimistischer als bei Schülern mit Lernbehinderung (oder Sehschädigung).

Auf die Frage nach Befürchtungen bei der Realisierung der Inklusion nannten 23 % der Lehrkräfte die Angst, mit dieser Aufgabe überfordert zu sein, 20 % die Sorge vor negativen Auswirkungen für die Schüler mit Behinderungen (soziale Ausgrenzung, Überforderung durch die Unterrichtssituationen). 31 % der Eltern nannten diese Sorge ebenfalls, 26 % befürchteten ein langsameres Vorankommen im Unterrichtsstoff seitens der Kinder ohne Behinderungen. Als wichtigste Voraussetzungen für das Gelingen der Inklusion nannten Lehrkräfte und Eltern gleichermaßen oft bessere Personalressourcen, verbesserte Ausstattung der Schulen (jeweils über 20 %) und entsprechende Aus- und Weiterbildung der Lehrkräfte und kleinere Klassen (12 – 15 %).

Bei den hier befragten Eltern handelte es sich um Eltern von Kindern ohne Behinderungen. Eltern von Kindern mit Behinderungen äußern ebenfalls Befürchtungen, wenn sie nach ihrer Einschätzung einer inklusiven Beschulung für ihre Kinder gefragt werden. Eine solche Studie wurde z. B. von Leyser und Kirk (2004) in den USA durchgeführt. Es handelte sich um Kinder mit leichter, mittelgradiger und schwerer Behinderung. Diese Eltern sahen zwar den möglichen Gewinn für die sozial-emotionale Entwicklung ihrer Kinder, befürchteten aber soziale Isolation oder negative Haltungen gegenüber den Kindern mit Behinderungen, unzureichende Kompetenz der Lehrkräfte zur Individualisierung des Unterrichts und mangelnde Unterstützung für die soziale Teilhabe ihrer Kinder durch die Lehrer und andere Eltern. Eltern von Kindern mit leichter Behinderung standen der Inklusion positiver gegenüber als die Eltern der anderen beiden Gruppen. Ein Teil der Eltern hatte selbst bereits Erfahrungen mit inklusiver Beschulung. Sie gaben weniger positive Urteil ab als die Eltern, deren Kinder bisher in Förderschulen unterrichtet wurden.

Palmer et al. (2001) befragten 140 Eltern von Kindern mit schwerer Behinderung nach ihrer Einschätzung einer möglichen inklusiven Beschulung ihrer Kinder. Etwa die Hälfte der Eltern erhoffte sich davon Anregungen für Leistungsfortschritte und neue Kompetenzen ihrer Kinder. Die anderen Eltern äußerten Zweifel daran, ob ihre Kinder von der Inklusion profitieren würden, weil der Unterricht zu stark auf „akademische" Ziele statt auf die Förderung lebenspraktischer Fertigkeiten ausgerichtet sei. Sie befürchteten eine Überforderung der Lehrkräfte insbesondere durch problematische Verhaltensweisen ihrer Kinder in der Klasse und mögliche Ausgrenzung durch die Mitschüler.

Eine kleinere Zahl von Untersuchern befragte pädagogische Fachkräfte und Eltern von Kindern mit und ohne Behinderungen zu ihrer Einstellung zur Inklusion im Kindergartenbereich. Buysse et al. (2001) führten Interviews mit 92 Eltern (von Kindern mit und ohne Behinderung) und Fachkräften durch, die bereits Erfahrungen mit der Inklusion von Kindern mit Behinderungen in dieser Altersgruppe hatten. Als Merkmale einer qualitativ hochwertigen inklusiven Einrichtung nannten die Eltern der Kinder mit und ohne Behinderungen eine entsprechende Qualifikation der Mitarbeiter, eine gute Zusammenarbeit zwischen Fachkräften und Eltern sowie eine Anpassung der Rahmenbedingungen an die individuellen Bedürfnisse der Kinder. Die Integration von therapeutischen Angeboten wurde von einem Drittel der Fachkräfte, aber nur in wenigen

Fällen von den Eltern als wichtiges Kriterium genannt. Zwei Drittel der Fachkräfte betrachtete die Anpassung an die individuellen Bedürfnisse der Kinder als größte Herausforderung. Ebenso viele fanden den Austausch und die Beratung mit anderen Fachkräften wichtig für das Gelingen der Inklusion.

Rafferty und Griffin (2005) bezogen in ihre Erhebung 237 Eltern von Kindern mit und ohne Behinderungen und 118 Mitarbeiter aus Einrichtungen ein, bei denen eine sogenannte „umgekehrte" Inklusion realisiert war. Dabei handelt es sich um ein Modell, bei dem in bestehende Gruppen von Kindern mit Behinderungen eine kleinere Anzahl von Kindern ohne Behinderung aufgenommen wird. Beide – Eltern und Fachkräfte – sahen darin Vorteile für die Kinder mit Behinderungen, z. B. Fortschritte durch die Beobachtung anderer Kinder, umfangreichere Teilhabe an Alltagsaktivitäten und Förderung der Selbstständigkeit. Diesen Aussagen stimmten jeweils mehr als 80 % aller Eltern zu. Sie sahen jedoch häufiger als die Fachkräfte auch mögliche Nachteile. 37 % der Eltern von Kindern mit Behinderungen und 35 % der Eltern ohne Behinderung hatten Zweifel, ob die Fachkräfte in der Lage sind, in hinreichendem Maße auf die individuellen Unterstützungsbedürfnisse der Kinder mit Behinderungen einzugehen. Mehr als 20 % befürchteten auch eine soziale Ausgrenzung dieser Kinder aus der Gruppe. Tabelle 2 zeigt einen Ausschnitt aus der Verteilung der Antworten.

Auch in dieser Studie fanden sich signifikante Unterschiede in der Einschätzung der Inklusion in Abhängigkeit von der Art der Behinderung. Die Inklusion von Kindern mit intellektueller Behinderung oder gravierenden sozial-emotionalen Störungen wurde wesentlich seltener positiv bewertet als die Inklusion von Kindern mit Sprach- oder Körperbehinderungen bzw. Seh- oder Hörschädigungen. Das galt für Eltern und Fachkräfte in gleichem Maße. Nur 24 % der Fachkräfte und 20 % der Eltern standen einer Inklusion von Kindern mit schwerer Behinderung positiv gegenüber.

In beiden Studien wurden Zweifel an der fachlichen Kompetenz von Mitarbeitern in allgemeinen Kindergärten im Umgang mit den spezifischen Bedürfnissen der Kinder mit Behinderungen angesprochen. Dazu trugen Bruns und Mogharreban (2007) eine Untersuchung bei, die 120 Fachkräfte aus Kindergärten in den USA nach ihrer Einstellung zur Inklusion und differenziert nach ihrem Wissen um pädagogische Maßnahmen bei der Gestaltung inklusiver Förderung fragten. Tabelle 3 zeigt einen Ausschnitt der Selbsteinschätzungen.

Die in dieser Studie befragten Pädagogen schrieben sich überwiegend ein hohes Maß an inklusiven Kompetenzen zu. Eine explorative Befragung von 71 Fachkräften aus Kindertagesstätten zur Einschätzung ihrer eigenen Kompetenzen bei der Integration von Kindern mit Behinderungen kommt zu recht ähnlichen Ergebnissen (Sarimski et al. 2012). Es handelte sich überwiegend um

Tab. 2: Einschätzungen zur Inklusion (in %; Rafferty & Griffin 2005)

	Fachkräfte	Eltern (Kinder mit Behinderung)	Eltern (Kinder ohne Behinderung)
Zahl der Teilnehmer der Befragung	118	161	76
Fördert die Akzeptanz von Kindern mit Behinderungen	85	84	90
Fördert die Selbständigkeit	82	85	84
Gibt mehr Gelegenheiten zur Beteiligung an Alltagsaktivitäten	85	81	84
Fachkräfte sind u.U. nicht qualifiziert für die individuellen Bedürfnisse.	20	37	35
Die Kinder erhalten nicht ausreichende individuelle Unterstützung.	20	35	36
Die Kinder erhalten weniger therapeutische Unterstützung, z.B. durch Physio- oder Sprachtherapeuten.	9	24	29
Die Kinder werden eher von anderen Kindern ausgegrenzt oder ignoriert.	10	27	21
Kinder ohne Behinderungen lernen von ihnen negative Verhaltensweisen.	24	23	38
Kinder ohne Behinderungen erhalten zu wenig Aufmerksamkeit von den Fachkräften.	9	18	35

Fachkräfte, die Kinder mit sonderpädagogischem Förderbedarf in ihrer Gruppe betreuen. Etwa die Hälfte dieser Kinder waren Kinder mit allgemeinen Entwicklungsverzögerungen; in neun Fällen lag eine geistige Behinderung, in sieben Fällen eine Mehrfachbehinderung vor. Mehr als zwei Drittel der Fachkräfte fühlten sich jedoch unsicher im Umgang mit Hilfsmitteln für Kinder mit Hörschädigungen oder Sehbeeinträchtigungen. Ebenso viele waren sich nicht oder nur teilweise sicher, wie sie Kinder mit motorischen Einschränkungen oder Kinder, die aufgrund fehlender Lautsprache auf Hilfsmittel zur Unterstützten Kommunikation angewiesen sind, in das Gruppengeschehen integrieren können.

Tab. 3: Selbsteinschätzung ihrer integrativen Fähigkeiten durch Pädagogen in Vorschuleinrichtungen (Auswahl von Items; n = 83; Bruns / Mogharreban 2007)

	Stimme sehr zu	**Stimme zu**	**Neutral**	**Eher nicht**	**Gar nicht**
Ich kenne die Möglichkeiten, die Fähigkeiten behinderter Kinder zuverlässig einzuschätzen.	19	41	18	13	8
Ich kann die Umgebung so gestalten, dass sie den Bedürfnissen aller Kinder der Gruppe entspricht.	41	42	8	6	1
Ich kann effektiv mit Fachkräften anderer Disziplinen zusammenarbeiten.	45	33	16	5	0
Ich weiß, wie ich die individuellen Förderziele in unser Bildungsangebot einbauen kann.	34	34	21	8	4
Ich kenne effektive Strategien, kommunikative Fähigkeiten zu fördern.	35	34	23	5	2
Ich kenne mich mit alternativen Kommunikationsformen aus.	17	29	35	16	4
Ich kenne mich mit den speziellen Merkmalen körperbehinderter Kinder aus.	17	27	33	18	6

Bei beiden Studien ist allerdings zu betonen, dass es sich lediglich um Selbsteinschätzungen der Fachkräfte handelt. Ob sie tatsächlich die entsprechenden Kompetenzen haben, auf die individuellen Bedürfnisse von Kindern mit Behinderungen adäquat einzugehen, ließe sich nur durch direkte Beobachtungen in der Gruppe klären. Immerhin machen auch diese Selbsteinschätzungen noch einmal deutlich, dass sich Fachkräfte in allgemeinen Kindertagesstätten mit den spezifischen Bedürfnissen von Kindern mit körperlichen Behinderungen, geringer oder fehlender Lautsprache, nur unzureichend auskennen – die Befürchtungen von Eltern von Kindern mit schwerer oder mehrfacher Behinderungen also daraus durchaus gestützt werden.

2.3 Entwicklungsverlauf von Kindern mit schwerer Behinderung in inklusiven Kindergärten

Sowohl pädagogische Fachkräfte als auch Eltern äußern somit beträchtliche Zweifel daran, dass es möglich ist, den besonderen Bedürfnissen von Kindern mit schwerer und mehrfacher Behinderung in einem allgemeinen Kindergarten (oder einer allgemeinen Schule) gerecht zu werden. Umso wichtiger wäre es zu wissen, ob es nachweisbare positive Auswirkungen auf den Entwicklungsverlauf der Kinder hat, wenn sie in einer Gruppe von Kindern betreut werden, die keine Behinderungen haben. Es ist naheliegend, einen solchen Nachweis auf die Ergebnisse von standardisierten Entwicklungstests zu stützen und über einen gewissen Zeitraum den Verlauf der Entwicklung zu vergleichen mit einer parallelisierten Gruppe, die in einem Förderkindergarten betreut wird. Allerdings ergeben sich für solche Studien mehrere Schwierigkeiten:

- Es ist fraglich, inwieweit herkömmliche Entwicklungstests in der Lage sind, Entwicklungen bei Kindern mit sehr schwerer Behinderung valide abzubilden; zumindest beschränkt sich ihre Aussagekraft auf beobachtbare Kompetenzen im Bereich der kognitiven, kommunikativen, adaptiven und sozial-emotionalen Entwicklung – die Qualität der sozialen Teilhabe am Gruppengeschehen vermögen sie nicht zu erfassen.
- Es ist kaum möglich, die Gruppen so zu parallelisieren, dass sich die Kinder in beiden Gruppen in wichtigen Entwicklungsmerkmalen und in ihren Lernvoraussetzungen hinreichend ähnlich sind. Kinder mit sehr schwerer intellektueller Behinderung stellen eine außerordentlich heterogene Gruppe dar (z.B. hinsichtlich ihrer zusätzlichen Behinderungen, gesundheitlichen Beeinträchtigungen, Verhaltensdispositionen). Zudem ist es in der Regel so, dass diese Kinder bisher eben (nur) dann in integrative Gruppen aufgenommen werden, wenn sie relativ günstige Voraussetzungen mitbringen für die soziale Teilhabe. Mit diesem verzerrenden Effekt einer „selektiven Zuweisung“ kämpfen auch alle Arbeitsgruppen, die die Auswirkungen einer inklusiven Beschulung auf die Entwicklung von Kindern mit Behinderungen untersuchen wollen, unabhängig davon, um welche Behinderungsart es sich handelt.
- Die Qualität und Intensität von pädagogischen und therapeutischen Maßnahmen lassen sich kaum so vollständig dokumentieren, dass der Einfluss dieser Variablen kontrolliert werden kann. Dies wäre aber wichtig, denn der Entwicklungsverlauf wird natürlich nicht nur vom Förderort, sondern auch von der Qualität und Intensität des Förderprozesses beeinflusst.

In der internationalen Literatur finden sich einige Arbeiten mit hinreichend großen Stichproben und einem solchen Kontrollgruppen-Design, auf die sich eine Antwort auf die Forschungsfrage stützen kann. Die dort untersuchten Kinder sind Kinder mit „severe disabilities", also zumindest intellektueller (aber nicht unbedingt schwerer und mehrfacher) Behinderung. Drei Arbeiten sollen vorgestellt werden.

Hundert et al. (1998) legten eine Untersuchung des Entwicklungsverlaufs von 223 Kindern in 157 Kindergärten über einen Zeitraum von acht Monaten vor. Die Fähigkeiten der Kinder wurden mit zwei standardisierten Beurteilungsverfahren zur Einschätzung der Kompetenzen im Bereich der kognitiven, kommunikativen, motorischen und adaptiven Entwicklung eingeschätzt (darunter die „Vineland Adaptive Behavior Scale", VABS, die weltweit am häufigsten zu diesem Zweck verwendet wird; Sparrow et al. 1984). Diese Einschätzungen wurden zweifach vorgenommen, von den pädagogischen Fachkräften in der Gruppe und von den Eltern der Kinder. Zusätzlich wurden die Kinder im Freispiel in jeweils drei 30-minütigen Sequenzen im Kindergarten beobachtet, um ihre Beteiligung am gemeinsamen Spiel zu dokumentieren.

Bei der Auswertung der Ergebnisse der standardisierten Entwicklungsbeurteilungen wurde der – erwartungsgemäß ungleiche – Ausgangsstand der Kinder dadurch statistisch auszugleichen versucht, dass jeweils die relative Veränderung gegenüber dem Anfangsstand (also der individuelle Entwicklungsfortschritt) als Basis für die statistische Analyse der Gruppenunterschiede genommen wurde. Außerdem hielten die Autoren fest, dass einerseits die Betreuer-Kind-Relation in den Fördereinrichtungen günstiger war, andererseits die Betreuungszeit der Kinder in diesen Einrichtungen signifikant kürzer war als die Betreuungszeit der Kinder in den integrativen Gruppen, die überwiegend ganztägig organisiert waren. Diese beiden Variablen ließen sich nicht statistisch kontrollieren, müssen aber bei der Interpretation berücksichtigt werden.

Die Kinder waren im Durchschnitt vier Jahre alt. Die Stichprobe umfasste 48 Kinder mit schwerer Behinderung, die in Fördereinrichtungen betreut wurden, 46 Kinder mit schwerer Behinderung, die in allgemeine Kindergärten integriert waren, 66 Kinder mit leichter oder mittelgradiger Behinderung in allgemeinen Kindergärten sowie 63 Kinder mit altersgemäßer Entwicklung.

Die Ergebnisse variieren in den verschiedenen Untersuchungsmaßen, die verwendet wurden. Abbildung 4 zeigt den Entwicklungsvergleich in einem der beiden Kompetenzinventare („Uniform Performance Assessment System Scales", UPAS; White et al. 1981), die die Pädagogen ausfüllten, für die beiden Teilgruppen der Kinder mit schwerer Behinderung. Hier ergab die Varianzanalyse einen signifikanten Effekt des Förderortes. Kinder mit schwerer Behinderung, die in einer Fördereinrichtung betreut wurden, machten signifikant weniger

Fortschritte als die Kinder, die eine integrative Gruppe besuchen. Die Auswertung der Beurteilung mit dem anderen Verfahren, den „Vineland Adaptive Behavior Scales“ (VABS) waren tendenziell ähnlich; die Unterschiede erreichten aber nicht das übliche statistische Signifikanzniveau. Dies galt auch für die Einschätzungen der Eltern im gleichen Verfahren. Die Beobachtungen der sozialen Beteiligung am Spiel zeigten keine Veränderungen; Kinder mit schwerer Behinderung waren nur zu einem sehr geringen zeitlichen Anteil am gemeinsamen Spiel beteiligt – egal, ob sie einen Förderkindergarten oder die integrative Einrichtung besuchten. Auch wenn die Ergebnisse der statistischen Analysen somit nicht ganz einheitlich sind, lassen sich diese Daten als Hinweis darauf interpretieren, dass der Besuch einer integrativen Gruppe für den Entwicklungsverlauf von Kindern mit schwerer Behinderung förderlicher ist als der Besuch einer Fördereinrichtung. Der günstigere Betreuerschlüssel in Fördereinrichtungen scheint die Anregungen, die die Kinder in den integrativen Gruppen erhielten, nicht auszugleichen.

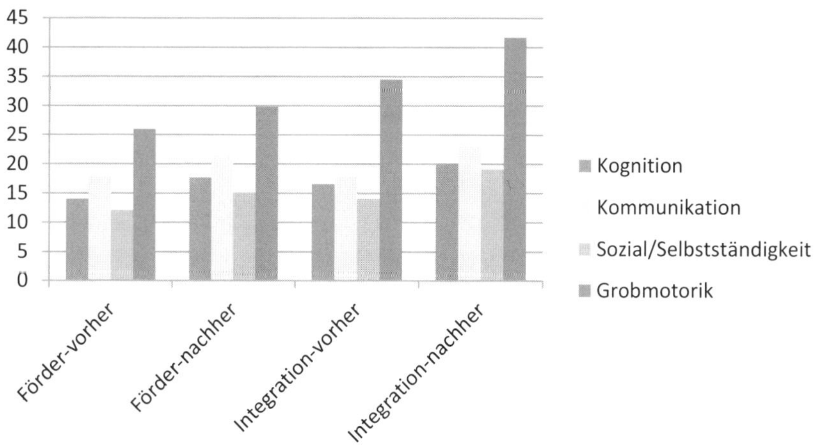

Abb. 4: Entwicklungsfortschritte von Kindern mit schwerer Behinderung in Fördereinrichtungen und integrativen Gruppen (Rohwertsummen im UPAS; n = 48/46; Hundert et al. 1998)

Holahan und Costenbader (2000) untersuchten den Entwicklungsverlauf von Kindern mit Behinderung in zwei Förderzentren für drei- bis fünfjährige Kinder, die sowohl inklusive wie auch separierte Gruppen umfassten. Die inklusiven Gruppen setzten sich jeweils zur Hälfte aus Kindern mit und ohne Behinderungen zusammen. Der Betreuungsschlüssel in den inklusiven Gruppen, in denen 16 bis 21 Kinder betreut wurden, lag bei 5:1; in den Fördergruppen wurden jeweils 12 Kinder betreut, der Betreuungsschlüssel war etwas günstiger (4:1). Für den Vergleich der Entwicklungsfortschritte wurden zwei Gruppen zu je 15 Kindern nach Alter, Geschlecht, Ausgangsniveau der Fähigkeiten, zusätzlichen Fördermaßnahmen und Betreuungszeit in der Einrichtung parallelisiert. Die Entwicklung wurde auch hier mit einem standardisierten Kompetenzinventar („Brigance Diagnostic Inventory of Early Development – Revised“; Brigance 1991) zu Beginn und Ende des Kindergartenjahres beurteilt.

Die statistische Analyse ergab für die Gesamtgruppe keinen signifikanten Effekt des Förderortes, d.h. die Kinder in den beiden ausgewerteten Teilgruppen machten in ihrer Selbstständigkeit, kognitiven und sozial-emotionalen Fähigkeiten, die das Inventar dokumentiert, Fortschritte gleichen Ausmaßes. Allerdings zeigte die Varianzanalyse einen sogenannten statistischen „Interaktionseffekt“. Kinder mit höherem Ausgangsniveau, also weniger ausgeprägter Behinderung, machten in ihren sozial-emotionalen Fähigkeiten in den integrativen Gruppen größere Fortschritte als Kinder in der Fördergruppe; dieser Zusammenhang fand sich bei den Kindern mit stärkerer Behinderung nicht. Die Ergebnisse lassen sich so deuten, dass Kinder mit Behinderungen in integrativen Gruppen und Fördereinrichtungen gleich große Fortschritte machen, Kinder mit höherem Ausgangsniveau von den Kontakten mit Kindern ohne Behinderung in integrativen Gruppen aber mehr für den Erwerb sozial-emotionaler Kompetenzen profitieren. Bei der Bewertung dieser Ergebnisse muss allerdings bedacht werden, dass der Entwicklungsrückstand der Kinder (in beiden Gruppen, die miteinander verglichen wurden) relativ gering war, es sich also nicht um Kinder mit schwerer Behinderung handelte. Ob diese Ergebnisse auch für Kinder mit schwerer Behinderung gelten, lässt sich aus den Daten der Studie nicht abschätzen.

Rafferty et al. (2003) verwendeten in ihrer Untersuchung kein allgemeines Kompetenzinventar zur Dokumentation der Entwicklung, sondern zwei Verfahren zur Einschätzung der sprachlichen Fähigkeiten („Preschool Language Scales“, PLS-3; Zimmermann et al. 1992) bzw. der sozialen Kompetenzen („Social Skills Rating System“, SSRS; Gresham/Elliott 1990). Zusätzlich wurde ein Intelligenztest für das Vorschulalter („Wechsler Preschool Primary Scale of Intelligence“, WPPSI-R; Wechsler 1989) durchgeführt. Außerdem standen Daten zum Ausgangsstand der Kinder zur Verfügung, die zur kognitiven Entwicklung aus dem Bayley-Entwicklungstest (Reuner/Rosenkranz 2014) und zur Selbstständigkeit aus den Vineland-Scales stammten.

Die Stichprobe umfasste 68 Kinder in inklusiven Gruppen und 28 Kinder in Fördereinrichtungen, die sich in Alter, Geschlecht und der Dauer ergänzender

Therapiemaßnahmen nicht unterschieden. Das durchschnittliche Alter der Kinder zu Beginn des Untersuchungszeitraums lag bei 48 Monaten. Die inklusiven Gruppen umfassten 12 bis 18 Kinder, von denen mehr als die Hälfte eine Behinderung aufwiesen (es handelte sich also um eine sogenannte „umgekehrte“ Integration), in den Fördereinrichtungen waren jeweils sechs Kinder in einer Gruppe.

Auch hier war das Fähigkeitsniveau der Kinder in integrativen Gruppen zu Beginn höher als das der Kinder in den Fördereinrichtungen. Dieser Unterschied wurde in einer Regressionsanalyse des Entwicklungsverlaufs statistisch kontrolliert. Die Fortschritte in den sprachlichen und sozialen Kompetenzen im Laufe von acht Monaten unterschieden sich nicht in Abhängigkeit vom Förderort. Kinder mit größeren Einschränkungen („severe disability“) im rezeptiven und expressiven Sprachniveau und in ihren sozialen Fähigkeiten zu Beginn des Untersuchungszeitpunkts hatten acht Monate später einen signifikant höheren Entwicklungsstand, wenn sie eine integrative Gruppe besuchten. Sie profitierten offenbar von diesem Setting mehr als Kinder, die in einer Gruppe betreut wurden, in der sich keine Kinder ohne Behinderungen befanden. Auch bei dieser Studie ist allerdings zu berücksichtigen, dass „severe disability“ hier als Entwicklungsrückstand um mehr als zwei Standardabweichungen gegenüber der Altersnorm (d. h. Entwicklungs- oder Intelligenzquotient < 70) definiert war, es sich somit auch in dieser Teilgruppe nicht um Kinder handelte, die einen so umfangreichen Hilfe- und Unterstützungsbedarf aufwiesen, dass sie als Kinder mit schwerer und mehrfacher Behinderung zu bezeichnen wären.

Ob Kinder mit stärkeren Einschränkungen mehr oder weniger von der soziale Teilhabe an integrativen Gruppen profitieren als Kinder mit leichteren Einschränkungen, lässt sich aus diesen Studien somit nicht eindeutig beantworten. Am ehesten deuten die Daten von Hundert et al. (1998) auf einen positiven Effekt auf den Erwerb von kognitiven, kommunikativen und adaptiven Kompetenz bei schwerer Behinderung beim Besuch einer integrativen Einrichtung hin. Die Gruppe der Kinder mit schwerer Behinderung hatte dort ein durchschnittliches Entwicklungsalter von 12 Monaten bei einem Lebensalter von 44 Monaten (d. h. ihr Entwicklungsquotient lag knapp < 30). Die Ergebnisse beziehen sich also als einzige Studie auf eine Stichprobe, bei der – soweit es sich aus den Entwicklungsdaten erkennen lässt – eine schwere intellektuelle Behinderung vorliegt. Ob sich diese Ergebnisse auf Kinder mit komplexem Hilfebedarf, zusätzlichen Behinderungen oder spezifischen Pflegebedürfnissen verallgemeinern lassen, muss offen bleiben.

2.4 Pädagogische Herausforderung: Kommunikation

Für die soziale Teilhabe im Kindergarten stellt die Interaktion und Kommunikation von Kindern mit den pädagogischen Fachkräften und anderen Kindern der Gruppe die größte Herausforderung dar. Dies gilt ganz unabhängig davon, ob es sich um eine inklusive Gruppe handelt, in der keines der anderen Kinder eine Behinderung hat, eine integrative Gruppe, in denen es mit Kindern mit und ohne Behinderung zusammen ist, oder um eine Fördereinrichtung, in denen alle Kinder der Gruppe eine – mehr oder weniger starke – Behinderung aufweisen. Wenn ein Kind mit schwerer und mehrfacher Behinderung soziale Teilhabe erleben soll, dann erfordert das von den erwachsenen Bezugspersonen in der Gruppe ein besonderes Maß an fachlicher Kompetenz und Sensibilität, um die Aufmerksamkeit des Kindes und seine Signale von Interesse, Wohlbehagen oder Unbehagen erkennen und sich in der Interaktion darauf einstellen zu können. Von den anderen Kindern der Gruppe erfordert es die Bereitschaft, von sich aus ein Kontaktangebot zu machen, zunächst ausbleibende, verzögerte oder befremdlich unerwartete Reaktionen des Kindes zu tolerieren und – zunächst intuitiv – zu erkunden, in welcher Form das Kind mit einer schweren und mehrfachen Behinderungen „ansprechbar“ ist.

Ein Kind mit schwerer und mehrfacher Behinderung wird nur dann für den sozialen Kontakt mit seiner Umwelt bereit sein, wenn es sich in der jeweiligen Situation sicher und vom Gegenüber verstanden fühlt. Die eng begrenzten Möglichkeiten zur Erkundung und Fortbewegung in der Umwelt bedeuten, dass die Kontaktangebote meist vom Gegenüber initiiert werden; damit ein Kontakt gelingt, müssen diese Angebote für das Kind mit schwerer und mehrfacher Behinderung interessant und so transparent sein, dass es sie verarbeiten kann. Sind soziale Kontaktangebote nicht auf seine Bedürfnisse und sein Befinden abgestimmt oder wird seine Verarbeitungsfähigkeit überfordert, bleiben ihm nur zwei Möglichkeiten:

- sozialer Rückzug auf den eigenen Körper und den Nahraum, den es selbst „kontrollieren“ kann, was dann von außen als extreme Passivität oder „repetitive, stereotype Handlungen“ erscheint, oder
- Verhaltensweisen, mit denen dem Kontaktangebot aktiv ausgewichen werden kann; das kann – in Abhängigkeit vom motorischen Niveau des Kindes – z. B. als Schreien, selbstverletzendes Verhalten oder impulsives Abwehren des Gegenübers erscheinen.

Für die Gestaltung sozialer Interaktionen und dialog-orientierter Kontaktangebote ist es wichtig, dass sich die erwachsenen Bezugspersonen mit den kommunikativen Fähigkeiten eines Kindes vertraut machen. Jede Entwicklung von sozialen Interaktionen beginnt mit dyadischen Interaktionen zwischen einem Kind und einem Erwachsenen. Stufenmodelle der Entwicklung von der vorsprachlichen zur symbolischen Kommunikation, wie sie in der allgemeinen Entwicklungspsychologie verwendet werden, lassen sich dabei auf die Einschätzung von Kindern mit schwerer und mehrfacher Behinderung übertragen, um ihre Kommunikationsformen einzuordnen. Kane (1992) unterscheiden z. B. fünf Stufen: a) reaktive, reflexhafte Verhaltensweisen, b) zielgerichtete, gegenstandsbezogene Verhaltensweisen, c) intentionale, partnerbezogene Verhaltensweisen, d) konventionelle Gesten und e) symbolische Verhaltensweisen. Grundsätzlich werden „imperative" und „deklarative" Funktionen von kommunikativen Verhaltensweisen unterschieden. Abstrakt gesprochen: Man kommuniziert mit der Absicht, seine persönlichen Bedürfnisse mitzuteilen, oder man kommuniziert mit der Absicht, seine Ideen und Gedanken mit einer anderen Person zu teilen. Diese Funktionen sind bei Kindern ohne Behinderungen schon sehr früh in der kindlichen Entwicklung – in der zweiten Hälfte des ersten Lebensjahres – zu beobachten.

McLean et al. (1996) befragten die Bezugspersonen von 117 Kindern mit schwerer Behinderung (im Alter von 7–12 Jahren) nach den kommunikativen Fähigkeiten zur Mitteilung von Wünschen und Bedürfnissen, die sie bei ihnen beobachten. Bei 43 Kindern lag eine Kombination von intellektueller Behinderung, körperlicher Behinderung und Sinnesschädigung vor. Nur 43 % der Kinder mit schwerer Behinderung waren in der Lage, einfache Worte zu sprechen, Symbole zur Verständigung zu benutzen oder gar Worte oder Symbole miteinander zu kombinieren; dieses Fähigkeitsniveau hatten nur zehn der 43 Kinder mit Mehrfachbehinderung erreicht. Bei 24 % der Kinder berichteten die Betreuer intentionale, prä-verbale Kompetenzen, z. B. gezieltes Hindeuten oder Gesten, um sich verständlich zu machen. Bei 33 % waren aus ihrer Sicht noch keine intentionalen Kommunikationsformen zu sehen, d. h. an ihrem Verhalten ließ sich nicht erkennen, dass sie eine Mitteilungsabsicht verfolgen. Die Gestaltung der Interaktion mit diesen Kindern stellt für die Bezugspersonen eine besondere Herausforderung dar.

Die Intentionalität von Kommunikationsansätzen ist bei Kindern mit schwerer und mehrfacher Behinderung oft schwer zu erkennen. Iacono et al. (1998) analysierten z. B. Videoaufzeichnungen des Verhaltens von drei Kindern im Alter von 5;4 bis 8;8 Jahren in „Kommunikationsproben". Kommunikationsproben sind Situationen, die das Kind dazu anregen sollen, einen Wunsch mitzuteilen oder auf etwas aufmerksam zu machen, was es bemerkt hat. Dabei werden unterschiedliche Sinnesreize und motorische Reaktionsmöglichkeiten des Kindes variiert. Da sich solche Beobachtungssituationen nicht nur in der Forschung, sondern auch in der Praxis für die Einschätzung intentionaler Kommunikationsansätze bei einem Teil der Kinder mit schwerer Behinderung eignen, seien diese Situationen kurz beschrieben:

- Angebot eines bevorzugten Getränks: Der Erwachsene lässt das Kind etwas trinken, das es mag. Er nimmt dann das Getränk an sich, hält es im Blickfeld des Kindes, aber außer Reichweite, und wartet auf seine Reaktion. Er beobachtet, ob das Kind seinen Wunsch nach dem Getränk deutlich machen kann.
- Angebot eines anderen Getränks: Er bietet ihm ein Getränk an, von dem er weiß, dass das Kind es nicht mag, und beobachtet, ob es seine Ablehnung deutlich machen kann.
- Luftballon: Der Erwachsene bläst einen Luftballon auf und lässt die Luft in Richtung auf das Gesicht und die Hand des Kindes entweichen. Das unterbricht er mehrfach und beobachtet, wie das Kind auf diese ungewöhnliche Sinneserfahrung reagiert.
- Musik: Der Erwachsene unterstützt das Kind dabei, einen CD-Player zu aktivieren, so dass ein Lied abgespielt wird. Er platziert dann den CD-Player außer Reichweite und beobachtet die Reaktion des Kindes, wenn das Lied endet.
- Ball: Der Erwachsene lässt einen Ball zwischen sich und dem Kind hin- und her rollen. Er hält dann unvermittelt mehrfach inne und wartet ab, ob das Kind ein Signal gibt, um das Spiel fortzusetzen.
- Bilderbuch: Der Erwachsene schaut sich mit dem Kind gemeinsam ein Bilderbuch an, das das Kind interessiert. Er wartet mehrfach ab und beobachtet, ob das Kind einen Ansatz macht, die nächste Seite umzublättern oder ein anderes Zeichen gibt zur Fortsetzung.
- Berührungsreize: Der Erwachsene streichelt das Gesicht des Kindes mit einem Wollstoff und wiederholt das dann mit einer kalten, klebrigen Substanz. Beides wird in das Blickfeld des Kindes gelegt, um seine Reaktion zu beobachten.

Bei den Kindern, die Iacono et al. (1998) beobachteten, ließen sich zumindest beim Anschauen des Bilderbuchs, beim Spiel mit dem Ball und beim Angebot der Getränke Reaktionen erkennen, die als zielgerichtet und intentional gedeutet werden konnten. Eine Geste des Hindeutens mit begleitender Vokalisation und Lächeln war dabei relativ eindeutig als kommunikativer Ansatz zur Vermittlung eines Wunsches anzusehen. In anderen Fällen ließen sich individuelle Verhaltensweisen als Zeichen von Protest oder Ablehnung deuten, so z. B. das

Aufrichten und Körperschaukeln eines Jungen beim Angebot des Getränks, das er nicht mochte.

Mar und Sall (1999) erprobten einen ähnlichen Ansatz bei 65 Kindern mit schwerer oder 38 Kindern mit schwerster intellektueller Behinderung im Alter zwischen drei und 15 Jahren. Neben den Kommunikationsproben (im 1:1-Kontakt mit einem Erwachsenen) sammelten sie jedoch zusätzlich Beobachtungen aus 30- bis 60-minütigen videografierten Alltagssituationen, um einen Eindruck von den (potentiell) kommunikativen Verhaltensweisen der Kinder zu gewinnen. Sie kategorisierten ihre Beobachtungen nach „reaktivem Verhalten" auf soziale Anregungen (z. B. Aufreißen der Augen, wenn eine laute Musik erklingt, oder Hinwenden des Kopfes, wenn ein Erwachsener den Raum betritt), „zielgerichtetem Verhalten" (z. B. Ausstrecken der Hand nach einem Spielzeug, Treten nach einer Person bei Ärger, Aufnehmen von Blickkontakt und Hinwenden zu einer Person, um Kontakt zu initiieren), Gesten (z. B. Hinzeigen auf ein gewünschtes Objekt, Winken als Begrüßung, Nicken), Vokalisationen und Wortannäherungen, Gebärden oder Worte. Abbildung 5 zeigt, dass die meisten Kinder über solche zielgerichteten Verhaltensweisen verfügten, um etwas zu kommentieren oder Wünsche auszudrücken. 16 % der Kinder zeigten jedoch ausschließlich reaktives Verhalten. Dies traf auf fast 40 % der Kinder in der Stichprobe zu, bei denen eine „schwerste" Behinderung („profound intellectual disability") vorlag.

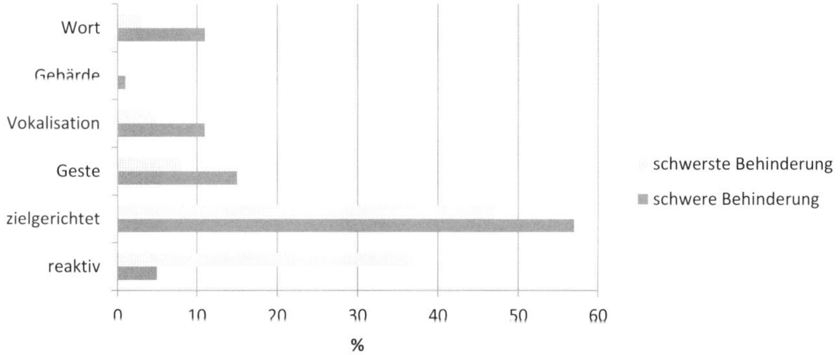

Abb. 5: Relative Anteile von primären Kommunikationsformen bei Kindern mit schwerer und schwerster Behinderung (n = 103; Mar/Sall 1999)

Diese Studien – die sich überwiegend auf Kinder im Schulalter bezogen – machen noch einmal deutlich, dass sich die meisten Kinder mit schwerer und mehrfacher Behinderung im Kindergartenalter auf einer prä-symbolischen Entwicklungsstufe befinden. Sie drücken ihr Befinden, ihr Interesse, Wünsche oder Ablehnung durch ihre Körper- oder Kopfhaltung, ihre Blickrichtung, Lautbildung oder Gesten aus. Oft ist es für das Gegenüber aber schwer zu erkennen, ob sie damit eine kommunikative Intention verfolgen oder ob es sich um Verhaltensweisen handelt, die als Reaktion auf ein „Umweltereignis" auftreten, aber keinen Mitteilungscharakter haben, d.h. nicht auf einen Gegenüber gerichtet sind, von dem seinerseits eine Reaktion erwartet wird. Für pädagogische Fachkräfte sind dabei am ehesten affektive Zustände von Unbehagen und Freude eindeutig wahrzunehmen (Petry/Maes 2006).

Die Unterscheidung von intentionalen und reaktiven Verhaltensweisen wird noch schwieriger, wenn ein Kind blind, hörgeschädigt oder in seiner Fähigkeit zur Steuerung der Körperhaltung und Mobilität in gravierendem Maße eingeschränkt ist. Sie reagieren auf Kontaktangebote und Anregungen aus der Umwelt oft sehr verzögert, inkonsistent, flüchtig und in ungewohnter und individueller Form.

Kinder mit Hör- und Sehbeeinträchtigungen können die ihnen verbliebenen Hör- oder Sehfunktionen z.B. oft nur kurz und nur dann nutzen, wenn sie durch gleichzeitige Bewegungen und Berührungen unterstützt werden. Ihrerseits zeigen sie ihr Interesse vielleicht mit einer flüchtigen, tastenden Bewegung der Hände. Ein blindes Kind dreht vielleicht seinen Kopf zur Seite, um auf eine Stimme zu lauschen, ein Kind mit Hörschädigung reagiert nur auf visuelle Veränderungen in der Umgebung, ein Kind mit einer schweren zerebralen Bewegungsstörung mit einer minimalen Veränderung der Kopfhaltung oder Körperspannung, vielleicht auch nur mit einer Veränderung der Atemfrequenz. Die jeweilige Reaktion des Kindes kann sehr verzögert und inkonsistent sein. Das bedeutet, dass seine Bezugspersonen die Reaktionen des Kindes sehr genau beobachten und auch kleine Veränderungen wahrnehmen müssen; vielfach sind sie auf Interpretationen angewiesen, was vielleicht die kommunikative Absicht des Kindes sein könnte. Dass eine Kommunikation auch unter derart erschwerten Bedingungen gelingen kann, zeigen Beobachtungen der Interaktion zwischen Eltern und Kindern mit schweren Behinderungen (Wilder 2008). Sie sind oft in beeindruckender Weise in der Lage, sich auf die individuellen Kommunikationsformen ihrer Kinder einzustellen und einen dialogischen Austausch zu gestalten.

Grundsätzlich ist uns allen die Bedeutung non-verbaler Signale für die Gestaltung von Dialogen vertraut – in Alltagssituationen interpretieren wir die Bedeutung einer Mitteilung nicht nur aus dem Wortlaut, sondern beziehen alle non-verbalen Aspekte des Verhaltens und den Situationszusammenhang ein. Besonders deutlich wird das, wenn wir die frühe Interaktion eines Erwachsenen mit einem Säugling beobachten, der noch keine Sprache versteht und sich noch nicht mit Worten äußern kann. Auch hier geht es darum, dass der Erwachsene das Verhalten des Kindes beobachtet und sich mit seinen intuitiven Verhaltensbereitschaften darauf einstellt, um einen Dialog mit ihm anzubahnen (Papoušek 1994). Dialoge mit einem Säugling gestalten sich in einem Prozess der Ko-Regulation, d. h. das Kind verfügt zunächst noch nicht über zielgerichtete, auf den Dialogpartner bezogene kommunikative Kompetenz, lernt aber allmählich aus seinen Erfahrungen im Dialog mit seinen erwachsenen Bezugspersonen, wie es deren Aufmerksamkeit wecken und zum Dialog beitragen kann, so dass „Turnwechsel" entstehen.

Es handelt sich um einen hochkomplexen, ko-regulativen Entwicklungsprozess, bei dem der Erwachsene intuitiv seinen Part übernimmt und den Verhaltensweisen des Kindes von den ersten Lebenswochen bereits kommunikative Intentionen unterstellt. Dabei geht es anfangs um soziale Dialoge zwischen Kind und Erwachsenem, ohne dass Gegenstände der Umgebung (die „Außenwelt") dabei einbezogen werden. Aus Sicht des Kindes bedeutet dies „Du und ich". Diese erste Phase der Interaktion erlaubt es dem Kind und dem Erwachsenen, Emotionen und Aufmerksamkeit miteinander zu teilen. Es entsteht ein Gefühl von Zusammengehörigkeit. Die Säuglingsforschung spricht dabei von „primärer Intersubjektivität" und einem wechselseitigen Einschwingen aufeinander („attunement"). Das Kind lernt allmählich, wie es selbst solche Interaktionen initiieren, die Aufmerksamkeit des Erwachsenen gewinnen und seinen eigenen Beitrag in den Rhythmus des Dialogs einbringen kann. Die Initiative zu diesen Dialogen wechselt zwischen beiden Partnern („Turnwechsel").

Mit der Zeit gelingt dann auch die Einbeziehung von Gegenständen, indem beide ihre Aufmerksamkeit auf den gleichen Gegenstand koordinieren – sogenannte triadische Interaktionen oder „sekundäre Intersubjektivität". Diese gemeinsam geteilte Aufmerksamkeit stellt das komplexeste Muster sozialer Interaktionen dar. Das Kind und der Erwachsene verwenden dabei jeweils unterschiedliche Gesten, um die Aufmerksamkeit des anderen auf ein außerhalb liegendes Element zu lenken. Diese distalen (über den Körper hinausweisende) Gesten können die Form des Hinweisens, Zeigens, Anbietens von Gegenständen, Gebens und Verlangens haben. Der Erwachsene unterstützt diese Gesten, indem er dem kindlichen Fokus folgt. Indem er zu dem Objekt oder Ereignis, das gerade die Aufmerksamkeit des Kindes fesselt, hinschaut, darauf zeigt und emotional entsprechend reagiert, erreicht er wechselseitige Aufmerksamkeit. Dadurch macht das Kind die Erfahrung, dass es vom erwachsenen Partner verstanden wird.

Vor diesem entwicklungspsychologischen Hintergrund sind auch kommunikative Prozesse zwischen einem älteren Kind mit schwerer und mehrfacher Behinderung und seinen Bezugspersonen zu verstehen. Auch hier handelt es sich um einen Prozess der Ko-Regulation, bei dem der Erwachsene Verhaltensweisen des Kindes wahrnimmt und ihnen eine kommunikative Bedeutung unterstellt. Grove et al. (1999) haben dafür in einem Artikel zum Verständnis der Kommunikationsprozesse mit Menschen mit schwerster Behinderung mit dem Titel „See what I mean“ den Begriff der „bewussten Über-Interpretation“ geprägt. Es kann sich dabei um individuell sehr unterschiedliche, auf den ersten Blick nicht als intentional erkennbare Verhaltensweisen handeln. Ob seine Vermutung richtig ist, kann der Erwachsene nur dadurch überprüfen („validieren“), dass er auf das Verhalten des Kindes reagiert und wiederum beobachtet, wie das Kind seinerseits reagiert. Indikatoren für eine kommunikative Bedeutung einer Handlung können z. B. ein Wechsel der Blickrichtung zwischen dem Erwachsenen und dem Gegenstand sein, ein erkennbares Abwarten auf die Reaktion des Erwachsenen, ein Versuch, sich ihm zu nähern, oder eine Variation oder nachdrückliche Wiederholung des Verhaltens, wenn seine Reaktion zunächst ausbleibt.

Es geht also quasi um einen kontinuierlicher Prozess des Aushandelns, wie das Verhalten – im Kontext der jeweiligen Situation und des Aufmerksamkeitszustandes des Kindes – zu deuten ist, bis das Kind sich verstanden fühlt. Hinreichende Vertrautheit mit dem Kind, seinem Verhaltensrepertoire, seinen körperlichen Einschränkungen und Sinnesschädigungen ist dabei unerlässlich (Grove et al. 1999).

Hostyn et al. (2010) haben dieses Konzept zur Grundlage gemacht, um eine Skala zur Beurteilung von videografierten Interaktionen zwischen Kindern, Jugendlichen und Erwachsenen mit schwersten und mehrfachen Behinderungen zu entwickeln. Das Konzept impliziert, dass diese Einschätzung jeweils für die Dyade erfolgt und nicht für das kommunikative Niveau des Kindes allein. Sie unterschieden Teilkomponenten wie wechselseitige Offenheit für den Dialog, Einbettung des Dialogs in den Situationskontext, Aushandeln von Bedeutungen von potentiell kommunikativen Handlungen, wechselseitige Bestätigung der Verständigung und empathische Grundhaltung. Die Autoren erprobten diese Skala bei 18 Kindern, Jugendlichen und Erwachsenen und berichteten, dass sich damit die Qualität von Dialogen angemessen differenzieren ließ und Beobachter unabhängig voneinander zu hinreichend ähnlichen Einschätzungen kamen. Die Skala ist jedoch noch nicht so weit erprobt, dass sie für den praktischen Einsatz empfohlen werden kann.

Drei Studien mit differenzierten Beobachtungen zu den Verhaltensweisen, die Kinder mit schwerer und mehrfacher Behinderung in der Interaktion mit pädagogischen Fachkräften zeigen, seien abschließend beschrieben. Die erste stammt von Olsson (2005), in der von neun Kindern mit komplexen Behinderungen im Alter zwischen 2;10 und 6;7 Jahren im Kindergarten berichtet wird.

Bei vier Kindern lag eine schwere Sehbehinderung vor, sechs hatten keine selbstständige Fortbewegungsmöglichkeit, fünf Kinder befanden sich in ihrer kognitiven Entwicklung noch auf einer frühen sensomotorischen Entwicklungsstufe. Das Verhalten der Kinder wurde analysiert in Situationen, in denen attraktive Gegenstände inner- und außerhalb der Reichweite des Kindes lagen und ein Erwachsener in unmittelbarer Nähe war, auf den sich Interaktionsbeiträge des Kindes richten konnten. Zur Analyse der Verhaltensweisen wurden die Videoaufzeichnungen in 10-sec-Intervalle unterteilt. Für jedes Intervall wurde kodiert, ob sich eine Initiative oder Reaktion beobachten ließ, die die Funktion der Verhaltensregulation (Wunsch nach Objekt, Aufforderung), der Kommentierung (Lenkung der Aufmerksamkeit auf ein gemeinsames Thema) oder allein der Herstellung eines sozialen Kontaktes hatte.

Zwei Kinder zeigten ausschließlich Verhaltensweisen ohne erkennbare kommunikative Absicht, z. B. Blinzeln oder Zucken mit den Augen, Ausstrecken des Arms nach einem Objekt. Fünf Kinder nahmen in einzelnen Momenten einen triadischen Blickkontakt zum Gegenstand und Erwachsenen auf, zwei Kinder benutzten Worte oder Wortkombinationen in den Beobachtungssituationen. Das Gelingen der Aufmerksamkeitsabstimmung war mit dem kognitiven Entwicklungsniveau und dem Sehvermögen der Kinder assoziiert, nicht jedoch mit ihren motorischen Fähigkeiten.

Bunning et al. (2013) analysierten die Beobachtungen zur Lehrer-Schüler-Interaktion bei älteren Schülern in einer Förderschulklasse. Beobachtet wurden vier Schüler mit schweren kommunikativen Einschränkungen und Sinnes- sowie Körperbehinderungen im Alter zwischen elf und 15 Jahren. Alle Kinder waren zur Fortbewegung auf einen Rollstuhl angewiesen; drei der vier Kinder waren blind, eines mit einer geistigen Behinderung.

Die Videoaufzeichnungen wurden jeweils in der gleichen Unterrichtsstunde an fünf Tagen im Laufe von sechs Monaten vorgenommen. Neben dem Sonderpädagogen als Klassenlehrer wurden auch Beobachtungen zur Interaktion mit verschiedenen Assistenzkräften einbezogen, die in der Klasse arbeiteten. Kommunikationshandlungen und Kontextinformationen wurden transkribiert. Bei der Auswertung wurde für jede Kommunikationshandlung die Modalität (Sprache, Vokalisation, Geste, Kontakt mit einem Objekt, Berührung oder Gebrauch einer Kommunikationshilfe) zugeordnet sowie die Art des Beitrags im Dialog (Aufmerksamkeitslenkung, Initiative, Antwort, Fortführung u. a.) und seine Funktion (Wunsch / Aufforderung, Kommentierung, Bestätigung, affektiver Ausdruck).

Die Struktur der Interaktion war – erwartungsgemäß – von einer hohen Dominanz der Erwachsenen geprägt, die sie häufig einleiteten. Meist stellten sie dabei Aufforderungen an die Schüler, die sie so gestalteten, dass den Schülern trotz ihrer eingeschränkten Fähigkeiten eine gezielte „Antwort" möglich wurde. Obwohl ihre kommunikativen Fähigkeiten sehr eingeschränkt waren, trugen die Schüler ihrerseits in fast der Hälfte der Situationen solche „Antworten" (Vokalisationen, Gesten oder Kopf- und Körperbewegungen) bei. In den meisten Fällen drückten sie damit Affekte aus (Abb. 6). Äußerungen, die als Kommentare zu einem Ereignis gewertet werden konnten, wurden nur von den beiden Schülern geäußert, die über ein basales Sprachverständnis und eine Geste oder einzelne Worte verfügten, um Ja oder Nein auszudrücken. Eine elektronische Kommunikationshilfe wurde nur von einem Kind – und dies nur sehr selten – eingesetzt.

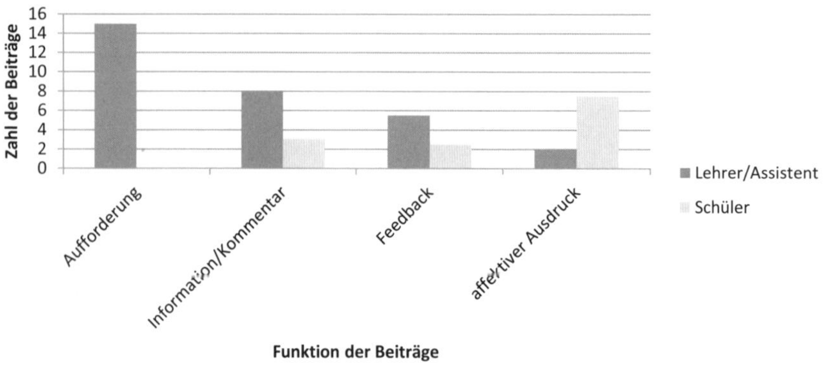

Abb. 6: Funktion kommunikativer Beiträge im Lehrer-Schüler-Dialog bei vier Schülern mit schwerer und mehrfacher Behinderung (n = 4; Bunning et al. 2013)

Auch Hostyn et al. (2011) untersuchten die Frage, wie Fachkräfte in der Interaktion mit Menschen mit schwerer und mehrfacher Behinderung ihre Aufmerksamkeit aufeinander und auf ein gemeinsames Objekt abstimmen und wie groß der Anteil an Interaktionsepisoden ist, in denen Menschen mit schwerer und mehrfacher Behinderung ihrerseits die Aufmerksamkeit ihrer Interaktionspartner steuern. Die Stichprobe umfasste 17 Kinder und Erwachsene im Alter von 3–59 Jahren (mittleres Alter: 23 Jahre) und ihre Betreuer. In der Mehrzahl handelte es sich bei den Betreuern um Sonderpädagogen aus den jeweiligen Fördergruppen. Die Interaktion wurde in einem Einzelkontakt in einem ruhigen Raum videografiert. Als Beschäftigungsangebote für die Beobachtung wurden aus einer Auswahl von acht Gegenständen diejenigen beiden Objekte ausgewählt, für die das Kind bzw. der Erwachsene mit schwerer und mehrfacher Behinderung zuvor das größte Interesse gezeigt hatten. Die Auswertung erfolgte in einem 10-sec-Intervall-Kodierungsschema.

Intentionale Aufmerksamkeitslenkung wurde dabei angenommen, wenn erkennbar war, dass ein Partner sich mit seinem Körper, Kopf oder Blick oder einer Vokalisation an den anderen wendete, mit seinem Blick oder seiner Körperhaltung zwischen einem Objekt und dem Partner hin und her wechselte, eine Antwort erwartete bzw. ein Ziel anstrebte und sein lenkendes Verhalten so lange fortsetzte, bis dieses Ziel erreicht war. Bei der Lenkung der Aufmerksamkeit wurde zwischen der visuellen Modalität (z.B. durch Blickrichtung, Hindeuten oder Vorzeigen eines Objekts), der auditiven Modalität (durch Aufforderungen, Ansprache oder Geräusche mit einem Gegenstand) oder der taktilen Modalität (durch Berühren der anderen Person am Arm oder Hinführen ihrer Hand zu einem Gegenstand) unterschieden.

In fast 90 % der Beobachtungsintervalle zeigte der Partner mit schwerer und mehrfacher Behinderung kein aufmerksamkeitslenkendes Verhalten. Die Fachkräfte lenkten die Aufmerksamkeit des Gegenübers dagegen in fast 95 % der Beobachtungsintervalle; in der übrigen Zeit warteten sie mögliche Initiativen ab. In 78 % der Intervalle sprachen sie das Kind oder den Erwachsenen dabei an, in 66 % zeigten sie ihm ein Objekt oder deuteten auf einen Gegenstand. Die taktile Modalität wurde wesentlich seltener benutzt. In 9 % berührten sie den Partner am Arm, in 18 % der Beobachtungsintervalle führten sie seine Hand zu einem Gegenstand (Abb. 7).

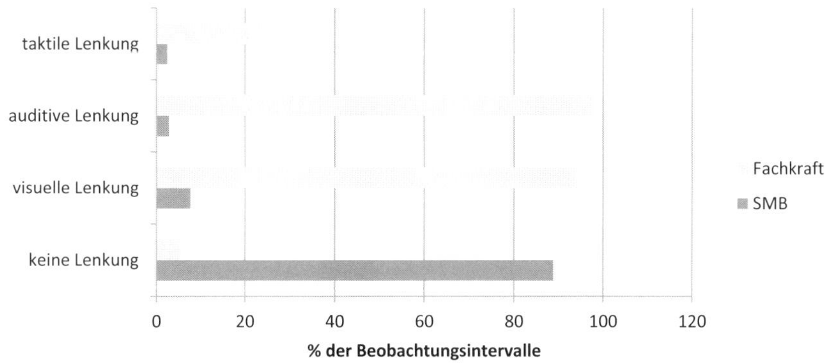

Abb. 7: Aufmerksamkeitslenkung durch Fachkräfte und Kinder bzw. Erwachsene mit schwerer und mehrfacher Behinderung in Beobachtungssituationen (n = 17; Hostyn et al. 2011)

In etwa 44 % der Beobachtungsintervalle war die Aufmerksamkeit der Interaktionspartner nicht aufeinander abgestimmt, d. h. die Fachkräfte richteten ihre Aufmerksamkeit auf den Partner oder ein Objekt, während dieser seine Aufmerksamkeit nicht dorthin richtete. Geteilte Aufmerksamkeit, bei der beide Interaktionspartner den gleichen Fokus hatten, war in 37,9 % der Intervalle zu beobachten, eine triadische Aufmerksamkeitsabstimmung jedoch nur in 3,1 %.

Einige Eindrücke aus Studien, die mit taubblinden Kindern durchgeführt wurden, ergänzen dieses Bild. Auch bei diesen Kindern sind die kommunikativen Möglichkeiten zum Austausch mit Erwachsenen durch die kombinierte Sinnesschädigung sehr eingeschränkt, ohne dass dies jedoch mit einer schweren motorischen oder intellektuellen Behinderung einhergeht. Bruce et al. (2004) werteten zweistündige Videoaufzeichnungen der Interaktion zwischen drei taubblinden Kindern (sieben, acht und zwölf Jahre) und ihren Lehrern aus. Sie differenzierten verschiedene Funktionen der Beiträge zur Kommunikation. Auch hier wurde die Interaktion überwiegend von den Lehrern gelenkt, die Aufforderungen und Fragen stellten oder Handlungen der Kinder kommentierten. Die Kinder ihrerseits setzten ihre kommunikativen Fähigkeiten ein, um die Aufmerksamkeit auf sich zu lenken oder auf Fragen zu antworten, äußerten – in der ihnen möglichen Modalität der Kommunikation – aber nur selten von sich aus Kommentare oder Wünsche.

Vervloed et al. (2006) berichteten über eine Einzelfallstudie, in der die Interaktionen eines dreijährigen taubblinden Jungen mit seinem Erzieher ausgewertet wurden. Sie analysierten eine 16-stündige Videoaufzeichnung aus Alltagssituationen beim Anziehen, Waschen und Spielen. Die sehr aufwendige Kodierung erlaubte eine sequenzanalytische Auswertung, d. h. eine Antwort auf die Frage, mit welcher Wahrscheinlichkeit einzelne Verhaltensweisen des Erwachsenen vom Kind „beantwortet" wurden und umgekehrt. Mehr als 80 % der Interaktionen wurden vom Erwachsenen initiiert. Nur ein Drittel der Äußerungen, die er an das Kind richtete, führten zu erkennbaren Reaktionen des Kindes. Das Kind seinerseits erlebte in 41 % der Situationen, in denen es intentionales Kommunikationsverhalten zeigte, eine Antwort des Erwachsenen. Das bedeutet, dass der Erzieher mehr als die Hälfte der Initiativen des Kindes zum sozialen Kontakt verpasste, meist weil er nicht nah genug am Kind war, um Ansätze zur Kommunikation durch taktile Gebärden wahrzunehmen und aufzugreifen. Insgesamt bestanden nur 2 % der gesamten Beobachtungszeit aus ausgedehnteren dialogischen Interaktionen.

Die Ergebnisse dieser Studien – meist mit Kindern jenseits des Kindergartenalters durchgeführt – machen deutlich, dass die Etablierung gemeinsamer Aufmerksamkeit zwischen Kindern mit schwerer und mehrfacher Behinderung und ihren Bezugspersonen die größte Herausforderung bei der Gestaltung dialogischer Interaktionen darstellt. Die Lenkung der Aufmerksamkeit geht fast immer vom Erwachsenen aus, wobei er überwiegend visuelle und auditive Modalitäten (seltener taktile Lenkung) benutzt. Die Reaktionen der Kinder bestehen meist aus Kopf- oder Körperbewegungen und Vokalisationen, die einen affektiven Mitteilungscharakter haben.

Hostyn und Maes (2009) fassten in einer Literaturübersicht 15 Studien zusammen, die sich mit der Interaktion bei sehr schwerer Behinderung beschäftigten. Neun Studien wurden dabei in Heimeinrichtungen und Tagesstätten, fünf in Schulklassen und drei im familiären Kontext durchgeführt. Sieben Studien bezogen sich auf Kinder, die übrigen auf Erwachsene mit schweren Behinderungen. Auf der Grundlage dieser Studien formulierten sie folgendes Fazit:

> *„Die Sensibilität der Betreuer, die Aufmerksamkeit des Kindes zu regulieren und Gelegenheiten zu sozialen Kontakten wahrzunehmen, sowie die emotionale Qualität des Kontaktes zwischen Kind und Erwachsenem, sind von entscheidender Bedeutung für das Gelingen sozialer Interaktionen als Voraussetzung für soziale Teilhabe" (Hostyn / Maes 2009, 311).*

3 Quantitative und qualitative Beobachtungen aus einer explorativen Studie

Im Folgenden werden eigene Beobachtungen aus einer explorativen Studie geschildert, die 2013/2014 in integrativen Kindertagesstätten und Schulkindergärten in Baden-Württemberg durchgeführt wurde. Es handelt sich um eine quantitative Analyse von nicht-teilnehmenden Beobachtungen und Videoaufzeichnungen des sozialen Alltagsgeschehens in Gruppen, in denen Kinder mit schwerer und mehrfacher Behinderung betreut werden. Die quantitative Analyse wurde ergänzt durch leitfaden-gestützte Interviews mit den Fachkräften, die die Kinder in der Gruppe betreuen, und ihren Müttern. Bevor die Ergebnisse dargestellt werden, sollen zunächst einige Einzelfallschilderungen einen Eindruck von den Beobachtungen in der Gruppe vermitteln.

3.1 Einzelfallbeispiele

Jael

Bei Jael handelt es sich um ein 3;7 Jahre altes Mädchen. Es liegt eine (den Fachkräften nicht bekannte) Diagnose eines genetischen Syndroms vor. Aus der Anamnese sind ausgedehnte Klinikaufenthalte, längerfristige Beatmungsphasen sowie eine Unterstützung durch einen häuslichen Pflegedienst bekannt. Außerdem ist eine Schwerhörigkeit diagnostiziert. Nach Einschätzung der Fachkräfte ist Jaels kognitive Entwicklung stärker verzögert als die motorische Entwicklung; sie beginnt, an der Hand zu laufen. Jael verfügt kaum über Lautsprache. Sie wird über eine Sonde ernährt; eine Sitzschale ist angepasst. Jael besucht einen Schulkindergarten. Die Gruppe (fünf Kinder) wird von einer Heilpädagogin und Fachlehrerin mit Förderschwerpunkt „geistige Entwicklung“ und einer weiteren (männlichen) Betreuungskraft geführt. Zeitweise ist eine Physiotherapeutin anwesend.

Morgenkreis: Die Kreisrunde wird sehr lebendig gestaltet. Jael scheint sich dadurch sehr unbehaglich zu fühlen, verzieht das Gesicht oder reibt die Augen, was aber von der Fachkraft, die neben ihr sitzt, nicht beachtet wird. Stattdessen führt sie jeweils mit ihr die Handlungen aus, die dem Ablauf des gemeinsamen Spiellieds entsprechen. So stellt sie sie auf, führt ihre Hände beim Klatschen, schiebt sie in der Sitzschale durch den Kreis, als sie jeweils an der Reihe ist.

Diese Führung wirkt „überfallartig“, ohne Ankündigung oder direkte Ansprache an Jael.

Frühstück: Auch während der Vorbereitung zum Frühstück wirkt Jael angespannt, grimassiert und macht stereotype Bewegungen mit den Händen, die aber nicht beachtet werden. Zunächst gibt eine Betreuungskraft ihr einige Löffel Joghurt. Anschließend wird sie sondiert. Während der Sondierung spricht sie Jael nicht an und bemüht sich nicht um Blickkontakt. Jael schaut im Raum umher. Ein Kontakt zu den anderen Kindern, die neben ihr sitzen, entsteht nicht; das Sondieren wird von ihnen nicht beachtet. Das Sondieren wird kurz unterbrochen, als eine Orthopädietechnikerin den Raum betritt und den Sitz ihrer Orthesen überprüfen möchte. Sie kündigt dies nicht an; der Versuch wird dann von der Fachkraft abgebrochen. Jael wirkt erneut unsicher, was passiert, ohne dass dies zu einer Reaktion der Fachkräfte führt.

Beschäftigungsangebote: Jael hat – auf dem Boden sitzend – einen Ball vor sich. Sie wird kurz von einem anderen Kind angesprochen. Die Betreuungskraft beobachtet sie aus größerem Abstand. Sie setzt sich dann dazu und bietet an, den Ball hin und her zu rollen, ohne dass es aber zunächst zu einem Wechselspiel mit ihr oder einem der anderen Kinder in der Nähe kommt. Sie beobachtet und wartet ab. Ein Junge rollt dann ein paar Mal den Ball mit Jael hin und her, bietet ihr dann andere Beschäftigungsmaterialien an, die sie erkundet. Es entsteht jedoch kein längerer dialogischer Kontakt zwischen dem Jungen und ihr. Er wird auch nicht von der Betreuungskraft aktiv unterstützt, die sich inzwischen den anderen Kindern im Raum zugewendet hat.

Es folgt eine gelenkte Beschäftigung in einer Kreisrunde. Die Kinder sollen den Wochentag mit Gesten benennen, Bilder für den Tagesplan anheften und ihr eigenes Foto hinzufügen. Diese Abläufe wirken als eingeübte Rituale. Jael sitzt in der Runde am Boden, eine Fachkraft hinter ihr auf dem Stuhl. Sie wirkt aufmerksam, grimassiert aber und bewegt ihre Hände in stereotyp wirkender Form. Wenn sie an der Reihe ist, wird sie von der Fachkraft bei der Ausführung der „gewünschten“ Handlung geführt; die Führung wird nicht angekündigt oder sprachlich begleitet, so dass der Eindruck entsteht, dass Jael nicht weiß, worum es geht. Sprachliche Äußerungen richtet die Fachkraft ausschließlich an die anderen Kinder im Kreis.

Ein weiteres Beschäftigungsangebot findet in einer Hängeschaukel statt. Die Fachkraft legt sie hinein und schaukelt sie an, begleitet durch ein gesummtes Lied. Jael scheint entspannt und genießt die Anregung. Die Fachkraft führt mehrere Variationen ein, indem sie ihr Sandsäckchen auf den Bauch legt, von unten an die Schaukel klopft, die Hängeschaukel um sich selbst dreht. In der

Sequenz fällt auf, dass die Fachkraft die Variationen zwar ankündigt bzw. nachfragt: „alles klar?“, aber keine Reaktion von Jael zu erwarten scheint und ihre Stimulation dann sofort fortsetzt.

Schließlich wird sie in den Laufstall gesetzt, während die anderen Kinder unter Anleitung aufräumen und den Tisch decken. Sie beschäftigt sich mit einigen Spielsachen, die sie dort vorfindet, und wirkt zufrieden. Ein sozialer Kontakt zu den beiden Kindern in ihrer Nähe und zu den beiden Fachkräften der Gruppe entsteht in dieser Zeit nicht.

Mittagessen: Eine Physiotherapeutin, die offenbar zusätzlich während der Mahlzeiten in die Gruppe kommt, begrüßt Jael. Jael beobachtet sie aufmerksam, als sie ihr mehrere Löffel Joghurt sowie ihre Trinktasse anreicht. Dann setzen stereotype Armbewegungen ein, die Therapeutin ist abgelenkt von der Geräuschkulisse und den anderen Kindern der Gruppe. Sie geht dann zum Sondieren über, was ohne sprachlichen Kontakt zu Jael geschieht. Stereotyp wirkendes Klatschen in die Hände, das während des Sondierens auftritt, beachtet sie zunächst nicht. Einmal imitiert sie eine Lautbildung Jaels. Dann beginnt sie mit einem Spiellied („Wie ein Fähnchen ...“), evtl. die Handstereotypien Jaels aufgreifend. Jael unterbricht kurz ihre Bewegungen, nimmt Blickkontakt auf, setzt wieder ein und scheint eine Reaktion der Therapeutin zu erwarten. Dann streckt sie die Arme in die Höhe, diese ahmt das nach, ohne dass aber ein Wechselspiel entsteht. Sie holt sie aus dem Stuhl und setzt sie auf den Schoß. Dort zeigt sie ihr ein Bilderbuch; Jael klopft auf einzelne Seiten, die die Therapeutin benennt. Es schließt sich eine – offenbar als Teil des Rituals eingeführte – abschließende Aktivität an, bei der von einer Fachkraft Seifenblasen im Raum verteilt werden. Jael verfolgt sie aufmerksam, bewegt ihre Arme aufgeregt, was aber nicht als Gelegenheit zu einer sozialen Interaktion aufgegriffen wird.

Weiteres Beschäftigungsangebot: Jael sitzt in der angepassten Sitzschale. Die Betreuungskraft bietet ihr Würfelbilder an, die sie aber nicht beachtet. Darauf nimmt sie ein anderes Kind auf den Schoß, schaut mit diesem Lottobilder an. Kurz wendet sie sich dabei auch Jael zu mit „Jael, schau mal“, ohne jedoch eine Reaktion abzuwarten. Jael vollführt stereotype Bewegungen mit den Armen, zeigt kein Interesse an den Bildern. Ein sozialer Kontakt zur Betreuungskraft und den beiden anderen Jungen, die am gleichen Tisch beschäftigt sind, entsteht nicht.

Musikalische Aktivität in der Kleingruppe: Zwei Fachkräfte haben eine Kleingruppe zu einer (offenbar vertrauten) musikalischen Aktivität auf dem Boden versammelt. Jael wirkt zunächst aufmerksam, zeigt keine Stereotypien. Eine der Fachkräfte führt ihre Hand zum Schlagen auf den Gong, als sie an der Reihe ist. Sie lässt sich passiv führen, wendet sich dem Gong aber nicht zu, sondern beginnt wieder mit stereotypen Bewegungen, bevor sie sich schließlich wegdreht. Zu den anderen Kindern neben ihr entsteht kein Kontakt. Das folgende Spiellied enthält viele Laut- und Silbenwiederholungen; die Fachkraft stützt und streichelt sie dabei. Hier wirkt Jael wieder aufmerksamer, unterbricht ihre Stereotypien, lächelt. Als diese Phase abbricht und Klangschalen als nächstes angeboten werden, wendet sie sich ab und wird auch von den Fachkräften im weiteren Verlauf nicht weiter in das Geschehen einbezogen.

Kommentar: In der Beobachtungszeit kommt es wiederholt zu Momenten von Aufmerksamkeit und Kontaktbereitschaft, die sich an der Blickrichtung Jaels und der Unterbrechung stereotyper Bewegungen erkennen lassen. Nur beim Ballspiel entsteht daraus aber ein etwas längerer dialogischer Kontakt mit einer Betreuungskraft und einem anderen Kind. In der Phase der Sondierung bleibt sie ohne Ansprache. Auffallend ist ferner, dass die Fachkraft im Morgenkreis, in der Hängeschaukel und bei der musikalischen Aktivität viele Gelegenheiten zu einem dialogischen Kontakt ungenutzt lässt. Sie führt sie bei den Aktivitäten, ohne ihre Handlungen anzukündigen oder mögliche kommunikative Signale von Jael abzuwarten.

Lisa

Es handelt sich um ein 4;2 Jahre altes Mädchen mit Trisomie 10. Aus der Anamnese sind mehrere Herzoperationen in den ersten Lebensjahren bekannt. Aufgrund einer orthopädischen Operation ist zum Zeitpunkt der Videoaufzeichnung keine eigenständige Fortbewegung möglich. Die Sehfähigkeit ist eingeschränkt, lautsprachliche Äußerungen sind ihr nicht möglich. An Hilfsmitteln stehen eine angepasste Sitzschale, Orthesen sowie Bilder, auf denen verschiedene Gebärden zu sehen sind, und eine elektronische Kommunikationshilfe (Taster) zur Verfügung.

Lisa besucht eine integrative Einrichtung. Die Gruppe umfasst 15 Kinder, davon 5 Kinder mit Behinderungen, in der eine Heilpädagogin, eine Heilpädagogin in Ausbildung, eine Erzieherin und zwei (am Aufnahmetag fehlende) Praktikantinnen tätig sind. Zeitweise ist eine Physiotherapeutin anwesend.

Frühstück: Lisa erhält Assistenz von einem anderen Mädchen, das sich intensiv um sie kümmert. Eine Heilpädagogin sitzt daneben und kommentiert, so dass das andere Kind weiß, was sie möchte. Sie schafft selbst Kommunikationsgelegenheiten, indem sie Lisa fragt, ob sie noch mehr möchte oder fertig sei, gibt allerdings keine gezielte Hilfe, um eine entsprechende Gebärde zu machen.

Gegen Ende lenkt sie ihre Aufmerksamkeit auf Bilder, die neben das Tischset geklebt sind und verschiedene Gebärden demonstrieren. Sie versucht sie dazu zu bewegen, die Gebärde für „fertig“ zu machen. Lisa reagiert aber nicht eindeutig. Das Frühstück wird dann beendet. Ein Ausstrecken des Arms in Richtung auf einen Becher interpretiert die Fachkraft als Signal, dass sie noch etwas zu trinken möchte.

Beschäftigungsangebot: Die Heilpädagogin lädt Lisa ein, sich in einer Kuschelkiste mit Explorationsmaterialien zu beschäftigen. Sie interpretiert ihr Quengeln als Zeichen, dass sie auf dem Arm bleiben möchte und setzt sich deshalb mit ihr zusammen in die Kiste. Ein Mädchen sowie zwei Jungen sind direkt neben ihr. Lisa holt sich ein Xylophon näher heran. Nach kurzer Zeit kündigt die Fachkraft – begleitet von einer Gebärde – an, dass es Zeit zum Aufräumen ist. Während Lisa sie mit den Augen verfolgt, als sie aufsteht, wird sie von einem anderen Mädchen gestreichelt.

Morgenkreis: Nach einiger Wartezeit wird in der Kreisrunde der Wochentag und der Tagesplan besprochen. Lisa sitzt in der angepassten Sitzschale dabei und ahmt die Bewegungen des Begrüßungsliedes nach.

Außengelände: Die Fachkraft fragt Lisa, ob sie in die Schaukel möchte, wartet ihre Antwort ab, interpretiert das Ausstrecken des Arms und Kopfnicken als Bestätigung und lässt sie – auf einem Fahrzeug – von einem anderen Mädchen zur Schaukel schieben. Anschließend schaukelt sie mit ihr einige Minuten gemeinsam und lässt sich dabei von einem anderen Mädchen anschieben. Sie unterbricht die Aktivität, steigt mit Lisa aus, hält sie auf dem Arm und ermutigt sie dann, das andere Mädchen ihrerseits anzuschieben. Dazu holt sie die Schaukel nahe an sie heran, es gelingt ihr aber motorisch dennoch nicht. In der Folge beobachtet Lisa das andere Kind beim Schaukeln, die Fachkraft kommentiert das und fragt sie schließlich, was sie als nächstes machen möchte. Lisa lässt sich dann bereitwillig von dem anderen Mädchen, das sich fortwährend um sie kümmert, auf einem Bobbycar schieben. Offenbar spielt dieses andere Mädchen, es sei die Mama und schiebe ihr Baby, was die Fachkraft auch so aufgreift und kommentiert.

Das andere Kind lädt sie dann wieder in die Schaukel ein. Die Fachkraft antwortet mit „Wenn die Lisa das möchte“, deutet ihre Reaktion als Zustimmung und hebt sie in die Schaukel. Dort liegen beide Kinder beieinander. Als Lisa nach einigen Minuten quengelt, fragt die Fachkraft das andere Kind „Schau mal, wie die Lisa reagiert – möchte sie das?“ und setzt sie auf. Dann beginnt das Mädchen, ihr einen Pferdeschwanz zu flechten, worauf Lisa unwillig reagiert.

Die Fachkraft macht sie dabei darauf aufmerksam, dass sie ihr zunächst den entsprechenden Gegenstand zeigen könnte („Zeig ihr mal das Gummi").

Mittagessen: Die Assistenz beim Mittagessen wird von einer anderen Erzieherin übernommen, die offenbar mit den Gebärden zur Verständigung zunächst nicht vertraut ist. Die Heilpädagogin, die Lisas Hauptbezugsperson ist, macht sie auf die Abbildungen von Gebärden neben dem Tischset aufmerksam. Das wird von der Erzieherin auch aufgegriffen, sie fragt Lisa nach einiger Zeit, ob sie noch mehr essen möchte und deutet auf das entsprechende Bild. Die Heilpädagogin ergänzt das aus der Ferne durch eine Nachfrage, ob sie fertig sei. Lisa deutet gezielt auf das Bild, das die Gebärde „mehr" demonstriert. Die Erzieherin erkennt das und schöpft prompt nach. Ohne weitere Kommunikation geht sie dann einige Zeit später zum Zähneputzen, bei dem sie die Hand führt und sie lobt, und zum Abwischen des Tisches über.

Kommentar: Lisa zeigt eine ausgeprägte soziale Kontaktbereitschaft zu Erwachsenen und anderen Kindern; vor allem von einem Mädchen wird sie aktiv als Kontaktpartnerin gesucht und umsorgt. Die Fachkraft nutzt zahlreiche Gelegenheiten zur Kommunikation, indem sie nachfragt und Lisa zu einer Antwort (durch Gesten oder Deuten auf ein Bild) anregt. Darüber hinaus nutzt sie Gelegenheiten, um andere Kinder auf mögliche kommunikative Signale Lisas aufmerksam zu machen.

Jan

Jan ist 6;4 Jahre alt. Seine Haltungskontrolle ist stark eingeschränkt, aktive Fortbewegung ist nur durch Ansätze zum Robben möglich. Er verfügt nicht über Lautsprache und nach Einschätzung der Fachkräfte auch kaum über Sprachverständnis. Darüber hinaus liegt eine gravierende Sehbeeinträchtigung vor, so dass er wohl nur Hell-Dunkel-Kontraste verlässlich wahrnehmen kann. Als Hilfsmittel werden eine angepasste Sitzschale, ein Stehständer, Orthesen sowie eine elektronische Kommunikationshilfe (Taster) verwendet.

Jan besucht einen Schulkindergarten, in dem zwei Fachkräfte (Erzieherin und Heilpädagogin) und eine Praktikantin tätig sind. Zeitweise ist auch eine Physiotherapeutin in der Gruppe, die sechs Kinder (überwiegend mit schwerer Behinderung) umfasst.

Frühstück: Jan erhält das Essen in der angepassten Sitzschale von der Physiotherapeutin, die sich allerdings gleichzeitig einem zweiten Kind widmen muss. Er produziert einige unwillige Laute und zeigt stereotype Bewegungsmuster, die von der Physiotherapeutin nicht beachtet werden. Diese fordert ihn jeweils auf, den Mund zu öffnen, und wartet seine Reaktion ab. Auf die Frage, ob er etwas trinken möchte, erfolgt keine klare Reaktion. Der Berührung mit der Trinktasse weicht er zunächst aus, toleriert aber, dass sie seinen Kopf hält und die Tasse an die Lippen setzt. Er überstreckt dann den Kopf wieder nach hinten, scheint die Therapeutin anzulächeln und eine Reaktion zu erwarten. Erst als er den Kopf wieder nach vorn bewegt, erhält er den nächsten Schluck. Die Therapeutin wendet sich dann dem Kind neben ihm zu; er reagiert mit unwilligen Lauten und beginnt, mit einer Hand in den Augen zu bohren. Es folgt eine längere Phase, in denen er keine soziale Aufmerksamkeit erlebt. Er windet sich im Stuhl, streicht mit dem Kopf über die Tischplatte vor ihm.

Morgenkreis: Er sitzt in der angepassten Sitzschale im Kreis, eine Praktikantin neben ihm. Es entsteht eine längere Wartezeit, in der er wieder mit der Hand in seinen Augen bohrt, mit dem Oberkörper hin und her schaukelt bzw. die Hand zum Mund führt. Daran hindert ihn die Praktikantin, bleibt aber sonst passiv. Eine Fachkraft richtet sich während dieser Zeit an die anderen Kinder und führt eine Handpuppe („Kaspar") ein. Als er direkt angesprochen wird und die Fachkraft ankündigt, dass er jetzt etwas mit dem Talker sagen könne, reagiert er sofort aufmerksam. Er führt die Hand gezielt zum Taster, streicht zusätzlich mit dem Mund darüber, was die Praktikantin verhindert. Er drückt die Taste mehrfach gezielt und scheint dem Text zu lauschen. Als sich die Fachkraft dann wieder entfernt, fällt er wieder in Schaukelstereotypien zurück.

Beschäftigungsangebote im Außenbereich: Er wird in einen Stehständer gelagert und erhält einen Tisch zugeschoben, in dessen Vertiefung nach sprachlicher Ankündigung – begleitet durch eine Berührung – Wasser gefüllt wird. Zunächst streicht er mit Hand und Stirn über den Tisch. Als seine Hand zum Wasser geführt wird, zieht er sie rasch zurück. Die Fachkraft wendet sich dann zunächst anderen Kindern zu. Er bleibt passiv und zeigt ausgeprägte Schaukelstereotypien.

Die Fachkraft wendet sich dann wieder ihm zu, stellt sich hinter ihn, führt behutsam seine Hände zum Wasser, toleriert seine Rückzugsbewegungen. Sie bringt einen Schwamm herbei, führt ihn beim Ertasten des Objekts. Hier reagiert er aufmerksam, wenn auch unwillig. Die Fachkraft zieht sich dann erneut zurück. Jan fingert dann am Reißverschluss seines Stehständers, während er über längere Zeit unbeachtet bleibt. Danach wendet sich die Fachkraft wieder ihm zu, bringt ihn erneut in Kontakt mit dem Wasser. Die Führung wird aber diesmal nicht klar angekündigt. Sie streicht ihm über den Nacken, was er offenbar als angenehm empfindet; eine erkennbare Hinbewegung zu ihr wird aber nicht als Signal zur Fortsetzung gedeutet. Er wird aus dem Stehständer genommen.

Es schließt sich eine Stimulation in einer Hängeschaukel an. Die Fachkraft fragt ihn, ob sie ihn anschieben solle, wertet seine Vokalisation als Zustimmung. Während des Schaukelns erklingen entspannt-freudige Laute. Die Fachkraft holt dann ein zweites Kind hinzu und legt es – nach Ankündigung an Jan – neben ihn in die Schaukel. Er wirkt abwartend, aufmerksam, toleriert die Nähe des anderen Kindes, nimmt aber keinen Kontakt auf. Die Fachkraft kommentiert beim Schaukeln „ich weiß nicht genau, was du willst, langsamer oder noch schneller – ich schub's nochmal an, Achtung". Er scheint das Schaukeln zu genießen, gibt aber auf ihre Nachfrage, ob sie weitermachen solle, kein eindeutiges Signal. Stattdessen produziert er Laute des Behagens, die die Fachkraft imitiert und dann das Schaukeln fortführt.

Stimulation durch Physiotherapeutin: Es handelt sich um eine Einzelsituation, bei der die Physiotherapeutin ihn mittels eines Vibrationsbretts zum Aufstehen anregen will. Jan reagiert auf die Vibration mit freudiger Mimik und Vokalisation. Auf die unvermittelte Aufforderung aufzustehen, scheint er dagegen unsicher zu reagieren und weigert sich mitzuwirken. Die Therapeutin verzichtet auf die Aufforderung („Wenn du nicht willst, musst du nicht – ist mir egal"). Als die Vibration endet, lauscht er und hält inne. Die Therapeutin wartet auf ein Signal zur Fortsetzung, erkennt jedoch keines und bietet ihm ein „Tastbuch" als Alternative an, was ihn nicht interessiert. Sie legt es wieder beiseite („o. k., wir sind ja nicht zum Lesen da") und schaltet den Vibrator wieder an, was ihn prompt lachen lässt. Eine erneute Aufforderung zum Aufstehen verweigert er wieder. Sie hebt ihn passiv hoch („Ist er heute ein Opa?"), hält ihn dann im Stand am Becken fest, fordert ihn auf, sich an einem Kissen festzuhalten, bis sie den Vibrator wieder anstellt.

Anschließend lagert sie ihn neu und fordert ihn auf, den Oberkörper im Sitzen selbst zu halten, während der Vibrator aktiviert ist. Als sie die Rückenlehne wegzieht, ist er erkennbar überfordert. Die Therapeutin reagiert missbilligend, weil er sich nicht bemüht habe. Es schließt sich eine kurze Sequenz an, in der er lautiert, sie diese Laute aber nicht imitiert, sondern – ohne Bezug zur Situation – einige Worte vorspricht (Mama, Bruder, Papa). Als er beginnt, mit der Hand in einem Auge zu bohren, unterbindet sie das mit „Dein Auge – tut dem Auge weh".

Mittagessen: Die Therapeutin assistiert ihm auch beim Mittagessen. Zu den anderen Kindern entsteht kein sozialer Kontakt. Als er nach der Ankündigung des Essens längere Zeit warten muss und sich die Physiotherapeutin kurz zurückzieht, reagiert er mit unwilligen Lauten und Schreien. Sie kommentiert das mit „Ja, ich komm ja wieder". Beim Essen selbst bleibt er dann weitgehend passiv, schluckt nur unwillig. Die Physiotherapeutin versucht, das Schlucken zu provozieren, indem sie seine Hand festhält („Schluckst du runter, dann lass ich dich los“). Er schlägt einmal in ihre Richtung („Ich lass mich nicht schlagen“). Auf Aufforderungen wie „Kopf nach oben“ und Berührungen an der Wange reagiert er ausweichend, lacht, legt sich zur Seite, als ob er ihre Reaktion provozieren wolle. Sie hält dann erneut seine Hände fest in der Erwartung, dass er sich wieder aufrichtet, und kommentiert ungeduldig mit „Wenn's langweilig ist, schlafen wir ein“. Erneutes Aufrichten und Schlucken beantwortet sie nicht mit einem positiven Kommentar. Über die gesamte Mahlzeit hinweg ist ihre Aufmerksamkeit häufig auf das Geschehen im Raum und nicht auf ihn gerichtet.

Kommentar: Die ausgeprägte Behinderung und die spezifischen Verhaltensmuster einer Sehbehinderung machen es für alle Beteiligten schwierig, ihn am sozialen Geschehen teilhaben zu lassen. Wenn er aber direkt angesprochen ist, reagiert er sehr wohl aufmerksam, sofern die Fachkraft sensibel auf seine Signale eingeht. Das zeigt sich sowohl beim Angebot des Talkers, wie auch bei der Beschäftigung mit Wasser. Auffallend ist die Interaktion der Therapeutin, als sie ihn beim Essen begleitet und mit ihm eine Übung zur Anregung der Aufrichtung durchführt. Sie ist von negativen Kommentaren und Einschränkungen geprägt, die ihn zu provokativer Abwehr motivieren. Es scheint ihr schwer zu fallen, seinen Hilfebedarf angemessen einzuschätzen und Gelegenheiten zum kommunikativen Austausch zu nutzen.

Lisa K.

Lisa K. ist 4;7 Jahre alt. Nach Auskunft der Fachkräfte liegt eine genetisch bedingte Behinderung vor. Lisa ist blind. Ihr Explorationsverhalten ist auf Gegenstände ihrer unmittelbaren Umgebung begrenzt, das Sprachverständnis unklar; sie verfügt nicht über Lautsprache. Die Grobmotorik ist weiter entwickelt; sie kann an der Hand und in sicherem Umfeld auch über kurze Strecken frei laufen. Lisa ist im Rahmen der „Einzelintegration“ in einen allgemeinen Kindergarten aufgenommen worden und wird von einer Integrationshelferin (Kinderkrankenschwester) begleitet. Die Gruppe umfasst 15 bis 20 Kinder und wird von zwei Erzieherinnen sowie einer Kindheitspädagogin geführt, die teilweise mit Leitungsaufgaben betraut ist.

Beschäftigungsangebot: Lisa sitzt neben anderen Kindern am Basteltisch; die Integrationshelferin ist unmittelbar an ihrer Seite. Sie lautiert mit Silben, ein sozialer Kontakt zu den anderen Kindern am Tisch entsteht jedoch nicht. Sie zerknüllt das Papier, das sie vor sich vorfindet, reißt an ihm und versucht es zum Mund zu führen. Die Integrationshelferin unterbindet das wortlos, versucht jedoch keine Umlenkung. Als Lisa das beharrlich wiederholt, reicht sie ihr einen Löffel, benennt ihn und fordert sie auf, ihn zum Mund zu führen. Andere Anregungen gehen von ihr nicht aus. Handstereotypien, die Lisa vor ihren Augen macht, lässt sie unbeachtet.

Frühstück: Lisa sitzt mit zwei anderen Kindern am Tisch; es besteht kein Kontakt. Die Integrationshelferin legt ihr jeweils einen Bissen auf den Teller, den sie dann zum Mund führt. Zwischenzeitlich zerdrückt Lisa aber auch einen Bissen und schlägt auf den Teller. Die anderen Kinder schauen dabei zu ihr, stellen aber keine Fragen. Die Integrationshelferin sitzt schweigend am Tisch, ohne Lisas Verhalten zu lenken. Mitunter wirkt es so, als ob Lisa der Geräuschkulisse in ihrer Umgebung lauscht. Ein Mädchen fragt die Integrationshelferin, warum Lisa noch Gläschenkost erhält und bekommt eine kurze Erklärung. Dann steht Lisa auf; die Integrationshelferin gibt ihr noch einige Bissen im Stehen. Die anderen Kinder beobachten das, wenden sich aber dann ihrem eigenen Frühstück zu. Als die Integrationshelferin mit Lisa auf dem Weg zum Waschbecken ist, streift sie die Hand eines anderen Kindes; die Integrationshelferin greift das auf, kommentiert „Deine ist ganz warm und die von Lisa ist immer kalt“, und führt dann die Hand des anderen Mädchens zu Lisas. Das Mädchen zuckt kurz zurück, toleriert aber dann den Kontakt.

Beschäftigungsangebot: Lisa steht neben einer Erzieherin am Regal. Als sie unvermittelt zu weinen beginnt, nimmt sie die Integrationshelferin auf den Schoß und beruhigt sie mit Singen. Die Erzieherin greift das auf und bittet die anderen Kinder am Tisch, auch etwas zu singen. Lisa lauscht aufmerksam, steht dabei etwas abseits von den anderen Kindern, lächelt. Sie läuft dann am Tisch entlang und trifft auf einen Jungen, der sie anspricht. Die Integrationshelferin erklärt ihr, was der Junge macht, ohne dass daraus ein längerer Kontakt entsteht. Sie verlässt dann kurz den Raum und überlässt Lisa der Erzieherin. Diese beschreibt ihr, wer noch am Tisch ist, und imitiert sie, als sie mehrfach auf den Tisch klopft; sie wirkt aber unsicher, wofür sie sie interessieren könnte.

Die Integrationshelferin ist zurück, Lisa lehnt sich an sie an und betastet die Stühle. Sie wartet ab, lenkt Lisa nicht, stellt vielmehr einige Fragen, die diese offensichtlich nicht beantworten kann. Dann schlägt sie vor, zu einem anderen Kind in die Bauecke zu gehen. Lisa wedelt mit den Armen und scheint sich darüber zu freuen.

Auf dem Weg stößt sie auf ein Hindernis; die Integrationshelferin wartet lange regungslos ab, offenbar um zu sehen, ob Lisa allein die Orientierung findet. Sie fordert einen Jungen auf, Lisa zu helfen, was dieser aber ignoriert; sie selbst bleibt passiv. Die anderen Kinder beachten Lisas klagende Töne nicht. Lisa zieht sich dann unter den Tisch zurück, während die Integrationshelferin den Raum verlässt. Eine Erzieherin lockt sie dort wieder hervor; als Lisa wieder an der Tischkante steht, nimmt jedoch weder die Fachkraft noch der Junge, der dort spielt, Kontakt zu ihr auf. Die Integrationshelferin kehrt dann zurück und führt Lisa nach erneutem Abwarten in die Bauecke. Sie weint und wird mit einem Lied auf dem Schoß getröstet. Sie bietet ihr dann eine Schale mit Kugeln zur Ablenkung an, was sie aber nicht interessiert.

In der folgenden Sequenz steht Lisa erst am Regal, klettert dann auf die Fensterbank, die auch als Spielfläche dient. Mehrere Kinder kommen an ihr vorbei, beobachten sie, nehmen aber keinen Kontakt auf. Lisa beginnt dann, an die Fensterscheibe zu klopfen und sie zu lecken. Die Integrationshelferin benennt eine Blume, die auf die Scheibe geklebt ist und die Lisa ertastet. Gelegenheiten, andere Kinder einzubeziehen, die ebenfalls auf die Spielfläche klettern, nutzt sie nicht. Als ein Junge sie beobachtet, kommentiert die Integrationshelferin, warum sich Lisa so beschäftigt („Musst du mal die Augen zumachen“), was er auch kurz aufgreift. Er hilft ihr dann beim Herunterklettern, Lisa klettert aber sofort wieder hoch und der Junge wendet sich ab. Die Integrationshelferin bietet ihr nun eine Perlenkette an und benennt diese mehrere Male hintereinander, ohne dass die Funktion dieser Kommentare klar wird; ein anderes Mädchen kommt hinzu und interessiert sich ebenfalls für die Kette, ohne dass daraus ein Kontakt zu Lisa entsteht.

Morgenkreis: Als alle anderen Kinder bereits im Kreis sitzen, holt die Integrationshelferin Lisa vom Fenster herbei und setzt sie neben sich. Die Aufgabe an die Gruppe ist, Tonhöhen bei einem musikalischen Angebot zu unterscheiden. Die Integrationshelferin macht keinen Versuch, Lisa einzubeziehen; Lisa dreht sich weg, während die anderen Kinder aufmerksam sind. Nach einiger Zeit erhält Lisa von der Erzieherin ebenfalls eine Triangel. Die Integrationshelferin hält sie mit ihr fest; ein Bezug zum Spiellied der anderen Kinder entsteht daraus nicht.

Als nächstes soll jeweils ein Kind im Kreis umhergehen und schauen, wer da ist. Lisa legt sich währenddessen auf den Boden, versucht einmal, in das Hosenbein der Integrationshelferin zu beißen, was diese erst unterbindet, sie dann aber streichelt. Lisa liegt nun mit dem Gesicht flach auf dem Boden. Von den anderen Kindern wird sie mit keinem Blick beachtet; als sie einem Jungen im Weg liegt, fordert die Integrationshelferin ihn lediglich auf, über sie hinweg zu steigen. Auch bei den nächsten Aufgaben an die Gruppe bleibt Lisa unbeachtet; sie klettert wieder auf ihren Stuhl, knabbert an der Handtasche der Integrationshelferin, hat der Gruppe den Rücken zugewendet. Diese verlässt dann kurz den Raum und überlässt Lisa sich selbst. In dieser Zeit erhalten die anderen

Kinder den Auftrag, ihre Stühle zurückzutragen. Lisa bleibt allein sitzen, wird von der Erzieherin nicht angesprochen. Erst als die Integrationshelferin zurückgekommen ist, schiebt sie mit ihr gemeinsam den Stuhl an den Tisch.

Außenbereich: Die Integrationshelferin sitzt mit Lisa auf dem Rasen. Lisa beginnt, Gräser auszuzupfen. Mehrere andere Kinder sind in der Nähe, ohne dass ein Kontakt angebahnt wird. Die Integrationshelferin zieht sich zurück. Eine andere Erzieherin nähert sich, hockt sich zu Lisa, kommentiert „nasses Gras“ und sucht mit einem Fingerspiel den Kontakt zu ihr. Lisa lauscht aufmerksam, reagiert aber nicht. Als sie Gräser in den Mund steckt, holt die Erzieherin sie wieder heraus („pieksen“). Als die Integrationshelferin zurückkehrt, zieht sich die Fachkraft zurück.

Die nächste Sequenz zeigt Lisa auf einer großen Schaukel. Ein anderes Kind sitzt neben ihr. Die Integrationshelferin schiebt die Schaukel an und spricht mit dem Kind; sie erklärt ihm, dass sie nicht so fest schaukeln könne, weil Lisa nichts sehe. Anschließend wendet sie sich Lisa zu und erklärt ihr, dass jetzt viele Kinder mit ihr auf der Schaukel sind. Ein Kontakt zwischen den Kindern und ihr entsteht nicht. Eines der Kinder macht die Integrationshelferin darauf aufmerksam, dass Lisa auf ihrer Jacke kaut; das bestätigt diese („das macht sie manchmal“). Als Lisa dann den Kopf über den Rand der Schaukel hängen lässt, wertet die Integrationshelferin das als Signal, dass sie herunter möchte. Sie führt sie an einem Eisenzaun entlang zu einem Klettergerüst. Lisa ist dieses Gerät offenbar fremd. Die Integrationshelferin schiebt ihren ersten Fuß auf die unterste Sprosse, überlässt sie dann aber sich selbst. Andere Kinder klettern an ihr vorbei, was die Integrationshelferin kommentiert, ohne aber zu versuchen, einen sozialen Kontakt anzubahnen.

Auf einem kleinen Trampolin hüpfen dann drei Kinder mit der Integrationshelferin und Lisa. Die Helferin zeigt ihnen, wie sie das Trampolin in Bewegung setzen können, ohne Lisa zu irritieren. Ein Junge möchte etwas heftiger hüpfen; die Integrationshelferin hält Lisa dabei wortlos an der Hand, bis der Junge sich zurückzieht. Dann fragt sie sie, ob sie weiter hüpfen wolle, und setzt das fort, ohne dass eine klare Reaktion erfolgt. Der Junge kehrt dann mit einer Blume zurück, die er Lisa in die Hand drücken will. Lisa nimmt sie erst, als die Integrationshelferin sie ihm zusammen mit Gräsern reicht; der Junge beobachtet das, geht dann weg.

Mittagessen: Das Essen wird mit einem „Eröffnungslied“ begonnen. Die Integrationshelferin führt ihre Hände, damit Lisa an der richtigen Stelle mit klatscht. Sie legt jedoch ihren Kopf auf den Tisch und scheint daran nicht interessiert. Die Integrationshelferin gibt ihr dann das Essen mit der Gabel. Lisa versucht mehrfach, aufzustehen, ist unruhig. Während die anderen Kinder miteinander erzählen und singen, wird sie nicht beachtet. Ihr Kontakt ist ausschließlich auf die Integrationshelferin beschränkt.

Kommentar: Die Integrationshelferin scheint wenig Anleitung erhalten zu haben, wie sie die soziale Beteiligung des blinden Mädchens unterstützen kann. Sie beschränkt sich auf Erklärungen zur Umgebung und einige Hinweise an die anderen Kinder, um ihnen das Verhalten Lisas verständlich zu machen. Gelegenheiten zur Anbahnung sozialer Kontakte zu den anderen Kindern werden nicht wahrgenommen; Lisa ist weitgehend isoliert. Bei Orientierungsschwierigkeiten erhält sie keine angemessene Hilfestellung. Auffällig ist auch, dass die Erzieherinnen der Gruppe zwar Kontakt zu Lisa aufnehmen, wenn die Integrationshelferin nicht in der Nähe ist, aber sehr unsicher wirken, wie sie diesen gestalten können.

3.2 Quantitative Analyse der Videoaufzeichnungen

In dem Forschungsvorhaben wurde die soziale Teilhabe von zehn Kindern mit schwerer und mehrfacher Behinderung am Geschehen in der Gruppe an einem Vormittag fortlaufend videografiert und ausgewertet. Für die Auswertung der Beobachtungen standen zusätzlich Protokolle zur Verfügung, mit denen die Forschungsmitarbeiterin die Art der Situation (Morgenkreis, Mahlzeit, freies Spiel, angeleitete Tätigkeit), die Sozialform (allein, selbstbeschäftigt oder unbeteiligt; beobachtend; neben anderen Kindern; nebeneinander, aber am selben Geschehen teilnehmend; gemeinsam das Geschehen mitgestaltend) sowie die Anwesenheit von Erwachsenen und anderen Kindern in unmittelbarer Nähe des Kindes während der videografierten Zeit dokumentierte. Dieses Protokoll wurde im Time-Sampling-Verfahren angefertigt, d. h. alle 5 Minuten wurde eine entsprechende Eintragung vorgenommen. Tabelle 4 gibt einen Überblick über die Behinderungsmerkmale der Kinder, die in die Untersuchung einbezogen wurden.

Insgesamt konnten 312 Zeitintervalle zu je 5 Minuten, d.h. 1560 Minuten (26 Stunden), in die Auswertung einbezogen werden. Nicht berücksichtigt wurden dabei Pausen und Zeitintervalle, in denen Raumwechsel stattfanden oder keine eindeutige Zuordnung zu den genannten Situationstypen möglich war. Die Zahl der auswertbaren Intervalle pro Kind schwankte zwischen 27 (d.h. 135 Minuten) und 42 (d.h. 210 Minuten).

Tab. 4: Behinderungsmerkmale der Kinder

Name	Alter	Einrichtung	Behinderung
Michael	6;3	Schulkindergarten	Westsyndrom mit schwerer Epilepsie; fehlende eigenständige Fortbewegung, Drehen von BL in RL möglich, keine Lautsprache
Fabian	4;0	Schulkindergarten mit intensiver Kooperation mit einem Regelkindergarten	Down-Syndrom mit zusätzlicher Sehbehinderung und schweren postnatalen Komplikationen; Fortbewegung rollend, Kniestand; keine Lautsprache
Daniel	4;9	Schulkindergarten	Epilepsie, Sehbehinderung, schwere ICP, keine selbständige Fortbewegung, Drehen möglich, Ansätze zur Lautsprache bei größerem Wortverständnis
Jan	6;4	Schulkindergarten	Schwere Sehbehinderung, ICP, eigenständige Fortbewegung durch Robben; keine Lautsprache, geringes Wortverständnis
Nathan	6;0	Integrative Gruppe	Schwere allgemeine Entwicklungsstörung mit autistischen Verhaltensmerkmalen, Fortbewegung durch Krabbeln, Hüpfen; Hochziehen zum Stand möglich; keine Lautsprache; unklares Wortverständnis
Lisa	4;2	Integrative Gruppe	Trisomie 10, schwere allgemeine Entwicklungsstörung mit kardiologischen Komplikationen; keine selbstständige Fortbewegung; Sehbehinderung; keine Lautsprache
Jael	3;6	Schulkindergarten	Schwere allgemeine Entwicklungsstörung nach sehr unreifer Geburt und Beatmungsproblemen; Stereotypien; Hörbehinderung; keine Lautsprache
Marie	4;1	Schulkindergarten	West-Syndrom mit schwerer Epilepsie; schwere allgemeine Entwicklungsstörung; keine Lautsprache
Lisa K.	4;7	Integrative Gruppe	Schwere allgemeine Entwicklungsstörung genetischer Ursache mit Blindheit; freies Laufen mit Unsicherheiten möglich; keine Lautsprache, Wortverständnis unklar
Nina	4;3	Schulkindergarten	Schwere allgemeine Entwicklungsstörung genetischer Ursache mit Hemiparese, Epilepsie, Seh- und Hörbehinderung; keine Lautsprache, geringes Wortverständnis

36,5 % der Beobachtungsintervalle bezogen sich auf Zeiten des Freispiels, 32,3 % auf Mahlzeiten, 10,6 % auf Kreisaktivitäten und 10,4 % auf angeleitete Tätigkeiten. Abbildung 8 zeigt die Verteilung der verschiedenen Sozialformen, die bei den Kindern beobachtet werden konnten. In 23,4 % der Zeit war das Kind allein bzw. selbstbeschäftigt, in 16,9 % war es mit anderen Kindern beisammen (z. B. im Morgenkreis), in 11,9 % gestaltete es das gemeinsame Geschehen aktiv mit (z. B. im freien Spiel).

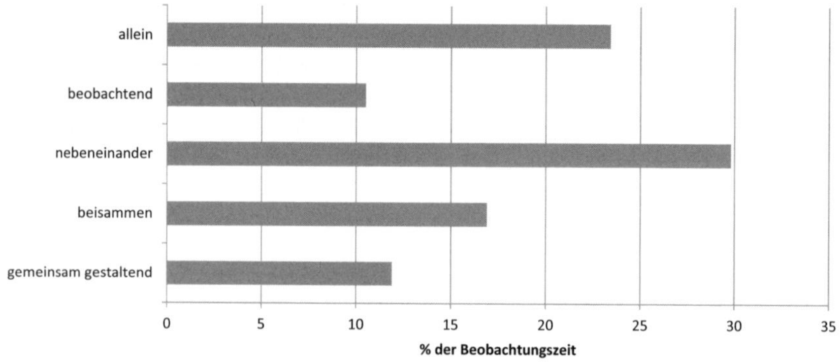

Abb. 8: Relativer Anteil verschiedener Sozialformen in der Beobachtungszeit

Insgesamt konnten für alle Kinder 278 soziale Kontakte identifiziert werden. Als soziale Kontakte wurden Momente gewertet, in denen das Kind erkennbar sein Verhalten auf ein anderes Kind ausrichtete und dieses Verhalten mindestens einmal von einem anderen Kind in einem Zeitintervall von höchstens 10 Sekunden beantwortet wurde. Ebenso wurden als soziale Kontakte solche Momente gewertet, in denen ein anderes Kind sich an das Kind mit schwerer und mehrfacher Behinderung wendete und dieses Kind darauf mindestens einmal mit einer sozialen Reaktion antwortete. Die Analyse der Videoaufzeichnungen erfolgte sekundengenau mittels der Software INTERACT.

Bezogen auf die gesamte Beobachtungszeit von 1560 Minuten (26 Stunden), bedeutet das im Durchschnitt 10,7 Kontakte pro Stunde zwischen einem „Zielkind" (also dem Kind in der Gruppe, auf das sich die Beobachtung fokussierte) und einem anderen Kind in seiner Gruppe. Allerdings zeigt sich eine sehr große individuelle Variabilität (Tab. 5). Während bei Michael, Jan und Daniel in der gesamten Beobachtungszeit nur 4–7 soziale Kontakte festzustellen waren, ergaben sich bei Jael und Nina insgesamt 74 bzw. 50 solcher sozialen Kontakte.

Etwa die Hälfte (48,5 %) dieser sozialen Kontakte wurde während der Freispielzeiten beobachtet, die übrigen verteilen sich weitgehend gleichmäßig auf Mahlzeiten (27,7 %) und Kreisaktivitäten (24,1 %).

Tab. 5: Häufigkeit sozialer Kontakte

Kind	Mahlzeit	Kreis	Spiel	Summe
Michael	1	3	1	4
Fabian	4	10	16	30
Daniel	0	4	3	7
Jan	0	4	1	5
Nathan	2	2	20	24
Lisa	8	3	25	36
Jael	33	29	12	74
Marie	1	–	15	16
Lisa K.	3	12	17	32
Nina	25	–	25	50
Summe	77	67	135	278

Die absolute Zahl der Kontakte muss allerdings auf die unterschiedliche Dauer der Videoaufzeichnung bei den einzelnen Kindern bezogen werden. Die relative Häufigkeit – bezogen auf die gesamte Beobachtungszeit – zeigt Abbildung 9. Bei Lisa (36 Kontakte in 27 Beobachtungsintervallen), Jael (74 Kontakte in 42 Beobachtungsintervallen) und Nina (50 Kontakte in 32 Beobachtungsintervallen) lassen sich (auch) danach wesentlich mehr soziale Kontakte identifizieren als bei Marie, Nathan und Fabian. Am seltensten sind soziale Kontakte zu beobachten bei Daniel (7 Kontakte in 32 Beobachtungsintervallen), Jan (5 Kontakte in 28 Beobachtungsintervallen) und Michael (4 Kontakte in 33 Beobachtungsintervallen).

Es wurden verschiedene mögliche Einflussfaktoren auf die relative Häufigkeit sozialer Kontakte überprüft. Die Korrelationsberechnungen und Gruppenvergleiche erfolgten mittels der statistischen Software SPSS. Dabei finden sich keine korrelativen Zusammenhänge zwischen der Zahl der Kontakte und dem individuellen Anteil der Beobachtungsintervalle, in denen eine Fachkraft oder eine Assistenzkraft in der Nähe des Kindes ist. Auch hinsichtlich des individuellen Anteils an Beobachtungsintervallen, in denen ein anderes Kind in unmittelbarer Nähe des Zielkindes ist, findet sich kein korrelativer Zusammenhang zur Gesamtzahl seiner sozialen Kontakte. Allerdings ist die Gesamtzahl höher, je häufiger sich mehr als ein Kind in unmittelbarer Nähe des Kindes aufhält. Das bedeutet, dass die Zahl entstehender sozialer Kontakte über den gesamten Beobachtungszeitraum nicht wesentlich davon abhängig scheint, wie häufig eine Fach- oder Assistenzkraft bzw. ein anderes Kind in unmittelbarer Nähe ist. Die räumliche Nähe mehrerer Kinder in unmittelbarer Umgebung des Zielkindes begünstigt aber offenbar das Entstehen sozialer Kontakte. Bei der Interpretation der Ergebnisse ist allerdings zu berücksichtigen, dass es sich um eine sehr kleine Stichprobe handelt. Wäre der Umfang der Stichprobe größer, ließen sich evtl. weitere Zusammenhänge (als statistisch signifikant) identifizieren.

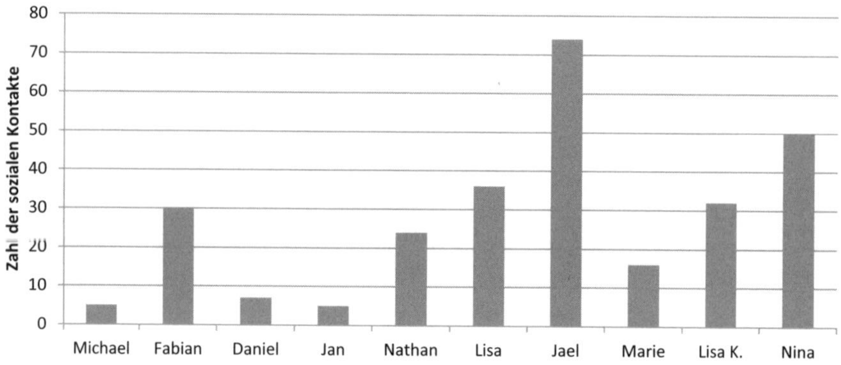

Abb. 9: Relative Häufigkeit sozialer Kontakte (angepasst an die unterschiedliche Zahl der Beobachtungsintervalle)

Als möglicher Einflussfaktor wurde auch geprüft, ob das Setting „Schulkindergarten“ vs. „integrative Gruppe“ für die relative Häufigkeit sozialer Kontakte von Bedeutung ist. Ein systematischer Unterschied in der Zahl der sozialen Kontakte zwischen Kindern, die in integrativen Gruppen betreut werden, und solchen, die in Schulkindergärten ohne Beteiligung von Kindern ohne Behinderungen betreut werden, zeichnet sich bei der visuellen Inspektion der Daten in Abbildung 9 nicht ab. Zu den Kindern im Schulkindergarten zählen sowohl die beiden Kinder mit der höchsten Zahl sozialer Kontakte (Jael und Nina) wie auch die drei Kinder mit der niedrigsten Zahl sozialer Kontakte (Michael, Daniel und Jan). Die vier Kinder, die unter Integrationsbedingungen betreut werden (Fabian, Nathan, Lisa und Lisa K.) finden sich im mittleren Bereich der Verteilung.

Eine statistische Prüfung des Gruppenunterschieds zeigt allerdings für die relative Zahl sozialer Kontakte in Freispielzeiten einen signifikanten Effekt des Gruppensettings. Kinder, die in einem integrativen Setting betreut werden, haben mehr soziale Kontakte im Freispiel als Kinder, die in einem Schulkindergarten betreut werden. Für die Zahl der Kontakte in der Kreisrunde, bei den Mahlzeiten und bei angeleiteter Beschäftigung findet sich ein solcher Unterschied nicht. Bei der Berechnung wurde die Zahl der Kontakte jeweils auf die Zahl der Beobachtungsintervalle bezogen, in denen das entsprechende soziale Setting zutraf, d. h. die individuellen Unterschiede wurden in dieser Hinsicht korrigiert. Abbildung 10 zeigt die mittlere Häufigkeit sozialer Kontakte bei den Mahlzeiten, in Kreisrunden, im Freispiel und in der gesamten Beobachtungszeit.

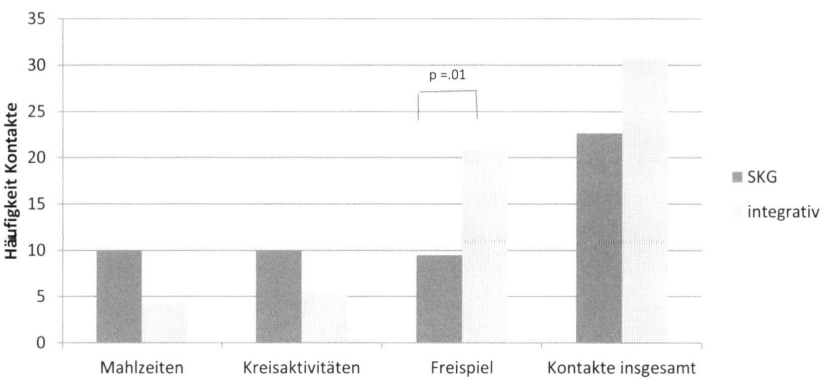

Abb. 10: Häufigkeit sozialer Kontakte von Kindern in Schulkindergarten vs. integrativen Settings

Allerdings müssen diese Ergebnisse mit großer Zurückhaltung bewertet werden. Erstens handelt es sich – wie schon gesagt – um eine sehr kleine Stichprobe, so dass über ihre Generalisierbarkeit keine Aussage gemacht werden kann. Zweitens muss berücksichtigt werden, dass sich Kinder, die in integrativen Settings betreut werden, in ihren individuellen Ausgangsbedingungen und Kompetenzen unterscheiden können von Kindern, die in einem Schulkindergarten betreut werden. Dieses methodische Problem besteht in vielen Studien, bei denen Beobachtungen zu Kindern mit Behinderungen in separierten und integrativen Settings miteinander verglichen werden.

Neben der Zahl der sozialen Kontakte wurde im Rahmen des Forschungsprojekts auch eine Feinanalyse gelingender sozialer Kontakte mittels der Analyse-Software Interact versucht. Dazu wurden insgesamt 65 Kontaktepisoden in die Auswertung einbezogen. Bei der Auswahl wurden sowohl alle zehn Kinder wie auch alle drei Beobachtungssituationen möglichst gleichmäßig berücksichtigt. Zunächst wurde für jede dieser Kontaktepisoden bestimmt, von wem die Initiative zum Kontakt ausging, d.h. ob ein Beitrag, auf den dann das andere Kind binnen 10 sec antwortete, von dem Kind mit schwerer und mehrfacher Behinderung (Fokuskind) oder dem Partnerkind stammte.

In einem nächsten Schritt wurde dann die Häufigkeit einzelner Interaktionsbeiträge von Fokus- und Partnerkind, ihr relativer Anteil an der Gesamtzahl der Beiträge des Kindes sowie die Dauer dieser Beiträge bestimmt. Diese Daten liefert die Analyse-Software Interact standardmäßig im Rahmen ihrer Auswertung. Aus der Verteilung dieser Daten sollte sich ein Eindruck ergeben, welche Art von Beiträgen im Kontext von gelingenden sozialen Kontakten häufig bzw. seltener vorkommen.

Von den 65 Kontaktepisoden wurden 36 Episoden von dem Kind mit schwerer und mehrfacher Behinderung initiiert und das Partnerkind reagierte auf sein Kontaktangebot. Am häufigsten bestand diese Initiative in der Ausrichtung des Blicks auf das andere Kind (in 18 Episoden) bzw. in einer körperlichen Hinwendung zum anderen Kind (in acht Episoden). 29 Episoden wurden von dem Partnerkind initiiert und es reagierte das Kind mit schwerer und mehrfacher Behinderung. Hier waren ebenfalls am häufigsten eine körperliche Hinwendung (in 14 Episoden) und eine Hinwendung des Blicks (in sechs Episoden) zu beobachten.

In der Verteilung von Beiträgen zu gelingenden Kontakten findet sich kein Unterschied zwischen Kindern, die einen Schulkindergarten besuchen, und solchen, die ein integratives Setting besuchen. Kinder mit hoher Kontakthäufigkeit (Jael, Nina, Lisa) zeigten – korrigiert um die unterschiedlich langen Sequenzen, die der Auswertung zugrunde lagen – signifikant mehr körperliche Hinwendung zu einem anderen Kind als Kinder mit geringer Kontakthäufigkeit (Michael, Daniel, Jan). Auch wenn die visuelle Inspektion der Daten (Abb. 11) weitere Unterschiede – mehr Blickhinwendungen und Handlungsbeiträge, jedoch weniger mimische Beiträge und Vokalisationen – nahelegt, sind diese aufgrund der geringen Stichprobengröße nicht signifikant.

Zusammenfassend ergibt sich aus diesen Vergleichen der Eindruck, dass Unterschiede in der Häufigkeit sozialer Kontakte mit unterschiedlicher Häufigkeit von körperlicher Hinwendung, Hinwendung des Blicks zu einem anderen Kind und Vokalisationen assoziiert sind. Kinder mit schwerer und mehrfacher Behinderung, die sich häufiger mit Blick oder Körper einem anderen Kind zuwenden oder in seine Richtung vokalisieren bzw. die häufiger sozial gerichtete Verhaltensweisen dieser Art von anderen Kindern der Gruppe erleben, haben mehr soziale Kontakte.

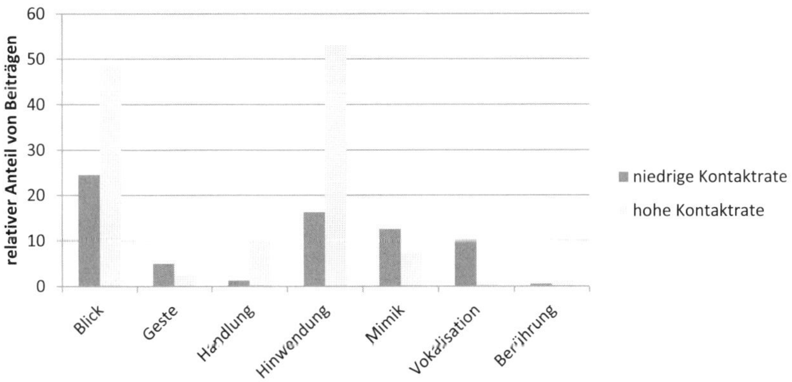

Abb. 11: Vergleich der Interaktionsbeiträge von Kindern mit schwerer und mehrfacher Behinderung mit niedriger vs. relativ hoher Kontakthäufigkeit

3.3 Exkurs: Ein Vergleich mit den Ergebnissen internationaler Studien

Die Ergebnisse dieses kleinen Forschungsprojekts geben einen ersten Eindruck von der sozialen Teilhabe von Kindern mit schwerer und mehrfacher Behinderung in Kindertagesstätten. Die Zahl der sozialen Kontakte zu anderen Kindern der Gruppe, die in dieser Beobachtungsstudie ermittelt werden konnte, ist mit durchschnittlich etwa zehn pro Stunde relativ niedrig. Grundsätzlich entstehen soziale Kontakte sowohl aus Initiativen des Kindes selbst, wie auch aus Initiativen von anderen Kindern in der Gruppe. Allerdings zeigen sich beträchtliche individuelle Unterschiede.

Dabei scheinen die individuelle Kontaktbereitschaft der Kinder und Bedingungen des sozialen Settings eine Rolle zu spielen. Kinder, die sich von sich aus häufiger einem anderen Kind mit Blick oder Körper zuwenden oder die eine Vokalisation auf ein anderes Kindes richten, erleben mehr soziale Kontakte. Ebenso begünstigt die Kontaktbereitschaft von anderen Kindern in der Gruppe das Entstehen sozialer Kontakte. Je mehr andere Kinder in unmittelbarer Nähe sind und je mehr Kontaktangebote sie machen, umso größer ist die Wahrscheinlichkeit, dass es zu sozialen Kontakten kommt. Vermutlich ist das ein Grund, warum die Zahl sozialer Kontakte in Zeiten des freien Spiels in integrativen Settings höher ist als in Gruppen, in denen alle Kinder eine (schwere) Behinderung aufweisen.

Die Ergebnisse dieser explorativen Studie sind gut vereinbar mit einigen Forschungsergebnissen, die zu sozialen Kontakten von Kindern mit schwerer und mehrfacher Behinderung mit anderen Kindern vorliegen. Sie beziehen sich allerdings auf etwas ältere Kinder, die bereits eine Schule besuchen.

Direkte Beobachtungen der Interaktion mit anderen Kindern wurden von Rehm und Bradley (2006) analysiert. Ihre Stichprobe umfasste 11 Kinder im Alter von 5 – 12 Jahren, die einen umfassenden Hilfebedarf bei der Selbstversorgung (Essen, Ankleiden, Toilettengang) und bei der verbalen Kommunikation hatten sowie auf technische Versorgung angewiesen waren, z. B. Trachealkanülen, Beatmungshilfen, Ernährungssonden, Rollstuhl, Steh- oder Gehhilfen. Alle Kinder wurden in kleinen Klassen von vier bis sechs Kindern durch einen Sonderpädagogen unterrichtet, der von zwei Integrationshelfern unterstützt wurde. Begegnungen mit anderen Kindern waren in einzelnen gemeinsamen Schulstunden und in der Pause möglich.

Unabhängige Beobachter registrierten im Schulalltag die Zeiten, in denen die Kinder Kontakte zu anderen Kindern hatten, den Ort, an dem diese Kontakte stattfanden, die Person, von denen sie ausgingen, und die Wechselseitigkeit des Kontakts (d. h. ob das Kind und sein Kontaktpartner sich aktiv an einer wechselseitigen Interaktion beteiligten). Zusätzlich wurde notiert, ob der Kontakt über Sprache, Körper- oder Blickkontakt entstand und welche Funktion er hatte. Die durchschnittliche Beobachtungszeit pro Kind betrug 5,33 Stunden.

83,5 % aller Interaktionen bezogen sich auf Erwachsene, 16,5 % der Interaktionen auf andere Kinder. Die Zahl der Interaktionen schwankte zwischen 27 und 75 im Laufe des Schultages. Im Durchschnitt ergab sich eine Kontakthäufigkeit von 9,32 pro Stunde. Die Häufigkeit von Kontakten war jedoch individuell sehr unterschiedlich. Die Frequenz schwankte z. B. zwischen 6,49 und 12,91 Kontakten pro Stunde.

Die Mehrzahl der sozialen Interaktionen ging von Erwachsenen oder den anderen Kindern aus. Alle Kinder mit schwerer und mehrfacher Behinderung initiierten jedoch auch von sich aus soziale Kontakte, vor allem zu Erwachsenen. Ihre Zahl schwankte jedoch sehr. Das Kind, bei dem die größte Zahl von selbst-initiierten sozialen Interaktionen (40,8 %) beobachtet wurde, war das einzige, das sich sprachlich verständigen und frei im Raum fortbewegen konnte, d. h. es konnte sich selbstständig anderen Kindern oder Erwachsenen annähern. Ein anderes Kind, das nicht über Lautsprache verfügte, sich nicht selbstständig fortbewegen konnte und zudem eine Hörsehbehinderung hatte, initiierte dagegen nur 2,8 % seiner Kontakte selbst.

Bei den meisten Kindern war die Bereitschaft zu sozialen Kontakten für die Beobachter eindeutig am Lächeln, an Blickkontakt, Berührungen oder Vokalisationen zu erkennen. 61.1 % der sozialen Kontakte hatten einen wechselseitigen Charakter, d. h. das Kind und sein Partner „antworteten" einander, in den meisten Fällen in Form einer Kombination von verbalen und körperlichen Kontakten.

Abbildung 12 zeigt die situativen Kontexte der sozialen Interaktionen. Die Mehrzahl der Kontakte entstanden im Rahmen von Pflegehandlungen, z. B. Füttern, Windeln, Absaugen oder Umlagerungen. Nur bei sechs Kindern waren Interaktionen zu beobachten, die primär dem Zweck des Spiels dienten (bis zu 17,4 % aller Interaktionen); bei zwei Kindern kam es während des Schultages zu keinen solchen spielerischen Interaktionen.

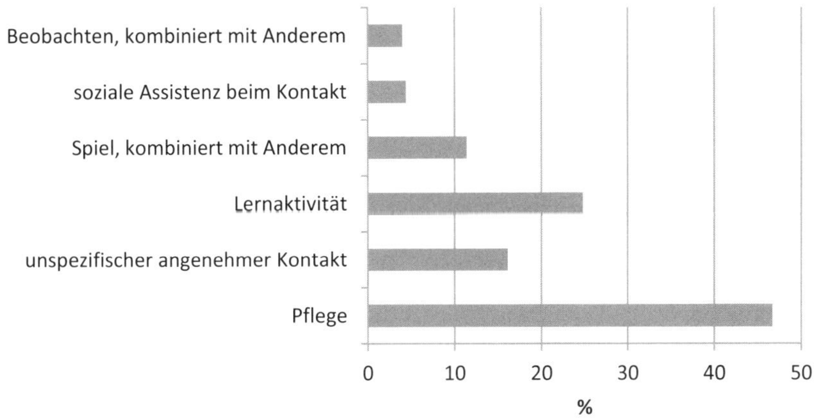

Abb. 12: Kontext sozialer Kontakte bei 11 Kindern mit schwerer und mehrfacher Behinderung im Schulalter (Rehm / Bradley 2006)

Foreman et al. (2004) und Arthur Kelly et al. (2008) berichteten über die Beobachtung von acht Schülern in australischen Förderschulen und Klassen der allgemeinen Schule. Es handelte sich um Kinder im Alter von 6–11 Jahren mit Sinnesbehinderungen, schweren motorischen Einschränkungen, fehlender Lautsprache und umfassendem Hilfebedarf bei der Kontaktaufnahme zur Umwelt sowie bei der Erfüllung basaler Bedürfnisse. An einem zufällig ausgewählten Schulalltag wurden die Lernaktivitäten und kommunikativen Verhaltensweisen in verschiedenen sozialen Kontexten dokumentiert.

Im Rahmen dieser Beobachtungen wurde auch der Aufmerksamkeitszustand der Schüler in systematischer Form beurteilt sowie der Anteil verschiedener Formen von Unterrichtsbeteiligung notiert. Die Auswertung zeigte, dass ein beträchtlicher Teil des Tages der Schüler mit schwerer und mehrfacher Behinderung von Pflege- und Versorgungsmaßnahmen bestimmt war. In etwa 70 % der gesamten Zeit kam es nicht zu sozialen Interaktionen in der Klasse.

Allerdings zeigten die Daten eine signifikant höhere Zahl sozialer Kontakte zu Erwachsenen und anderen Kindern in den allgemeinen Schulklassen. Dort lag der zeitliche Anteil von kommunikativen Interaktionen bei etwa 50 %, während er in Förderschulklassen nur 27 % ausmachte. Die Autoren führen das darauf zurück, dass in den separierten Gruppen in 56 % der Beobachtungszeit kein potentieller Kommunikationspartner in unmittelbarer Nähe war, was in den integrativen Kontexten nur auf 31 % der Zeit zutraf. Neben der Häufigkeit unterschied sich auch die Art der Kontakte in den beiden Settings. In allgemeinen Klassen bezogen sich die sozialen Interaktionen zu 17 % der Beobachtungszeit auf ein anderes Kind der Klasse; das war in den Förderschulklassen nur zu 4 % der Zeit der Fall. Dort waren die Sonderpädagogen und Assistenzkräfte dafür häufiger die Kommunikationspartner.

Die Ergebnisse beider Studien sprechen – ähnlich wie unsere Ergebnisse – dafür, dass Kinder mit sehr schwerer und mehrfacher Behinderung sehr wohl Interesse und Bereitschaft an sozialem Kontakt zeigen, erkennbar an ihrer Blickrichtung, an körperlicher Hinwendung oder an Vokalisationen. Die meisten sozialen Interaktionen entstehen jedoch mit den erwachsenen Bezugspersonen, während die Zahl der sozialen Kontakte mit anderen Kindern einen deutlich geringeren Anteil ausmacht. Wie häufig ein solcher sozialer Kontakt entsteht, hängt offenbar auch von den Kontaktgelegenheiten ab, d. h., ob andere Kinder in unmittelbarer Nähe sind und sie ihrerseits Kontaktangebote machen. Dafür bestehen in integrativen Kontexten potentiell günstigere Bedingungen.

3.4 Welche Beobachtungen machen die Fachkräfte zu den sozialen Kontakten der Kinder?

Die Beobachtungen der Fachkräfte zu den kommunikativen Fähigkeiten der Kinder mit schwerer und mehrfacher Behinderung, der Qualität der sozialen Kontakte zu den anderen Kindern der Gruppe und ihren eigenen Möglichkeiten, Gelegenheiten zu sozialen Kontakten wahrzunehmen und aufzugreifen, war

Gegenstand von ausführlichen Interviews, die im Rahmen unseres Forschungsprojekts mit den jeweiligen Gruppenleiterinnen ebenfalls geführt wurden.

Die zentrale pädagogische Herausforderung liegt für diese pädagogischen Fachkräfte darin, die kommunikativen Fähigkeiten der Kinder wahrzunehmen und ihre Ansätze, etwas mitzuteilen, richtig zu interpretieren. Zeichen von Freude oder Unbehagen und Ablehnung sind dabei für sie leichter zu erkennen als Verhaltensweisen, die nicht Affekte ausdrücken, sondern andere kommunikative Funktionen – Wunschäußerung oder Aufmerksamkeitslenkung – haben.

BEISPIEL

Also Lautieren tut sie, aber eher so Quietschtöne, wenn sie sich total freut, dann quietscht sie so ganz hoch. Sie hat ganz viele Stereotypien in ihrem Verhalten. Also meine anderen Kinder erkennen mittlerweile, ob sie lacht oder weint. Aber ich weiß gar nicht, ob sie schon so richtige Wünsche hat. Also, sie will ja schon ihre Bedürfnisse befriedigen. Nähe kann sie manchmal ertragen und manchmal nicht. (Jael)

BEISPIEL

Wenn es ihm ganz gut geht und er sich richtig wohlfühlt, dann wischt er sich so ganz schnell über die Handinnenflächen und strahlt wirklich über beide Ohren. Also manchmal zeigt er es durch ein Lächeln oder durch den Mundwinkel, aber es ist wenig. Es ist eher immer noch so, dass wir ihm die Sachen anbieten, als dass er dann irgendwo in ein Spiel eingebunden ist, hinkommt und nutzt. Er kann unsere Tonlage und die Stimme ganz gut einschätzen. Auch wenn es mal ein „Nein“ oder „Quatsch“ gibt, da weiß er genau, was das bedeutet und hält dann auch inne, wenn es ein „Nein“ gibt oder auch mal Ärger gibt. (Fabian)

BEISPIEL

Also wenn sie es nicht möchte, zeigt sie es deutlich. Im Morgenkreis zum Beispiel, wenn man dann mit der Handpuppe kommt, guckt sie weg. Oder dreht sich rum, also das zeigt sie schon ganz deutlich. Sie drückt sich vielleicht mit Lachen und Weinen aus. Aber wenn sie Bedürfnisse hat, also wenn sie die Windel voll hätte oder irgendwie was ist, was sie stört, dass sie das mitteilen würde oder weinen würde, das ist eigentlich nicht der Fall. (Marie)

BEISPIEL

Wenn ihr etwas gefällt, dann fängt sie an, mit ihrem linken Arm zu wedeln und ihr Bein zu strecken. Damit zeigt sie definitiv ihre Freude, wenn ihr etwas gefällt. Man muss beobachten, wie sie reagiert; sei es, wenn man ihr irgendein basales Angebot machen wollte, einfach verschiedene Materialien. Dann hat man relativ schnell gemerkt, wenn es ihr gefällt, streckt sie den Arm aus und lässt die Materialien über ihren Arm streicheln, und wenn sie es nicht will, dann stößt sie es weg. (Nina)

BEISPIEL

Dass er trinken möchte, zeigt er auch manchmal und dann trinkt er, er macht es aber auch in einer Situationen, wo man denkt, eigentlich kann das jetzt auch nicht so unbedingt für das Trinken stehen, vielleicht für was, was er gerne mag oder was ihm grad gefällt. Das hat man nicht hundertprozentig raus und da ist halt auch immer die Gefahr, inwieweit interpretiert man jetzt. Also man muss dann viel probieren und gucken, wie reagiert er darauf. (Jan)

BEISPIEL

Wenn er was will, wenn er sich freut, dann ist er fröhlich, er lautiert richtig freudig. Das erkennt man so an der Sprachmelodie, sag ich jetzt mal. Und wenn Michael etwas nicht will oder wenn etwas nicht passt, dann ist es so richtig meckerig – es ist kein richtiges Weinen. Wenn er schimpft, dann schiebt er die Hände weg, wenn man irgendetwas machen will. Er zieht sich zurück. „Entweder ich schreie oder ich mache nichts“. Oder wenn er z.B. etwas nicht essen mag, wenn ihm etwas nicht schmeckt, dann presst er die Lippen richtig fest zusammen und dann geht gar nichts. Und dann ist das auch wieder so ein Zeichen: „Ich will nicht, merk dir das“. (Michael)

Die Verständigung gelingt den pädagogischen Fachkräften bei Kindern naturgemäß leichter, die schon etwas Sprache verstehen und sich selbst mit Zeigegesten oder sogar ersten Wörtern ausdrücken können.

BEISPIEL

Also man merkt auch, es macht ihm richtig Spaß mitzumachen, grad wie beim Kasperl jetzt heute Morgen, wenn er da Dinge versteht, die er kennt, dann freut er sich und daran anzuknüpfen an seiner Welt, das ist ein Schwerpunkt. [...] Also er kann jetzt „Ja“ zum Beispiel sagen oder „Oma“, „Opa“, „Papa“, „Mama“, das kann er lautsprachlich äußern, aber die anderen Dinge, die zeigt er durch Gesten zum Beispiel, wenn man sagt „Bauch“, dann nimmt er die Hand, zeigt auf seinen Bauch. (Daniel)

BEISPIEL

Und sprachlich kann sie sich natürlich auch nur zu einem gewissen Punkt mitteilen. Sie zeigt viel, sie gebärdet es auch. Sie kann sich auch nonverbal mitteilen. Also das macht sie jetzt auch verstärkt immer mehr. Mit den Gebärden haben wir jetzt auch verstärkt angefangen. Manchmal ist sie auch ein bisschen faul, oder ich unterstelle das einfach mal so, dass sie manchmal ein bisschen zu faul ist, zu antworten. Das man einfach öfter nachfragen muss, bevor man eine Antwort bekommt. Es ist nicht immer eindeutig. Sie kann sehr schön strahlen und lachen. (Lisa)

Mehrere Erzieherinnen bringen zum Ausdruck, dass das Kind mit der schweren und mehrfachen Behinderung von den anderen Kindern in der Gruppe wahrgenommen wird, diese aber oft (auch) nicht wissen, was es ausdrücken möchte oder wie sie mit ihm interagieren könnten.

BEISPIEL

Also ich glaube, die Kinder hinterfragen das überhaupt nicht. Er ist einfach ein Mitglied unserer Gruppe. Und wenn er nicht da ist, dann wird das auch gleich gemerkt: „Ah, der Michael ist nicht da!“ oder „Wo ist der Michael denn?“, wenn er z.B. abgeholt wird. Die Gruppe besteht aus diesen acht Kindern, aus diesen acht Jungs und Michael ist ein absolutes Mitglied. Wenn wir z.B. mittags unseren Abschlusskreis machen, wo dann halt irgendein Spiellied stattfindet, dann ist es ganz klar, dass der Michael dran ist und ein Kind ihn aussucht. Also nicht so, dass man das irgendwie nochmal wiederholen muss, sondern man muss sich halt ein nächstes Kind suchen. Aber das erfolgt dann auch so selbstverständlich: Michael kommt dran. Er ist im Kreis und macht mit. (Michael)

BEISPIEL

Es ist halt so, dass bei uns in der Gruppe die mobileren Kinder wenig mit ihr anfangen. Sie ist da, sie wird anerkannt und sie vermissen sie auch, wenn sie nicht da ist. Aber sie wissen nichts mit ihr zu spielen. Und wenn wir das anleiten, dann machen die Kinder das mit, aber sie verlieren relativ schnell die Lust daran. Wenn sie der Nina etwas sagen, zum Beispiel „gib‘ s mir“, dann reagiert sie darauf halt nicht. Sie wirft den Gegenstand dann weg oder gibt den Ball nicht rüber oder Ähnliches.

Sie sind sehr fasziniert und interessiert, weil bei der Nina halt alles ein bisschen anders ist als bei den anderen: sie kriegt als einzige keinen Becher oder kein Glas auf den Tisch gestellt, das ist schon mal interessant.

> Sie kriegt mit einer Spritze Flüssigkeit, durch einen Schlauch in den Bauch, das ist sehr interessant. Wenn sie gerade im Bad sind und sie wird katheterisiert, dann ist das auch interessant. Aber sie wissen nicht, wie sie mit ihr interagieren sollen, was sie mit ihr machen sollen. Da sind sie ideenlos, und das ist einfach nicht ihr Interesse. Die sind Jungen, die sind wild, die haben verschiedene Spielpartner, die mit denen auf Bäume klettern sollen oder auf dem Trampolin hüpfen, und das ist dann interessanter als dann mit der Nina (Nina)

Meist sind es einzelne Kinder, die von sich aus häufiger ihre Aufmerksamkeit auf das Kind mit schwerer Behinderung richten und reagieren, wenn es etwas zu brauchen scheint. Dabei handelt es sich nach Einschätzung der Fachkräfte teilweise um Kinder, die über eine besondere Sensibilität oder Geduld verfügen. In anderen Fällen sind es offenbar einige Mädchen der Gruppe, die das Kind mit schwerer Behinderung zu umsorgen versuchen. Die Fachkräfte sind dann gefordert, den Kontakt so zu begleiten, dass die Reaktionen des Kindes mit einer schweren Behinderung auf diese Hilfen auch beachtet werden und es nicht als „Baby“ im Spiel verwendet wird.

BEISPIEL

> Für einen Jungen hatte sie eher so eine Babyrolle in Anführungszeichen. Er fand das toll, dass Lina gefüttert wird. Er hat dann immer gefragt, ob er helfen darf und er hat sie eigentlich immer gestreichelt und gedrückt. Er durfte das auch. Also, er war ja für sie eigentlich schon etwas Besonderes. Er hat viel Einfühlungsvermögen gehabt und war ein sehr kontaktfreudiges, kommunikatives Kind. Der hat auch also eigentlich alle Kinder irgendwie wahrgenommen. Dem ist sofort aufgefallen, wenn jemand fehlt. Irgendwie hat er auch für die Kinder teilweise kommuniziert. Z.B.: „Schau mal, die Lina weint, ist die traurig?“ (Marie)

BEISPIEL

> Also A. zeichnet aus, dass sie ein unglaublich hilfsbereites Mädchen ist. Sie versucht eigentlich uns und auch Lisa in jeglicher Weise zu unterstützen. Sie ist sehr liebenswert und sie möchte auch gerne die Rolle von uns einnehmen. Also dass sie dann auch den pflegerischen Part von Lisa übernimmt und ihr dann auch kleine Fördereinheiten gibt. Also sie hat für mich so eine Kraft, die ins Positive geht. Sie kann lange bei einer Sache bleiben. Lang, geduldig und auch einfühlsam. Sie kann mit dem Kind ins Spiel kommen, mit dem Kind in Kontakt kommen und vergisst

> sich dabei selbst. Sie ist dabei manchmal auch etwas vorschnell und übereifrig. Ich denke es liegt auch daran, dass A. selbst noch kleiner ist und dann auch vergisst abzuwarten, bis eine Antwort kommt. Aber eigentlich gucken wir auch, dass dann abgewartet wird, bis das Kind auch Antwort gegeben hat, dass es also auch eine Chance dazu bekommt. (Lisa)

Mitunter sind es aber auch Kinder, die ebenfalls eine schwere Behinderung haben, die eher den Kontakt suchen.

BEISPIEL

> Die anderen Rolli-Kinder, der E. und der J., die wissen damit schon mehr anzufangen. Bei denen ist es auch durch die Behinderung sehr schwer – sie sind dadurch auch viel ausdauernder. Ich habe das Gefühl, sie haben einfach mehr Verständnis dafür, dass nicht alles immer gleich so klappt, dass der Ball da nicht gleich ankommt, sondern dass er erst weggeworfen wird oder so. Die finden das auch lustig, und bei denen klappt das halt auch nicht so mit dem, ich sag mal, richtigen Interagieren – erst ich, dann du – sondern, es geht dann nebendran. Und die finden das witzig, die haben Spaß an der Sach. (Nina)

Aus der Sicht der Fachkräfte hängt das Entstehen sozialer Kontakte sowohl von der Kontaktbereitschaft des Kindes mit schwerer und mehrfacher Behinderung wie auch von den Initiativen einzelner Kinder der Gruppe ab. Sie haben den Eindruck, dass die Kinder mit schwerer und mehrfacher Behinderung Freude daran haben, auch wenn daraus kein gemeinsames Spiel entsteht, weil sie selbst nicht das dazu beitragen können, was die anderen Kinder erwarten, sondern eher passiv bleiben.

> Fabian möchte auch immer mittendrin sein, aber er kann nicht viel von sich momentan geben. Er braucht immer Unterstützung und Impulse von uns. Wenn er liegt oder steht, dann gehen die Kinder zu ihm. Er rollt sich aber nicht bewusst irgendwo hin, um dann da mit drin zu sein. Er ist noch in der Phase, wo er einfach neben den anderen ist. (Fabian)

BEISPIEL

Die Nina würde – so ist unsere Erfahrung – am liebsten in ihrem Rollstuhl sitzen und den Kindern nur zugucken. Dann lacht sie und freut sich. Und wenn man mit ihr etwas machen und vielleicht noch andere Kinder mit einbeziehen will, und sie gefordert wird, das mag sie manchmal nicht so. Dann dreht sie den Kopf weg und probiert, nach den Kindern zu gucken. Wenn am Tisch noch die anderen Kinder sitzen und mitmachen, dann klappt das eher, wobei sie dann auch weniger bei der Aktion selbst ist, sondern eher beim Beobachten von den Kindern. Sie ahmt auch nicht nach. Was sie schön findet ist, wenn Kinder ihr die Materialien in die Hand geben; das mag sie. Dann nimmt sie die Materialien und wirft sie meistens gleich weg und lacht; das macht ihr Spaß. Das ist eine Situation, in der sie richtig mit Kindern in Interaktion kommt und sich auch freut. (Nina)

Aufmerksamkeitsreaktionen der Kinder mit sehr schwerer und mehrfacher Behinderung hängen oft davon ab, ob ein stärkerer körperlicher Kontakt entsteht, der für sie spürbar ist.

BEISPIEL

Jan braucht sehr viel Stimulation, er stimuliert sich auch sehr viel selber, er hat oft die Hände im Mund und kneift sich viel in die Augen, also ist sehr viel mit sich selber beschäftigt. Das ist zum Beispiel jetzt fast schon ritualisiert, dass sie mittags zu zweit im Bällebad liegen und da gut zur Ruhe kommen, der Jan und die K., und dass man eben das auch vorher sagt und man frägt ihn auch, möchtest du heute Mittag wieder ins Bällebad? Meist sagt er „Ai“, dann werten wir das als Ja. Oder mit dem E. zusammen. Der E. fängt dann an, den Jan so bisschen zu streicheln, bisschen zu kneten und der Jan mag ja eh feste Reize, da passt das alles ganz gut und dann liegen sie auch Arm in Arm da in der Vogelnestschaukel. (Jan)

In den Äußerungen der Fachkräfte spiegelt sich eine grundsätzlich positive Einstellung zur Förderung der sozialen Teilhabe von Kindern mit schwerer und mehrfacher Behinderung am Gruppengeschehen. Sie sehen aber auch, dass es für sie selbst und die anderen Kinder oft schwer ist, die kommunikativen Signale der Kinder zu deuten. So bleibt es oft beim Erkennen von Freude oder Unbehagen. Die anderen Kinder nehmen sie als Mitglied der Gruppe wahr. Der Kontakt bleibt jedoch einseitig und bricht ab, weil die Kinder sich nicht aktiv am Geschehen beteiligen können. Soziale Kontaktangebote, die mitunter von fürsorglichen oder ihrerseits kontaktfreudigen Kindern ausgehen, geben Gelegenheiten, die von den Fachkräften aufgegriffen werden können. Sie ergeben sich sowohl in integrativen Settings wie auch in Gruppen, die sich aus Kindern mit unterschiedlichen Behinderungen zusammensetzen.

3.5 Wie sehen die Fachkräfte ihre eigenen Unterstützungsmöglichkeiten?

Soziale Kontakte aktiv durch pädagogische Maßnahmen zu unterstützen, nennen nur wenige Erzieherinnen in den Interviews, die wir im Rahmen des Forschungsprojekts führten, als bedeutsames Ziel. Teilweise beschränken sie sich darauf, ein Kind mit schwerer und mehrfacher Behinderung zu einem Angebot hinzu zu holen, es anzusprechen, ihm sprachliche Erklärungen und Ankündigungen zu dem zu geben, was in seinem Umfeld passiert. Eine Möglichkeit, Kontakte zu erleichtern, sehen sie darin, die Kinder so zu lagern, dass sie räumlich in der Nähe anderer Kinder der Gruppe sind.

BEISPIEL

Also er wird eher hingebracht zu einem Angebot. So groß ist da die Interaktion noch nicht. Die anderen Kinder spielen schon recht selbstständig, bewegen sich auch echt selbstständig alleine in der Gruppe. Momentan ziehe ich mich auch oft dann als beobachtende Person zurück, um dann neue Spielanreize schaffen zu können. Und teilweise muss man einfach noch gucken, weil die Kontaktaufnahme manchmal ein bisschen grob ausfällt. (Fabian)

Dass man ihr was anbietet, dass man sie integriert, dass man sie anspricht. Am Wichtigsten ist, sie trotz ihrer Einschränkung überall dabei zu haben. Wirklich jedes Angebot zu ermöglichen Egal, ob es da jetzt regnet oder heiß ist, man muss einfach die Bedingungen schaffen, dass sie teilnehmen kann. (Marie)

BEISPIEL

Wenn wir die Nina auf dem Boden lagern, mit Spielsachen, dann möchte oft ein Kind zu ihr, meistens der J. Das animiert ihn dann, sich dazu zu legen. Das Lagern auf dem Boden ist die beste Möglichkeit, damit Nina und die Kinder halt einfach miteinander agieren. Man setzt sich dazu, nimmt noch Spielzeug mit oder kein Spielzeug, und dann fangen die an, zueinander hin zu robben oder zu rollen und nach einander zu greifen, und dann haben die Spaß. Die lachen sich halt einfach die ganze Zeit kaputt. (Nina)

Nur zwei Erzieherinnen sprechen von sich aus an, dass sie bestrebt sind, Gelegenheiten für soziale Kontakte und die Kontaktbereitschaft der Kinder zu suchen, um dann aktiv zu versuchen, diesen Kontakt zu erleichtern. Dazu gehört auch, den anderen Kindern zu helfen, die Reaktionen oder kommunikativen Signale des Kindes zu erkennen und richtig zu deuten.

BEISPIEL

Aber wenn man sieht, dass der Wille da ist, dass ein Kind mit Lisa etwas gemeinsam spielen will, dann versucht man dies zu ermöglichen. Ja, dass man eine Situation am Tisch schafft oder eine Situation am Boden, dass man aufmerksam ist für das, was die anderen Kindern signalisieren. Und dann versucht, ihr motorisch oder auf anderem Weg die Möglichkeit zu geben. Manchmal muss man ja auch dabei sein, weil es motorisch nicht anders funktioniert, dass man sie auf dem Schoss hat oder anders. (Lisa)

BEISPIEL

Wenn Jan in dem Stehgerät steht, dann muss man halt gucken, dass man ein anderes Kind zum Beispiel auch auf die gleiche Höhe bringt und mal nebeneinander hinstellt. Ich muss halt immer schauen, wie kann ich jetzt – obwohl das Kind so eingeschränkt ist, anderen noch Zugang schaffen. Das liegt dann eigentlich mehr an uns. Man muss ihn zum Kontakt mit anderen Kindern bringen, also man muss ihn führen zu anderen Kindern. Er toleriert und akzeptiert den Kontakt mit anderen Kindern, also er hat nichts dagegen, jetzt bei Kindern zu liegen oder auch mit einem Mädchen draußen im Bällebad. Ich denke auch, also das ist auch Interpretation, dass er das auch genießt, bei anderen Kindern zu liegen, aber er ist sehr oft in sich, mit sich selber beschäftigt, so dass man ihn eben bewusst mit anderen Kindern zusammen bringen muss. Da sehe ich meine Aufgabe, dass man ihn gut einbinden kann in alles, was bei ihm geht und dass man ihn eben auch begleitet im Alltag mit den anderen Kindern zusammen. (Jan)

Eine Erzieherin zweifelt daran, dass das Kind mit schwerer Behinderung von sich aus das Bedürfnis hat, dass die anderen Kinder sich mit ihm beschäftigen sollen. Sie möchte auch auf die anderen Kinder keinen Druck in diese Richtung aufbauen und vertraut darauf, dass sich soziale Kontakte spontan ergeben.

BEISPIEL

Ich habe jetzt nicht den Druck, dass die Kinder jetzt unbedingt etwas mit Michael machen müssen, weil ich glaube, das entspricht auch nicht seinen Bedürfnissen. Weil – wenn er dann in dem Moment irgendetwas nicht will, dann will ich ihn ja nicht dazu zwingen oder auch ein anderes Kind, wenn es gerade eine andere Beschäftigungsform gesucht oder gefunden hat. Wenn dann wirklich der L. mit so einem Massagegerät zum Michael bewusst hingeht und dann auch 20–30 Minuten dranbleibt, dann soll das einfach irgendwie so selbstverständlich laufen. Aber ich will nicht, dass er irgendwie so eine besondere Rolle bekommt: „Ah, jetzt müssen wir uns um Michael kümmern“. Sondern, dass das einfach mehr in Fleisch und Blut übergeht, weil es ja auch so eine gewisse Normalität sein soll. (Michael)

3.6 Welche Eindrücke haben die Eltern von den sozialen Kontakten ihrer Kinder?

Grundsätzlich betonen fast alle Mütter in den Interviews, die wir gleichfalls im Rahmen des Forschungsprojekts durchführten, von sich aus die positiven Fortschritte, die sie in der Entwicklung ihres Kindes seit der Aufnahme in die Kindertagesstätte sehen. Das gilt für Kinder in integrativen Kindergärten wie in Schulkindergärten.

Aber erst im Kindergarten ist er so richtig aufgewacht, würde ich sagen. Als hätte es ihm gut getan, dass die gesunden Kinder dazugekommen sind. (Nathan)

BEISPIEL

Ja, die positiven Entwicklungsschritte, die waren für uns auch unheimlich schön: Am Ende der Marienkäferzeit hatte die Bezugserzieherin so ein Entwicklungsbuch. Und da wird einem, wenn man das sieht, erst wirklich bewusst, was da passiert ist in den eineinhalb Jahren. Bis dato hatte sie immer noch nur die Flasche getrunken, hat überhaupt nicht essen wollen. Und sie hat dann ein paar Wochen später in der Kita angefangen zu essen – einfach so. Von jetzt auf gleich. Das waren die Kita und die anderen Kinder, die das möglich gemacht haben mit Lust und Laune. […] Und die Entwicklung generell. Zum Beispiel das Sitzen. Ich bin in die Kita gekommen und Lisa saß draußen auf den Pflastersteinen, so einfach hingesetzt. Wo ich zu Hause Teppichkissen hinterlegen würde. Und dann hat die Erzieherin gesagt: „Ja, einfach nicht hingucken.“, das ist total normal hier. Daran sah man halt, sie kann es. (Lisa)

BEISPIEL

Dass er da irgendwie auftaut, sage ich mal. Das haben wir auch schon ein bisschen in den Therapien gemerkt. Wir haben Ergotherapie und Logotherapie und Krankengymnastik vorher schon gemacht. Und da hat man schon gemerkt, dass er ein bisschen Interesse entwickelt. Aber dass er so Fortschritte macht, das hätte ich jetzt nicht erwartet, nicht erhofft. Er gibt mir die Hände und dann zieht er sich in den Stand hoch. Das hätten wir im Leben nicht geglaubt, dass er das kann. Weil er war so schlapp, so hypoton. Er konnte überhaupt nicht den Kopf richtig halten. (Jan)

BEISPIEL

Einfach weil sie dort nicht so in Watte gepackt wird wie bei uns. Am Anfang hat Lisa ja (bei uns) alles gekriegt, alles gedurft. Für uns ist das sehr schwer, zu schimpfen, ihr Grenzen zu setzen und so. Das ist für uns ganz schwierig, weil wir das mit Lisa nicht gelernt haben, die uns auch häufig auf der Nase herumtanzt. Das gab es natürlich im Kindergarten nicht. Was, glaube ich auch sehr gut ist. (Lisa)

Die Eindrücke der Mütter zu den sozialen Kontakten, die ihre Kinder in den Gruppen haben, sind dagegen recht unterschiedlich und variieren je nachdem, ob es sich um einen Schulkindergarten oder eine integrative Gruppe handelt. Durchweg ist aber erkennbar, dass die Mütter daran zweifeln, wie viel an Kontakten wirklich mit anderen Kindern möglich ist, und den Wunsch haben, darüber mehr Informationen zu bekommen. Zur Illustration werden zunächst einige Äußerungen von Müttern angeführt, deren Kinder in Schulkindergärten sind.

BEISPIEL

Ja, aber was mir dann manchmal so fehlt ist: Was hat er jetzt erlebt am Tag? Nicht nur gegessen und getrunken, sondern gab es irgendeine Aktion mit anderen Kindern? Mich interessiert es dann auch, wenn er auf dem Bauteppich eben mal mit seinen „Leuten" da von der Gruppe irgendwo zu tun hat. Ja, was macht er denn da? Also ich glaube schon, dass er hier als Mitglied der Gruppe sozusagen präsent ist, auch den anderen Kindern. Aber inwieweit da jetzt wirkliche Beziehungen entstanden sind, das wage ich zu bezweifeln. Zumal das nicht so das Übliche ist, wie bei anderen Kindern, denke ich. Da kommt dann das Kind heim und sagt: „Du, ich möchte mal mit dem spielen. Darf der kommen?" oder umgekehrt. Eben diese Sachen, die finden halt alle nicht statt, nein. (Michael)

BEISPIEL

Also, die Jael wollte halt nichts von anderen Kindern wissen. Und ich weiß jetzt, also ganz ehrlich, weiß ich jetzt auch nicht, wie es heute ist. Also wie es halt im Kindergarten abläuft, wissen wir eigentlich nicht so richtig, ne? Also ich habe da jetzt wenig Einblick. Ich glaube, die kriegen halt auch nur dieses Jammern mit, wenn es ihr nicht gut geht und wenn ihr etwas nicht gefällt. Oder dann halt dieses Rumgekreische, wenn sie dann halt total zufrieden und glücklich ist. Also akzeptiert haben sie die Jael, glaube ich. Aber inwiefern sie mit ihr viel spielen können, das weiß ich nicht, weil die Jael lässt halt nicht viel zu. […] Also ich glaube, ein bisschen aufgetaut ist sie schon. Aber sie ist noch nicht da, wo sie eigentlich sein müsste. Also sie müsste sich noch mehr Richtung andere Kinder öffnen. (Jael)

BEISPIEL

Aber so im Kindergartenalltag habe ich ihn jetzt noch nicht gesehen, weil ich ja nicht in der Gruppe mit drin bin. Ich höre dann nur: neues Kind – und dann grabscht er schon mal in die Haare, zeigt Eifersucht. Aber er kann auch sehr mitfühlend sein. Also was er gar nicht haben kann, wenn jemand weint oder schreit. Da heult der mit. Da ist er ein richtiges Sensibelchen. Also, das kann er nicht haben, wenn es um ihn herum irgendwie Streit gibt. […] Also wenn ich mir jetzt Sorgen machen müsste, dass mein Kind nicht gut betreut ist oder so, dass er nur in der Ecke herum liegt. Dann wäre ich sehr unzufrieden. (Fabian)

BEISPIEL

Ja, also wie die anderen Kinder ihn jetzt verstehen oder so etwas, also da kriegen wir eigentlich nichts mit. In Kontakt kommen, das machen sie ja, versuchen sie ja auch schon. Das kriegen wir ja auch mit, wenn sie ab und zu einmal ein paar Bilder mit schicken. Da versuchen sie ja schon, dass auch die Kinder untereinander in Kontakt kommen. Also ich glaube schon, dass sie sich da auch ganz viel Mühe geben. Er fühlt sich, glaube ich, manchmal ein bisschen überfahren. Da wäre es halt gut – wie mit den anderen Kindern auch, die kommen zu ihm. Und sprechen mit ihm und dann merkt man, so, da will er jetzt auch mit teilnehmen. (Daniel)

Aus den Äußerungen der Mütter, deren Kinder in integrativen Gruppen sind, wird deutlich, dass die sozialen Kontakte – auch aus Sicht der Mütter – sehr davon abhängen, wie andere Kinder der Gruppe auf ihr Kind zugehen. In jeder Gruppe scheinen Kinder zu sein, denen das besonders gut gelingt. Auch hier merken die Mütter allerdings an, dass sie nur einen begrenzten Einblick in das soziale Geschehen haben und sich z.B. auf spontane Beobachtungen bei der morgendlichen Begrüßung oder bei Festen beziehen müssen.

BEISPIEL

Ich würde das gerne manchmal noch ehrlicher wissen, als ich es wirklich tue. Weil man ist ja letzten Endes doch nicht dabei. Und ich bin darauf angewiesen, dass mir die Erzieher sagen, wie es ist. Die Gruppe von Nathan ist unglaublich nett. Wirklich, das sind so nette Kinder. Aber wirklich durch die Bank. Also da ist kein einziges Kind dabei, wo ich sage, es wäre schwierig oder so. Und insofern, ich glaube nicht, dass die ihm irgendwie bösartig Grenzen setzen. […] Die wissen alle, wie Nathan sich ausdrückt. Also die kennen alle seine Abkürzungen und vor kurzem hat mir eine Mutter mal erzählt, dass ihr Sohn dann eben auch erzählt hat: „Ja der Nathan kann jetzt eine neue Silbe. Der sagt jetzt so." Und dann gibt es Situationen im Kindergarten, wo ich gesehen habe, dass sich die Julia mit ihm hinsetzt und die Tiere durchgeht, ja? Und ich meine, das macht Nathan schon. Also die wissen, auf welcher Ebene sie ihm begegnen können. Sie kennen ihn ja schon wirklich gut, ne? Und ich finde auch gut, dass die relativ normal mit ihm reden, mache ich ja auch. Ich weiß nicht, ob die immer so sich überlegen: „Versteht er das, versteht er das nicht?" Aber ich finde das ganz, also sie haben eine recht normale Kommunikation mit ihm. Und die Julia ist erstens rücksichtsvoll, die schaut erst mal. Die handelt nicht sofort, sondern sie hat so etwas. Sie guckt

> sich das an und schaut dann, was – irgendwie, ja, was das Kind braucht. Also das haben manche und manche haben das nicht, fertig, Punkt. Und ich glaube ehrlich gesagt auch gar nicht, dass man das so fördern kann. (Nathan)

> Ich hatte nie das Gefühl, dass sie irgendwie ausgestoßen, außen vor oder sonstiges war. Egal, was die gemacht haben, also alles was man mitbekommt, man bekommt natürlich auch nicht alles mit. Also wenn ich erst einmal da hinkomme, dann wird Lisa zum Frühstück erwartet und dann wird ihr was gegeben, wo ich jetzt überlegen würde, würde sie das jetzt essen oder nicht? Da überlegt die A. ja nicht, ob sie das isst oder nicht, ne? Sondern: „Möchtest du Banane?" und Lisa nickt und dann wird das gegessen mit einer Selbstverständlichkeit, die auch in der Kommunikation genauso selbstverständlich ist. Also die sprechen ja mit ihr. Sie reagiert, glaube ich, auch. Was manchmal ein bisschen schwieriger ist für sie, ist die Geschwindigkeit der Kinder. Sie sprechen einfach wie der Schnabel gewachsen ist und da merke ich manchmal auch, wie sie guckt. Und dann fragen die nochmal. Und da, glaube ich, dass da die Unterstützung der Erzieherin nötig ist, dass man sagt: „A., das ist okay bei der Lisa, das nicht so.". Aber nachdem das einmal klar ist, dann geht das Ganze auch. Dann weiß die A., die Lisa freut sich, wenn ich die und die Dinge mache, aber die und die Dinge will sie auch nicht und deswegen lasse ich das auch. (Lisa)

Auf die ausdrückliche Frage, welche Wünsche sie an die Pädagogen haben, wird die Förderung sozialer Kontakte innerhalb der Gruppe thematisiert – wobei den Müttern die Grenzen bei schwerer Behinderung bewusst sind. Teilweise bringen sie konkrete Ideen ein, wie das gelingen könnte.

> Eben dass er mehr Kontakte entwickelt oder Kontakte zu knüpfen, das ist das, was mir einfach fehlt. Also ich würde mir manchmal wünschen, dass da mehr Interaktion einfach stattfindet. Einfach so unter den Kindern. […] Aber dass da mehr gemacht wird einerseits, dass die Kinder auch miteinander mehr in Kontakt treten. Das wäre mir ein Anliegen. Ansonsten glaube ich, dass hier schon ziemlich viel gemacht wurde so mit Michael oder für Michael. Ja, ich denke sie haben ihr Bestmögliches getan. (Michael)

BEISPIEL

> Also ich meine, es gibt ja so Spielsachen, die sind durchaus interessant für beide Seiten, z.B. einen Massageroller oder ein Spielzeug, das Geräusche macht oder Licht von sich gibt. Auf so etwas fährt der Michael total ab. Dass man sagt, man gibt das einem Kind, das sich bewegen kann in die Hand, und setzt es mal zum Michael dazu und guckt mal, vielleicht entwickelt sich was. Natürlich kann man das auch nicht erzwingen und ich meine, so wie Michael sich manchmal verhält, ist das für andere Kinder wahrscheinlich einfach langweilig, ja? Und das macht es halt nicht einfach. Also ich denke mal, da würde man sich schon weit rauslehnen, wenn man da die bombastischsten, tollsten Ideen hätte. Aber es sind zumindest Möglichkeiten da. Was Michael zum Beispiel total toll findet, sind Musikinstrumente. Also alles was mit Musik oder überhaupt mit Singen oder Klatschen oder was weiß ich was, Trommeln, zu tun hat. Was er total lustig findet, ist z.B. so eine Tröte von der Logopädie. Wenn da jemand reinpustet, da lacht er sich kaputt. Und ich denke, da kann man ja bei ihm eine Reaktion rauskitzeln. Ich denke mal, wenn man so etwas dann zum Beispiel machen würde. Ich glaube schon, das wäre eine Interaktion. (Michael)

Außerdem greifen zwei Mütter noch einmal den Wunsch auf, mehr über das soziale Geschehen in der Gruppe zu erfahren.

> Ja, so, dass man vielleicht ein bisschen mehr erzählt, wie gibt sich die Jael denn im Kindergarten. Weil wir wissen ja, wie sie zu Hause ist, und da will man auch wissen, wie sie im Kindergarten ist. (Jael)

BEISPIEL

> Also, und da drängt es mich dann. Das ist halt anders als im normalen Kontakt im Kindergarten, wenn man die Kinder abholt, so dieser Smalltalk, einfach zu sagen: „Okay, es ist halt so gelaufen heute". Es ist halt die einzige Möglichkeit dann über das Buch, ne? Was ganz schön ist, ist dann auch, wenn sie ab und zu mal so Bilder mit rein kleben, was sie Besonderes gemacht haben. Da kriegt man dann da halt ein Stück weit den Kindergartenalltag mit. Ja, was man sonst eigentlich gar nicht so mitkriegen würde. (Fabian)

Nach den Erfahrungen der Mütter, deren Kinder in integrativen Gruppen sind, fällt es einigen Fachkräften schwer, sich auf die besonderen Bedürfnisse von Kindern mit schwerer und mehrfacher Behinderung einzustellen. Das gilt z.B.

für Fachkräfte, die ausschließlich Erfahrungen in der Arbeit mit Kindern mit einer (körperlichen) Behinderung mitbringen.

BEISPIEL

Habe allerdings auch gemerkt, dass gerade die ersten Erzieherinnen nicht so viel mit ihm anfangen konnten. Und das hat ein bisschen wehgetan. Die sind schon sehr spezialisiert auf körperbehinderte Kinder gewesen. […] Es gibt halt diese ganz klassischen Kinder, die nicht sprechen können, weil sie es aus motorischen Gründen nicht hinkriegen. Und für die sind dann Powerlink, Step-by-Step, BigMac usw. eine super Sache, weil die können eigentlich viel und die können dann irgendwann auch einen Talker bedienen. Denen muss man im Grunde genommen eigentlich nur ein Hilfsmittel an die Hand geben und dann können die kommunizieren. Aber so ein Kind ist Nathan nicht. (Nathan)

BEISPIEL

Da gibt es eine Sonderpädagogin, die kommt einmal in der Woche. Ist eine ganz nette Frau, gar nichts dagegen zu sagen. Aber ohne jegliche Ideen. Also ich frage mich, was die da eigentlich immer macht. Ich habe noch nicht einmal mit ihr ein Gespräch gehabt, wo ich irgendwie gedacht habe… Und ich meine, die hat Sonderpädagogik studiert. Also da hätte ich manchmal schon erwartet, dass sie vielleicht einmal eine Idee hat, was man bei Nathan mal ausprobieren könnte. Die finde ich ein bisschen enttäuschend. (Nathan)

Auch in den integrativen Gruppen werden Erwartungen an gezielte pädagogische Maßnahmen zur Förderung sozialer Kontakte formuliert, jedoch auch Vertrauen in die Entwicklung spontaner Kontakte zwischen Kindern mit und ohne Behinderungen gesetzt.

BEISPIEL

Die Erzieher sollten sich jederzeit überlegen, wie bringe ich das Thema Behinderung, was heißt das, ‚anders zu sein'. Also vielleicht Bilder zu schaffen für das, was es bedeutet, eine Behinderung zu haben. Wie fühlt sich das an. So Wahrnehmungssachen finde ich schon schön. Manchmal hätte man methodisch mehr machen können. Also, ich denke mir, gerade so die unterstützte Kommunikation. Die hätte man bei ihm da irgendwie noch ein bisschen massiver einbringen können. (Nathan)

BEISPIEL

Also ich glaube, dass da die Kinder von Grund auf sowieso schon viel unbefangener auf kranke Kinder zugehen. Das ist, glaube ich, für jedes gesunde Kind, was da in der Kita ist, ein ganz positiver Aspekt für den Rest des Lebens. Das merkt man da einfach. Das haben die von Anfang an drin und auch keine Ängste oder Hemmungen. Die Kinder tun von sich aus schon so viel, dass ich glaube, dass man da als Erzieher gar nicht mehr so viel tun muss. (Lisa)

4 Konzepte zur Förderung sozialer Teilhabe

Die Ergebnisse der quantitativen Analyse von Videoaufzeichnungen sowie die Eindrücke aus den Interviews mit Fachkräften und Eltern, die wir im Rahmen unseres explorativen Forschungsprojekts sammeln konnten, unterstreichen die pädagogischen Herausforderungen, vor denen die Mitarbeiter in Kindertagesstätten stehen – unabhängig davon, ob es sich um Fördereinrichtungen oder inklusive Einrichtungen handelt. Zentrale Aufgaben bestehen in der Förderung der kommunikativen Verständigung mit Kindern mit schwerer und mehrfacher Behinderung und der Anbahnung sozialer Kontakte mit anderen Kindern der Gruppe.

Gibt es Konzepte, die entwicklungspsychologisch fundiert und empirisch überprüft sind, auf die die Fachkräfte bei dieser Aufgabe zurückgreifen können? Nur wenige erfüllen diese Kriterien. Relativ umfangreiche Veröffentlichungen und Forschungsarbeiten liegen zu den Konzepten von „Intensive Interaction" und „Promoting Learning Through Active Interaction" (PLAI) vor, die deshalb im Folgenden ausführlicher vorgestellt werden sollen. Es schließen sich einige kürzere Hinweise an zu Erfahrungen aus der Pädagogik für Kinder mit Hörsehbehinderungen, zu Möglichkeiten der „Unterstützten Kommunikation" sowie zur Gestaltung einer förderlichen Umgebung und zur Anleitung in praktischen Fertigkeiten der Selbstversorgung, die für die pädagogische Arbeit mit Kindern mit schwerer und mehrfacher Behinderung genutzt werden können.

4.1 Intensive Interaction – eine Methode zur Anbahnung von Kommunikationsbereitschaft

Kinder mit schwerer und mehrfacher Behinderung unterscheiden sich – das haben auch die Ergebnisse unseres Forschungsprojekts gezeigt – in ihrer individuellen Bereitschaft zum sozialen Kontakt. Wenn ihre Kommunikationsbereitschaft (noch) sehr gering ist, bieten sich den Fachkräften nur sehr wenige Möglichkeiten, sozial gerichtete Verhaltensweisen aufzugreifen und zu bestärken. In diesem Fall kann die Methode der „Intensive Interaction" ein geeigneter Ansatz sein. Die Erfahrungen mit dieser Methode zeigen, dass sie in Gruppensettings implementiert werden kann, auch wenn die soziale Interaktion selbst zunächst ausschließlich zwischen dem Kind und einem Betreuer stattfindet. In der internationalen Literatur findet sich neben Einzelfallstudien, die mit erwachsenen Menschen mit schwerer und mehrfacher Behinderung in Wohneinrichtungen durchgeführt wurden, auch eine Reihe von Untersuchungen, die sich auf Kinder in Schulklassen beziehen.

Das – aus England stammende – Konzept der „Intensive Interaction“ beschreibt einen Ansatz zur Anbahnung von sozialen und kommunikativen Fähigkeiten bei Menschen mit sehr schwerer kognitiver Entwicklungsstörung (Nind/Hewett 2001). Dieser Ansatz ist gekennzeichnet durch regelmäßige und häufige Interaktionen zwischen dem „Anwender“ und dem Kind, Jugendlichen oder Erwachsenen, bei denen kein spezifisches Ergebnis angestrebt wird, sondern es primär um die Qualität des sozialen Kontakts selbst geht (Kellett/Nind 2003). Die Erfahrung von sozialen Kontakten in einer Form, die beim Kind, Jugendlichen oder Erwachsenen keine Angst und keinen Rückzug provozieren, soll die Bereitschaft fördern, sich für die Erkundung der Umwelt und die gezielte Kommunikation mit seinen Bezugspersonen zu öffnen.

Im Konzept der „Intensive Interaction“ nimmt der Pädagoge eine responsive Grundhaltung ein und versucht, auf jegliches kommunikatives und potentiell kommunikatives Verhalten zu antworten. Zentrales Prinzip ist dabei, dass die gemeinsame Aktivität der Führung des Kindes mit schwerer Behinderung folgt und nicht vom Erwachsenen gesteuert wird. Die wichtigsten Merkmale von Intensive Interaction sind (Nind 1996):

- Beiderseitiges Vergnügen an der „spielerischen“ Interaktion
- Anpassung der sozialen Verhaltensweisen seitens der Bezugsperson, um für das Kind „ansprechbar“ und „bedeutungsvoll“ zu werden
- Pausen, Wiederholungen und gemischte Rhythmen in der wechselseitigen Interaktion
- Unterstellung von Intentionalität, d.h. die Bereitschaft, dem Verhalten des Lernenden eine potentiell absichtsvolle kommunikative Bedeutung zuzuschreiben
- Kontingentes Antworten und Reaktion auf Verhaltensweisen des Lernenden

Diese Methode ist aus mehreren Gründen in besonderer Weise geeignet, soziale Interaktion und Kommunikation mit Kindern mit schwerer und mehrfacher Behinderung anzubahnen.

- Für Kinder mit sehr schwerer Behinderung sind die Möglichkeiten, aktiv die Umwelt zu erkunden, in den meisten Fällen durch körperliche Handicaps und Sinnesbehinderungen eingeschränkt. Ihre Fähigkeit zur Regulation der Aufmerksamkeit ist begrenzt, sie verarbeiten Informationen langsamer, sind in ihren Gedächtnisfunktionen eingeschränkt und haben Schwierigkeiten, Erfahrungen, die sie in einer Situation machen, auf neue Situationen zu übertragen. Sie sind deshalb in besonderem Maße darauf angewiesen, dass ihre Umgebung so vorbereitet und strukturiert ist, dass sie dennoch eine Kontingenz zwischen ihren Aktivitäten und ihren Wirkungen erkennen und erleben können. Intensive Interaction kommt diesem Bedürfnis von Kindern mit sehr schwerer Behinderung entgegen; sie erleben, dass der Erwachsene prompt und zuverlässig (kontingent) auf ihre Verhaltensweisen reagiert.

- Kinder mit sehr schwerer Behinderung sind darauf angewiesen, dass die ihnen möglichen Ausdrucksformen von ihren Bezugspersonen wahrgenommen, als intentional interpretiert und imitiert bzw. expandiert werden (auch wenn es sich dabei anfangs um eine Überinterpretation seitens des Erwachsenen handeln mag). Die Entwicklung intentionaler Kommunikation ist ein co-regulativer Prozess, bei dem die Bezugspersonen dem Kind jeweils die Gelegenheit zu einem eigenen Beitrag gibt, d. h. einen Turnwechsel einleitet, so dass das Kind die Interpretation des Erwachsenen durch seine basalen Signale bestätigt oder Unbehagen bzw. Protest ausdrückt. Eine Balance zwischen Beiträgen des Kindes und des Erwachsenen zum Dialog mit Pausen und Gelegenheiten zum Turntaking ist für sie von besonderer Bedeutung, um ihre kommunikativen Ausdrucksmöglichkeiten zu erweitern. Die Kinder machen bei diesem Konzept die Erfahrung, dass ihre Verhaltensweisen abgewartet und als intentionale Beiträge zur Kommunikation interpretiert werden.
- Kinder mit sehr schwerer Behinderung sind für die Entwicklung eines Selbst-in-Beziehung und für das Gewahrwerden ihrer affektiven Zustände in besonderem Maße auf die Spiegelung durch ein aufmerksames und reaktionsbereites Gegenüber angewiesen. Eine zunächst möglichst große Übereinstimmung zwischen eigenem Verhalten und gespiegelter Reaktion wirkt dem Erleben von Angst und Stress entgegen, während die Vielfalt und fehlende Prägnanz der sozialen Anforderungen, die sie im Alltag erleben, ihre Toleranz in der Regel überfordert und einen sozialen Rückzug oder abwehrende Reaktionen provoziert. Die Kinder erleben bei diesem Konzept, dass der Erwachsene sich zunächst strikt auf eine Imitation (Spiegelung) ihres Verhaltens beschränkt.
- Kinder mit sehr schwerer Behinderung sind in besonderem Maße darauf angewiesen, dass ihre Bezugspersonen ihre Signale von Stress erkennen und ihre Affekte regulieren helfen. Die Signale von Kontaktbereitschaft und Stress können in ihrer Intensität oder zeitlichen Struktur verändert sein, so dass sie im Alltag allzu leicht übersehen werden. Bei Intensive Interaction erleben die Kinder das Gegenüber in einer Haltung ungeteilter Aufmerk-

samkeit. Diese Haltung kann zur Entwicklung des Gefühls einer grundlegenden Sicherheit beitragen, die eine Erkundung der Umwelt erlaubt.

- Kinder mit sehr schwerer Behinderung sind in der Entwicklung ihrer kommunikativen Fähigkeiten in vielfacher Hinsicht beeinträchtigt. Die Einschränkungen variieren mit der Art der Behinderung. Sehschädigungen können den Einsatz der Blickrichtung im kommunikativen Dialog erschweren; ist ein Kind von Geburt an blind, fehlt ihm die Möglichkeit, kommunikative Dialoge auf diese Art zu steuern, gänzlich. Hörschädigungen begrenzen ihre Möglichkeiten, sprachliche Angebote ihrer Kommunikationspartner wahrzunehmen und zu verarbeiten. Bei schweren Einschränkungen der motorischen Steuerung sind die motorischen Aktivitäten oft von Reflexen überlagert und können nicht willentlich gesteuert werden, so dass die Erkundung von Objekten und der Erwerb von konventionalisierten Gesten oder Gebärden nur in sehr begrenzter Form möglich ist. Eine gravierende kognitive Einschränkung macht es ihnen schwerer, den Zusammenhang zwischen ihrem Verhalten und den Reaktionen des Kommunikationspartners in den flüchtigen Momenten der Alltagsbegegnung zu erkennen und zu gezielten Mitteilungsversuchen zu erweitern. Durch diese Einschränkungen besteht die Gefahr, dass sie im Alltag kaum die Erfahrung machen, Geschehnisse in ihrer Umwelt wirksam kontrollieren zu können. Fremdbestimmung durch Interaktionspartner und Überforderung durch Ereignisse, die nicht vorhergesehen und eingeordnet werden können, führen zu Stress und Rückzug aus dem sozialen Kontakt. Bei der Methode der Intensive Interaction erlebt das Kind, dass die Einschränkungen seiner Wahrnehmungs- und Handlungsmöglichkeiten kein Hindernis für die Einleitung von sozialen Kontakten darstellen und jede ihm mögliche Form eines Beitrags vom Gegenüber wahrgenommen und beantwortet wird.

Die Prinzipien der Intensive Interaction weisen damit viele Ähnlichkeiten zur frühen Kommunikation zwischen Eltern und Säuglingen auf. Es handelt sich um eine Form der Interaktion, bei der sich die Bezugsperson für ein Kind mit sehr schwerer Behinderung eine Zeit der ungeteilten Aufmerksamkeit nimmt. Sie stellt sich sensibel auf seine Signale ein, die in Veränderungen der Stimme, des Gesichtsausdrucks, der Körpersprache, der Bewegungen und Gesten, aber auch grundlegender physiologischer Funktionen (z. B. der Regulation der Atmung) bestehen können. Sie verlangsamt das Tempo seiner Interaktionsbeiträge, gestaltet sie möglichst einfach, überlässt dem Gegenüber die Führung, wartet auf seinen Beitrag, imitiert sein Verhalten – und zeigt Freude an der gemeinsamen Aktivität. „Intensive Interaction“ bietet somit – ganz ähnlich wie bei der Interaktion von Erwachsenen mit Säuglingen – einen optimal gestalteten Rahmen für den Prozess der Ko-Regulation bei der Entwicklung kommunikativer Fähigkeiten.

Die Erfahrung, in diesem Rahmen in einer verlässlichen und vorhersagbaren Weise vom Interaktionspartner imitiert zu werden, erlaubt es Kindern mit sehr schwerer Behinderung, sich an der Interaktion zu beteiligen, ohne ihre eigenen Kommunikationsformen an Aufforderungen oder Erwartungen des Dialogpartners anpassen zu müssen. Sie verschafft ihnen die Möglichkeit, sich selbst in Bezug auf einen Gegenüber wahrzunehmen und seine Verhaltensweisen kontrollieren zu können. Dadurch dass die Reaktionen des Gegenübers vorhersagbar und nicht bedrohlich sind, entsteht ein Gefühl der Sicherheit – anders als in vielen Alltagssituationen, in denen Kinder mit sehr schwerer Behinderung mit Reizen und Anforderungen konfrontiert sind, die ihre Verarbeitungsfähigkeiten überfordern – und erlaubt auf diese Weise allmählich auch Variationen des eigenen Verhaltens sowie die Nachahmung von Verhaltensweisen, die das Gegenüber als Modell anbietet.

„Intensive Interaction" wurde ursprünglich Mitte der achtziger Jahre in einer englischen Schule für junge Erwachsene mit schwerer Behinderung, Autismus oder anderen schweren Verhaltensauffälligkeiten bzw. multiplen Beeinträchtigungen entwickelt. Das Konzept entstand aus der Erfahrung, dass viele dieser Schüler kaum in der Lage waren, mit anderen in einer Weise zu interagieren, die das Personal als bedeutungsvoll ansahen. Stattdessen war ihr Verhalten in hohem Maße von Stereotypien, zwanghaften Handlungen, aggressiver Abwehr oder totaler Selbstbefangenheit und Isolation gekennzeichnet. Die Lehrkräfte der Schule erlebten ihre bisherigen pädagogischen Vorgehensweisen und Curricula als erfolglos, um eine Beziehung zu diesen Schülern zu etablieren und eine Basis für die Kommunikation mit ihnen zu entwickeln.

Einzelne, zunächst eher zufällig entstehende Beobachtungen zeigten, dass sich die Situation veränderte, wenn die Lehrkraft auf das Verhalten eines Schülers in derselben Art (wie ein Echo) zu antworten begann – er begann, davon Notiz zu nehmen. Auf der Basis solcher Praxiserfahrungen publizierten Nind und Hewett dann einen ersten Artikel, in dem sie ihren Ansatz zur Förderung von Basiskompetenzen zur Kommunikation beschrieben, und hielten Fortbildungsveranstaltungen für Mitarbeiter in anderen Einrichtungen ab. Daraus entstanden ein Buch mit dem Titel „Access to Communication" (Nind/Hewett 2005) und dann eine zweite Publikation mit dem Titel „Interaction in Action" (Hewett/Nind 1998), in dem Praxisbeispiele beschrieben wurden. Seit dem Jahr 2000 sind diesen ersten Anfängen weitere Veröffentlichungen von Pädagogen, Psychologen und Sprachtherapeuten gefolgt, die ihre Erfahrungen auf Konferenzen austauschten und über eine eigene Website (www.intensiveinteraction.co.uk, 21.9.2015) der Öffentlichkeit zugänglich machten. Zur Verbreitung der

Methode trugen auch mehrere DVDs bei, die die Methode anschaulich vorstellen. Ein wichtiger Meilenstein war schließlich ein britisches Regierungsdokument „Valuing People Now (VPN: A new three-year strategy for people with learning disabilities)", in das Grundgedanken von Intensive Interaction zur Förderung von Menschen mit schwerer Behinderung einflossen.

Es ist bei der Methode der „Intensive Interaction" von großer Bedeutung, dass sich der Pädagoge vor der ersten Interaktion Zeit nimmt, um die Feinheiten des individuellen (kommunikativen) Verhaltens des Kindes zu studieren. Damit ist gemeint, sich in den anderen – so gut es möglich ist – hinein zu versetzen, um die Welt aus seiner Perspektive zu betrachten. Caldwell (2006) spricht davon, dass es darum geht, die „Sprache" des Kindes zu verstehen, um ein Gefühl für die Identität zu erhalten, durch die das Kind kommuniziert. Es gilt, so vertraut wie möglich mit der Mimik, den Bewegungen und der Körpersprache des Kindes zu werden. Auf diese Weise wird dem Pädagogen deutlich, welche Aspekte des Verhaltens des Kindes sich aufgreifen und beantworten lassen könnten. Die Beobachtung darf vom Kind selbst nicht als unangenehm empfunden werden. Der Pädagoge muss durch seine Haltung und seinen Gesichtsausdruck signalisieren, dass er dem Kind zugewandt ist und die Nähe zu ihm als wohltuend empfindet (Nind / Hewett 2001).

Der Einstieg in „Intensive Interaction" lässt sich am besten beschreiben nach dem Motto „Making yourself available", d. h. sich selbst für das Kind interessant zu machen und etwas zu tun, das für das Kind erkennbar ist und worauf es mit Aufmerksamkeit reagiert. Der Pädagoge bietet sich auf diese Weise als Kommunikationspartner an (Firth / Barber 2011). So besteht z. B. die Möglichkeit, eine bestimmte (stereotype) Verhaltensweise aufzugreifen und diese zu imitieren oder zu spiegeln. Auch wenn das Kind motorisch sehr aktiv ist, kann der Pädagoge genau diese Aktivitäten aufgreifen. Wenn es eine besondere Bindung an einen Gegenstand hat, kann der Pädagoge zum Einstieg ein gleiches Objekt nehmen und anfangen, mit ihm in der gleichen Weise zu „spielen", wie das Kind es tut, um seine Aufmerksamkeit zu erlangen. Wenn das Kind in seiner Mobilität eingeschränkt ist, kann der Pädagoge sich z. B. zum Kind legen und über Augenkontakt sowie Gestik und Mimik beginnen, mit ihm in Kontakt zu treten. Manchmal kann ein Einstieg auch dadurch gelingen, dass der Pädagoge den Atemrhythmus des Kindes aufgreift und imitiert. Wesentlich ist bei allen diesen Beispielen, dass der Pädagoge für das Kind zu einer Person wird, deren Nähe es tolerieren kann und die nicht beängstigend oder bedrohlich wirkt. Es gibt jedoch kein „Rezept", die Kommunikation muss jeweils angepasst werden an die individuellen Voraussetzungen und Bedürfnisse des Kindes. Deswegen kann sich der Beginn – auch bei guter Beobachtung – zunächst als eine Phase von Versuch und Irrtum gestalten, mit dem Ziel, nach und nach eine Beziehung und Kommunikationsbasis zu gewinnen (Caldwell 2006).

Für die weitere Ausgestaltung der Kommunikation bieten sich dann vielfältige Möglichkeiten an, die sich ebenfalls an der frühen Interaktion zwischen Säuglingen und ihren Eltern orientieren:

- Auf das Kind einstellen (tuning-in)
- Persönlichen Raum und Nähe teilen (sharing personal space)
- Gemeinsame Aufmerksamkeit (joint-focus-activities)
- Gemeinsame Handlungen (joint action)
- Wechselseitiges Antworten durch Mimik, Augenkontakt, Imitation oder Spiegeln (turn-taking)
- Stimmliches Echo (vocal echoing)
- Körperkontakt oder Berührungen (physical contact or touch)
- Interaktive Spiele (play and interactive games)
- Wechselnde Aktivitätsrhythmen (burst-pause sequences)

Erste Forschungsarbeiten zeigen die Wirksamkeit dieses Konzepts zur Reduzierung der sozialen Isolation und Förderung sozialer Beteiligung von Menschen mit sehr schweren Behinderungen (Firth / Barber 2011). Sie belegen z. B. eine:

- Zunahme sozialer Initiativen oder Beteiligungen
- Zunahme von kontingentem Lächeln
- Zunahme von Blickkontakt zu einer anderen Person
- Zunahme der Toleranz für körperliche Nähe oder Körperkontakt
- Zunahme der Momente gemeinsamer, auf ein Thema abgestimmter Aufmerksamkeit
- Zunahme der Vokalisation

Hutchinson und Bodicoat (2015) legten eine systematische Literaturübersicht vor, in der sie 15 empirische Studien mit quantitativen Methoden und drei qualitativ angelegte Forschungsberichte evaluierten, die zur Wirksamkeit von „Intensive Interaction“ publiziert wurden. Diese Studien beziehen sich auf Kinder, Jugendliche und Erwachsene mit einem sehr breiten Altersspektrum. Die Autoren kommen zu dem Schluss, dass sich die positiven Erfahrungen von Pädagogen, die in der Praxis mit der Methode der „Intensive Interaction“ arbeiten, in begrenztem Maße durch die empirischen Studienergebnisse stützen lassen. Sie weisen aber auch auf methodische Probleme der vorliegenden Studien hin. Die Studien zeigen oft eine sehr starke Variabilität der sozial gerichteten Verhaltensweisen der untersuchten Kinder, Jugendlichen und Erwachsenen während der Phase der „Grundratenerhebung“, die Veränderungen während der Interventionsphase sind zwar erkennbar, in ihrem Umfang jedoch relativ eng begrenzt und eine eindeutige Klärung, welche Komponenten der Intervention zu diesen Fortschritten beitragen, ist nicht immer möglich.

Trotz dieser Einschränkungen der empirischen Evidenz für die Wirksamkeit von „Intensive Interaction“ gilt dieser methodische Ansatz für viele Praktiker als ein geeigneter Zugang zur Förderung von Kommunikationsbereitschaft. Dies zeigt sich z. B. in einer Befragung, die Goldbart et al. (2014) in einer Stichprobe von 42 Sprachtherapeuten durchführten, die mit Kindern und Erwachsenen mit schwerer und mehrfacher Behinderung arbeiten. Sie wurden nach ihren Erfahrungen bei der Kommunikationsförderung gefragt. Mehr als die Hälfte nennen „Intensive Interaction“ als geeignete Methode, 13 Therapeuten verwenden sie regelmäßig bei diesem Klientel. 11 Therapeuten schätzen sie als gut in der Praxis implementierbar ein, vier Therapeuten berichten allerdings, dass pädagogische Fachkräfte in den Einrichtungen, in denen sie betreut werden, nicht immer die nötige Zeit und Motivation hätten, um die Methode regelmäßig einzusetzen.

4.2 Promoting Learning Through Active Interaction (PLAI)

Das Projekt „Promoting Learning through Active Interaction“ (PLAI; Klein et al. 2000) wurde ursprünglich für die Frühförderung von Kleinkindern mit schweren Behinderungen und zusätzlichen Seh- und Hörbeeinträchtigungen entwickelt (Abbildung 13). Den Autoren ging es um Strategien, wie die sozial-interaktive Basis von Kommunikation bei diesen Kindern im familiären Alltag gezielt gefördert werden kann. Diese Strategien lassen sich gut auf die Förderung von Kindern in Kindertagesstätten übertragen, die grundsätzlich bereits Interesse an der sozialen Interaktion zeigen, aber noch nicht intentional kommunizieren – quasi als Fortsetzung der pädagogischen Unterstützung nach der Methode der „Intensive Interaction“ zur Erweiterung kommunikativer Kompetenzen. Die modularisierte Struktur des Programms, das für die Elternberatung entwickelt wurde, kann auch als Orientierungshilfe für pädagogische Fachkräfte benutzt werden, um die kommunikativen Verhaltensweisen von Kindern mit schwerer und mehrfacher Behinderung gezielt zu beobachten und dyadische Situationen so zu gestalten, dass sie systematisch dabei unterstützt werden, soziale Situationen zu verstehen und sie durch intentionale, zielgerichtete eigene Beiträge zu steuern.

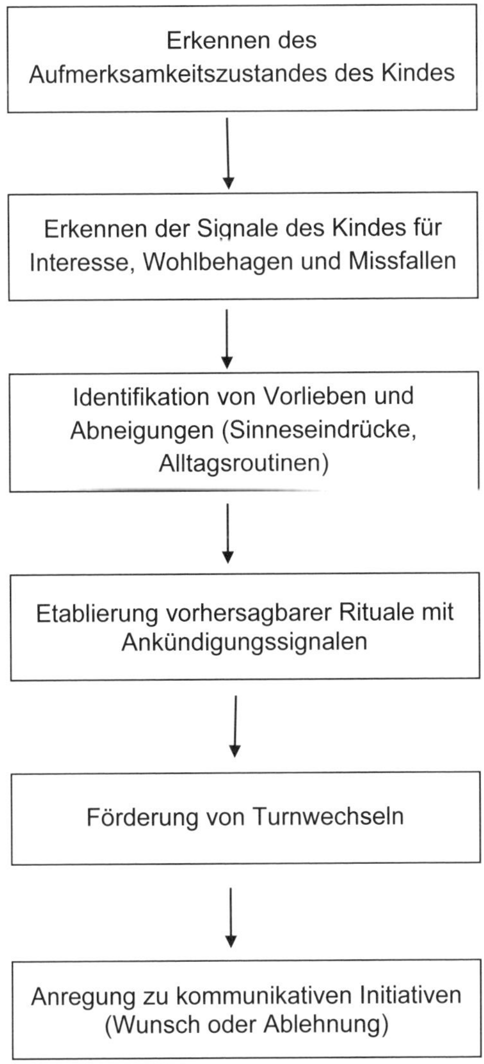

Abb. 13: Systematische Förderung basaler Kommunikation bei Kindern mit sehr schwerer Behinderung („Promoting Learning through Active Interaction“, PLAI)

Das Curriculum PLAI ist insgesamt in fünf systematisch aufeinander aufbauende Module unterteilt. In den beiden ersten Modulen erfolgt eine umfassende und strukturierte Verhaltensbeobachtung, auf die in den weiteren Modulen dann aufgebaut wird und spezielle Strategien eingeführt werden, um reziproke

Formen der Kommunikation zu fördern. Die kommunikativen Kompetenzen, die dabei angestrebt werden, entsprechen der Stufe der intentionalen, partnerbezogenen Kommunikation.

Eine Kernannahme von PLAI ist, dass Kinder mit schweren und mehrfachen Behinderungen wirksam lernen können, wenn sie im Rahmen voraussagbarer und bedeutungsvoller Routinen an alltäglichen Aktivitäten aktiv partizipieren können. Auch die Autoren dieses Konzepts betonen, dass viele Kinder mit Sehschädigungen und anderen Behinderungen nur in begrenzter Weise die Möglichkeit haben, Hinweise aus der Umwelt zu erhalten, die nötig sind, um eine Aktivität zu verstehen und eigene Bedürfnisse und Vorlieben auszudrücken. Um kommunikative Kompetenzen aufzubauen, brauchen sie kontingente Antworten auf ihre kommunikativen Ansätze, genügend Zeit, ihre Antworten in die Kommunikation einzubringen, und vielfältige Möglichkeiten, auch selbst Interaktionen zu initiieren. Solche Lernmöglichkeiten müssen im Rahmen einer systematischen und individuell abgestimmten Planung von Interventionen bereitgestellt werden.

Bevor die Umsetzung des Curriculums geplant werden kann, sind differenzierte Informationen über die motorischen, visuellen, auditiven und kognitiven Kompetenzen erforderlich sowie eine erste Bestandsaufnahme über das bereits beobachtbare kommunikative Verhalten des Kindes. Auf Beobachtungsbögen soll angegeben werden, wie der Schüler verschiedene emotionale Zustände äußert und in welchen Situationen diese auftreten. Darüber hinaus sollen unterschiedliche Verhaltensweisen – z. B. Gesten, Vokalisationen, Bewegungen oder imitative Verhaltensweisen – aufgelistet werden, die in den entsprechenden Situationen zu beobachten sind und mit denen das Kind die Aufmerksamkeit von Bezugspersonen einfordert. Weiterhin werden Hinweissignale für Situationen gesammelt, falls diese bereits etabliert sind. Solche Hinweisreize, mit denen spezifische Ereignisse angekündigt werden, können taktil, auditiv, kinästhetisch, olfaktorisch oder visuell sein bzw. können in der Übergabe von Objekten bestehen. Als letztes sollen individuelle Vorlieben des Kindes notiert werden.

Das erste Modul dient der Beobachtung, mit welchen kommunikativen Mitteln das Kind Interesse, Aufmerksamkeit, innere Zustände wie Gefallen und Missfallen sowie seine Bedürfnisse und Wünsche äußert. Dazu werden die regelmäßig wiederkehrenden Aktivitäten des Tages aufgelistet sowie die Personen, die an ihnen beteiligt sind. Im zweiten Beobachtungsbereich wird der Erregungs- und Aufmerksamkeitszustand zu verschiedenen Tageszeiten bzw. in verschiedenen Situationen eingeschätzt. Diese Beobachtungen sollen im Zeitraum von mehreren Tagen und innerhalb verschiedener Alltagssituationen gesammelt werden und Aufschluss geben über die Empfänglichkeit des Kindes für kommunikative Angebote.

Im dritten Beobachtungsbereich werden Auslöser und Konsequenzen, die für das Auftreten eines bestimmten Verhaltens von Bedeutung sind, zusammengestellt; dies entspricht dem herkömmlichen Vorgehen einer systematischen Verhaltensanalyse. Dabei empfehlen die Autoren den Einsatz von Videoaufzeichnungen, um Auslöser und Konsequenzen eindeutig identifizieren zu können. Im vierten Beobachtungsbereich wird eingeschätzt, in welcher Weise das Kind in ausgewählten Situationen versucht, die Aufmerksamkeit seiner Bezugspersonen zu erlangen.

Nachdem diese erste Phase der systematischen Verhaltensbeobachtung abgeschlossen ist, ergibt sich ein detailliertes Bild des kommunikativen Verhaltensrepertoires des Kindes und bezüglich kindlicher Reaktionen auf Ereignisse oder Befindlichkeiten. Es schließt sich eine genaue Bestimmung der kindlichen Präferenzen an. Auf der Grundlage der Informationen aus dem ersten Modul, die auf dem Bericht der Eltern und informellen Beobachtungen beruhen, kann eine Liste der bevorzugten Aktivitäten, Gegenstände und Personen erstellt werden. Es wird dann eine Situation so arrangiert, dass beobachtet werden kann, wie das Kind auf das Auftauchen oder die Wegnahme / das Entfernen des entsprechenden Gegenstandes oder der Person bzw. Anfang und Ende der Aktivitäten reagiert.

In einem dritten Modul geht es um die Etablierung von wiederkehrenden und voraussagbaren Aktivitäten im Laufe eines Tages. Das Kind kann über die Etablierung solcher Routinen ein Gefühl der Kontrolle über seine Umwelt erleben, Aktivitäten und Ereignisse zeitlich strukturieren und sie antizipieren lernen. Die konstante Verwendung von Hinweisreizen unterstützt die Aufmerksamkeit des Kindes für Schlüsselelemente der Umwelt. Konkret sollen mindestens fünf Ereignisse im Laufe des Tages, die täglich zur selben Zeit und am selben Ort wiederkehren, ausgewählt werden. Für diese Ereignisse werden wiederkehrende Abläufe festgelegt, wobei es wichtig ist, dass alle Bezugspersonen diese konstanten Handlungsabläufe einhalten. Jedes dieser Ereignisse wird dann mit zusätzlichen Hinweisreizen angekündigt. Diese Hinweisreize sollten möglichst in einem Bezug zu dem stehen, was sie ankündigen.

Im vierten Modul geht es darum, ritualisierte Turnwechsel anzubahnen, wie sie in der frühen Mutter-Kind-Interaktion üblich sind. In diesen dialogischen Strukturen werden dem Kind Grundlagen einer Konversation deutlich. Das Kind realisiert in diesen reziproken Handlungsfolgen, dass sein Verhalten eine direkte Wirkung bei einem Gegenüber erzielen kann. Um in diesem Zusammenhang auch Anlässe für Kommunikation zu schaffen, können bereits etablierte Routinen unterbrochen und auf diese Weise die kommunikative Initiative des Kindes herausgefordert werden. Damit soll das Kind motiviert werden, ein beliebtes Objekt oder die Fortsetzung einer interessanten Aktivität einzufordern. So kann z. B. ein festes kommunikatives Signal für „mehr“ etabliert werden. Dabei können Verhaltensweisen genutzt werden, die das Kind zunächst nicht intentional einsetzt.

Weitere Möglichkeiten, Turnwechsel anzuregen, liegen in der Imitation des kindlichen Verhaltens. Wenn das Kind ein bestimmtes Verhalten zeigt, kann der Erwachsene es nachahmen, dann abwarten, ob das Kind seinerseits die Handlung wiederholt. Wenn auf diese Weise wechselseitige Nachahmungsspiele etabliert sind, kann die Modalität der Nachahmung variiert werden. Wenn das Kind z. B. ein dreifaches „ah" produziert, kann die Bezugsperson mit einem anderen, dreifach wiederholten Vokal antworten oder ebenso häufig klatschen. Durch die kleine Abweichung wird das Interesse des Kindes geweckt und das Kind vielleicht motiviert, seinerseits nun das Verhalten der Bezugsperson zu imitieren.

Im letzten Modul wird der Gebrauch der zuvor etablierten kommunikativen Kompetenzen des Kindes erweitert. So kann z. B. eine ablehnende Reaktion herausgefordert werden, indem ihm Dinge oder Aktivitäten angeboten werden, von denen der Erwachsene aus den Vorinformationen weiß, dass das Kind sie eher nicht mag. Auch hierbei ist es wichtig, dass die Reaktion des Erwachsenen prompt und angemessen auf das Signal des Kindes folgt.

Als zweite Möglichkeit bietet es sich an, erwartete Aktivitäten hinauszuzögern. Wenn die Umwelt für das Kind vorhersehbar gestaltet ist und es eine Erwartungshaltung gegenüber bestimmten Ereignissen ausgebildet hat, wird es auf die Verzögerung dieser Ereignisse mit einem Kommunikationsversuch reagieren. Dazu sollte eine beliebte Aktivität ausgewählt und ein entsprechendes Hinweissignal als Ankündigung gegeben werden. Nach dem Hinweissignal wird jedoch ein bis zwei Minuten gewartet, um die Reaktion des Kindes zu beobachten. Erst dann, wenn das Kind das zuvor etablierte Signal für „mehr" gibt, soll die Aktivität dann beginnen.

Die höchste Stufe ist dann erreicht, wenn das Kind auch dann die Aufmerksamkeit einer Person einfordert und eine Kommunikation beginnt, wenn sich diese nicht in unmittelbarer Nähe befindet. Eine solche gezielte Partnerkommunikation stellt dann eine echte Eigeninitiative dar, weil auf dieser Ebene keine Hinweissignale mehr eingesetzt werden müssen.

Chen et al. (2007) haben über die Erprobung des PLAI-Curriculums in der Arbeit mit 27 Familien von Kleinkindern mit Hörsehbehinderungen und zusätzlichen Behinderungen berichtet. Es handelte sich um Kinder im Alter zwischen acht und 33 Monaten zu Beginn der Intervention, die sich über knapp 12 Monate erstreckte. Die betreuenden Fachkräfte der Frühförderung lernten in vier Fortbildungseinheiten das Programm kennen und machten sich anhand von Videoausschnitten und Rollenspielen mit ihrer Aufgabe bei der Beratung und Anleitung der Eltern vertraut. Zur Evaluation der Effekte wurden in jeder Familie je zwei zehnminütige Videoaufzeichnungen aus Alltagssituationen vor und nach der Interventionsphase angefertigt. Zusätzlich wurden die Eltern nach ihrer Einschätzung des Curriculums befragt.

Die Auswertung der Videos zeigte z. B. eine signifikante Zunahme der Häufigkeit, mit der die Eltern visuelle, akustische oder taktile Ankündigungsreize für Alltagsaktivitäten einsetzten. Dies bestätigte sich auch in der subjektiven Einschätzung der Eltern, was sich im Laufe der Beratung und Anleitung in ihrer Interaktion mit dem Kind verändert habe. 43 % gaben an, dass sie häufiger solche Ankündigungsreize nutzen, 30 % teilten mit, dass sie die Bedürfnisse ihres Kindes besser einschätzen konnten und insgesamt die Kommunikation mit ihm leichter geworden sei. Weitere Fragen bezogen sich auf mögliche Veränderungen, die sie im Verhalten ihrer Kinder sahen. 74 % erlebten die Kinder als besser in der Lage, sich auf wechselnde Alltagssituationen einzustellen. 30 % gaben an, dass ihre Kinder mehr Kommunikationsbeiträge beisteuern, 13 %, dass sie entspannter wirken.

Diese Beobachtungen und Einschätzungen sprechen dafür, dass die Anleitung von Fachkräften zur systematischen Beratung der Eltern im Einsatz von Strategien zur Kommunikationsförderung in vielen – wenn auch nicht in allen – Fällen zu einer spürbaren Verbesserung der Kommunikation beigetragen hat. Auch hier muss jedoch angemerkt werden, dass sich aus der Evaluation nicht ableiten lässt, welche Komponenten des modularisierten Konzepts für die Wirksamkeit entscheidend sind. Einzelne Studien, die – unabhängig vom PLAI-Konzept – solche Einzelkomponenten analysieren, stützen jedoch z. B. die Wirksamkeit der Einführung von „Referenzobjekten" als Ankündigungsreize für das Verständnis und die Kooperationsbereitschaft von Kindern mit unterschiedlichen Behinderungen im Alltag (Park 1995). Das ergibt sich auch aus der bereits erwähnten Befragung, die Goldbart et al. (2014) mit Sprachtherapeuten durchführten, die mit Kindern, Jugendlichen und Erwachsenen mit schwerer und mehrfacher Behinderung arbeiten. 36 der 42 Therapeuten sahen in der Einführung von spezifischen „Referenzobjekten" eine sinnvolle Möglichkeit; sechzehn von ihnen machten die Erfahrung, dass es den Kindern damit im Alltag besser gelingt, sich auf Übergänge einzustellen, und sie weniger Irritation oder Angst bei wechselnden Anforderungen zeigen.

4.3 Co-Creating Communication

Ein weiteres Konzept zur Kommunikationsförderung, das als „Co-Creating Communication" bezeichnet wird, wurde im Kontext der Förderung von Kindern mit einer Hörsehbehinderung bzw. taubblinden Kindern entwickelt (Nafstad / Rodbroe 1999). Auch dieses Konzept sieht den Ausgangspunkt der kommunikativen Entwicklung in den wechselseitigen Prozessen der Synchronisation und der Ko-Regulation mit den vom Kind angebotenen Dialogbeiträgen, aus dem sich nach und nach ein gemeinsames Repertoire koordinierter, sich reziprok ergänzender Handlungsmuster entwickelt (Hennig 2011). Wie im Konzept der „Intensive Interaction“ wird die grundsätzliche Offenheit des Kommunikationsprozesses von den Autoren betont. Im Unterschied zum Konzept der „Intensive Interaction“ ist es aber nicht nur auf die Anbahnung basaler Kommunikationsbereitschaft ausgerichtet, sondern hat das Ziel, über das gemeinsame „Aushandeln von Bedeutungen“ das Kind (mit einer Hörsehbehinderung) an die Verwendung von symbolischen Kommunikationsformen (z. B. taktile Gebärden) heranzuführen.

Das Konzept stammt ursprünglich aus Skandinavien und wurde in Kooperation mit einer niederländischen Arbeitsgruppe an der Universität Groningen weiterentwickelt und zur Grundlage von Interventionen verwendet, bei denen pädagogische Fachkräfte in der Kommunikation mit Kindern mit einer Hörsehbehinderung beraten werden. Viele dort beschriebene Ansätze und Strategien geben auch für die Arbeit mit Kindern, bei denen eine schwere Behinderung, aber keine Hörsehbehinderung vorliegt, wertvolle Hinweise. Das Konzept ist in Form von vier „Booklets“ – jeweils kombiniert mit Fallbeispielen, die in Videoausschnitten auf beigefügten DVDs illustriert werden – unter dem Titel „Kommunikation und angeborene Taubheit“ im deutschen Sprachraum zugänglich (Rødbroe et al. 2014).

Auch diese Erfahrungen können für die Fortbildung von Fachkräften genutzt werden, die mit Kindern mit schwerer und mehrfacher Behinderung in Kindertagesstätten arbeiten. Über das Vorgehen und die Effektivität der damit verbundenen Coaching-Prozesse (unter dem Titel „Diagnostic Intervention Model“) liegen mehrere systematische Veröffentlichungen vor. Janssen et al. (2003) berichteten über die Wirksamkeit einer Anleitung von 16 Erziehern und Lehrkräften, die mit insgesamt zehn Kindern mit Hörsehbehinderung und zusätzlichen Behinderungen arbeiten. Janssen et al. (2004) wiesen die Nachhaltigkeit der Veränderungen in den Kommunikationsprozessen bei einer Teilgruppe von vier Kindern aus dieser Stichprobe nach. Für ein Kind wurde das Vorgehen zusätzlich in einer sehr differenzierten Einzelfallstudie illustriert (Janssen et al. 2006). Janssen et al. (2010) replizierten es erfolgreich in der Zusammenarbeit mit den Müttern von zwei dreijährigen Jungen mit Hörsehbehinderung. Damen et al. (2011) übertrugen das Interventionskonzept schließlich auf die Arbeit mit zwölf Kindern und Erwachsenen mit anderen Behinderungsformen, d. h. schwerer intellektueller Behinderung und Sehschädigung, und ihren Betreuern.

Die Evaluation der Wirksamkeit der Interventionen erfolgte in allen Fällen über die systematische Analyse von (kurzen, z.B. zehnminütigen) Videoaufzeichnungen aus dem Alltag und einen Vergleich der Häufigkeit und Passung von Verhaltensbeiträgen der Erwachsenen und der Kinder in der wechselseitigen Kommunikation. Die Daten belegen durchweg eine signifikante Steigerung der Häufigkeit, mit denen die Betreuer auf kommunikative Signale der Kinder reagierten und Kontaktangebote machten sowie eine qualitative Verbesserung der Interaktion zwischen Kind und Erwachsenem. Allerdings ließ sich nicht bei allen Kindern ein signifikanter und stabiler Effekt auf ihre soziale Reaktionsbereitschaft und die Häufigkeit eigener kommunikativer Initiativen nachweisen. Die Ergebnisse dieser Studien machen noch einmal deutlich, dass der Responsivität der Fachkräfte in der Interaktion mit Kindern mit schwerer und komplexer Behinderung eine große Bedeutung zukommt, die Kontaktbereitschaft und kommunikative Entwicklung der Kinder aber nicht allein von der Qualität dieser Interaktion abhängt, sondern kommunikative Entwicklungsprozesse bei Kindern mit schwerer mehrfacher Behinderung ein sehr komplexes, multifaktoriell beeinflusstes Geschehen darstellen.

Im Kern geht es bei dem Coaching-Prozess jeweils darum, die Erwachsenen für die individuellen Signale der Kinder zu sensibilisieren, mit denen sie Aufmerksamkeit, Interesse oder Bedürfnisse anzeigen, diese Verhaltensweisen zu beantworten und die Alltagssituationen so zu gestalten, dass möglichst viele Gelegenheiten zu kommunikativen Austauschprozessen entstehen. Das Vorgehen ist dabei stärker individualisiert als im PLAI-Konzept. So wird mit den Fachkräften jeweils zu Beginn ein Interventionsziel geklärt, d.h. eine Frage formuliert, welche Veränderungen sie sich für den kommunikativen Prozess mit dem jeweiligen Kind zum jeweiligen Zeitpunkt konkret wünschen. Es werden dann gemeinsam Videoaufzeichnungen aus Alltagssituationen analysiert, in denen Initiativen, Bestätigungen, Antworten, Turnwechsel, die Aufmerksamkeitsrichtung, die Abstimmung der Affekte sowie unabhängige Handlungen von beiden Interaktionspartnern – Erwachsener und Kind – möglichst genau identifiziert werden.

Daraus leitet der Berater dann Empfehlungen ab, welche Veränderungen der Erwachsene in seinem Verhalten und in der Situationsgestaltung vornehmen kann, um die kommunikative Beteiligung des Kindes zu fördern, und gibt ihm – an weiteren Videoaufzeichnungen oder durch unmittelbares Coaching im Gruppensetting – Rückmeldungen und Hilfestellungen, um diese Empfehlungen umzusetzen. Die Einzelanleitung (im Umfang von 20–30 Minuten pro Sitzung) wird teilweise durch eine Gruppensupervision ergänzt, bei der mehrere Fachkräfte ihre Beobachtungen austauschen und sich in der Umsetzung von förderlichen Strategien unterstützen. Es handelt sich um ein – alles in allem

– zeitaufwändiges und intensives Coaching-Konzept. In den Veröffentlichungen werden dazu auch Zeitangaben gemacht. Sie schwanken je nach Einzelfall zwischen einer Arbeitszeit für den Coach zwischen 14 und 23 Stunden pro Kind, die sich auf diagnostische Beobachtungen, Vorbereitung, individuelles Coaching an Videos und im Alltagssetting sowie Gruppensupervision verteilen.

4.4 Hilfsmittel zu Unterstützten Kommunikation (UK)

Hilfsmittel zur Unterstützten Kommunikation (UK) können ebenfalls in die Förderung der sozialen Teilhabe von Kindern mit schwerer und mehrfacher Behinderung integriert werden. Hier hat sich auch in Deutschland ein wichtiges Arbeitsfeld für Sonderpädagogen und Sprachtherapeuten entwickelt, um die kommunikativen Möglichkeiten für Kinder, Jugendliche und Erwachsene zu erweitern, die (noch) nicht über lautsprachliche Ausdrucksmöglichkeiten verfügen. Sie wurden zunächst für Kinder mit Zerebralparesen entwickelt, können aber auch bei allen Kindern mit intellektuellen Behinderungen eingesetzt werden, die ihre vorhandenen Kommunikationsbedürfnisse mit den ihnen zur Verfügung stehenden Möglichkeiten nicht zufriedenstellend erfüllen können.

Dabei wird zwischen Kommunikationsformen mit und ohne Hilfsmittel unterschieden. Die Kommunikation ohne Hilfsmittel – z. B. über Gebärden – setzt bestimmte motorische Fähigkeiten voraus, die vielen Kindern mit komplexen Behinderungen nur begrenzt zur Verfügung stehen. Sie sind z. B. mit dem Fingeralphabet oder der Gebärdensprache, die für gehörlose Kinder entwickelt wurde, überfordert. Auch eine vereinfachte Form der Gebärdensprache setzt Grundfähigkeiten zur optischen Unterscheidung, Nachahmung, feinmotorischen Ausführung von Bewegungen und Symbolverständnis voraus, über die Kinder mit schwerer und mehrfacher Behinderung in den meisten Fällen nicht – oder zumindest im Kindergartenalter noch nicht – verfügen.

Eine Kommunikation mit Hilfsmitteln kann z. B. über Kommunikationstafeln oder Kommunikationsbücher (Fotoalben) und Bildkarten erfolgen. Sie enthalten Bilder, Symbole oder Fotos, die mögliche „Gesprächsthemen" im Alltag repräsentieren und individuell auf die gegenwärtigen Bedürfnisse und Interessen des Kindes abgestimmt werden können. Der technische Fortschritt im Bereich der Mikroelektronik und Informationsverarbeitung bietet mittlerweile zusätzliche Hilfen zur Kommunikation durch tragbare elektronische Geräte, die auch eine Sprachausgabe erlauben. Diese Geräte können auch von Kindern mit sehr begrenzten motorischen Fähigkeiten bedient werden. Ihr Gebrauch setzt allerdings, ebenso wie der Gebrauch von Gebärden, ein Symbolverständnis voraus, d. h. das Kind muss verstehen, für welche Mitteilung ein bestimmtes Bild oder eine Karte „steht".

Ein einfaches Gerät, das auch ohne diese kognitiven Kompetenzen bedient werden kann, ist der BIGmack – ein Talker, d. h. eine große Taste, die gedrückt werden kann, um die Ausgabe eines gespeicherten Satzes von bis zu 20 Sekunden Länge auszulösen bzw. die Ausgabe mehrerer, nacheinander abgespeicherter Sätze. Mit Hilfe eines solchen Gerätes kann ein Kind z. B. die Möglichkeit bekommen, die Aufmerksamkeit eines Erwachsenen auf sich zu lenken („Schau mal her!"), sich anderen Kindern vorzustellen („ich bin …"), eine gewünschte Aktivität zu initiieren (z. B. dass die Gruppe ein bestimmtes Spiellied anstimmt) oder etwas aus der familiären Umgebung zu „erzählen" (z. B. von einem Ereignis am Wochenende, wenn die Eltern eine entsprechende Mitteilung auf dem Gerät für den „Morgenkreis" im Kindergarten vorbereitet haben). Komplexere elektronische Hilfsmittel erlauben es dem Benutzer, differenzierte Äußerungen zu bilden und zwischen verschiedenen Wahlmöglichkeiten zu entscheiden. Sie umfassen eine unterschiedliche Zahl von Tastenfeldern, die mit Symbolen oder Bildern versehen werden können. Auf jedes Feld können Aussagen gespeichert werden, die durch Drücken der Tasten abgerufen werden. Auf diese Weise kann ein Kind z. B. mitteilen, mit welchem Spielzeug es sich beschäftigen oder was es zum Frühstück essen möchte.

Hennig (2011) weist allerdings zu Recht darauf hin, dass in der Praxis und Forschung eine Tendenz zu beobachten ist, gute Qualität der Förderung im Bereich der Kommunikation mit dem Vorhandensein von solchen Hilfsmitteln zur Unterstützten Kommunikation gleichzusetzen. Förderempfehlungen richten sich z. B. oft auf das Anbahnen von „Ja" und „Nein" oder das Auswählen zwischen verschiedenen Alternativen mittels solcher Hilfsmittel und beschäftigen sich mit Fragen der Zusammenstellung und Anordnung des Vokabulars für elektronische und nichtelektronische Hilfen (z. B. Boenisch 2008). Diese Überlegungen sind ohne Zweifel sinnvoll, wenn es um die kommunikative Förderung von Kindern geht, bei denen die Entwicklung der Lautsprache primär durch körperliche Einschränkungen (z. B. eine schwere Zerebralparese) behindert ist. Ob Forschungsergebnissen, die in dieser Zielgruppe gewonnen wurden, auf Kinder auf einer prä-symbolischen Kommunikationsstufe übertragen werden können, ist jedoch zu bezweifeln.

In der Praxis neigen Anwender von solchen Hilfsmitteln dazu, das Verständnis der Kinder für den Symbolcharakter von Bildern zu überschätzen oder ungeprüft zu unterstellen, sie wüssten um die Bedeutung der sprachlichen Mitteilungen, die auf einem elektronischen Hilfsmittel von ihren Bezugspersonen gespeichert werden. Das führt dann nicht selten dazu, dass ein Kind auf Aufforderung und mit manueller Hilfe des Erwachsenen ein solches Gerät zwar „bedient" und damit – oberflächlich – der Eindruck einer sozialen Beteiligung an einem Dialog oder einem sozialen Geschehen (z.B. in der Kreisrunde des Kindergartens) entsteht. Eine intentionale, vom Kind aus eigener Initiative gesteuerte Kommunikation ist damit jedoch nicht verbunden.

> *„Symbolische Formen der Kommunikation und ein Austausch von inhaltlichen Informationen sind für diese Zielgruppe eigentlich erst dann von Bedeutung, wenn auf der Grundlage von vielfältigen vorsprachlichen Erfahrungen in der sozialen Interaktion verstanden wurde, wie Kommunikation „funktioniert". Der Schwerpunkt der Kommunikationsförderung von Kindern mit schwerer und mehrfacher Behinderung im Kindergarten sollte daher in der Regel auf der Anbahnung „einfacher, körpereigener Kommunikationsformen liegen, die – im Gegensatz zur repräsentativen und informationsvermittelnden Funktion von Zeichen – noch nicht an die Lautsprache oder irgendein anderes Symbolsystem gebunden sind" (Hennig 2011, S. 288).*

Trotz dieser kritischen Anmerkungen soll das Potential von technischen Hilfsmitteln der Unterstützten Kommunikation zur Förderung von Kindern mit schwerer und mehrfacher Behinderung nicht übersehen werden. Dazu gehören z.B. technische Hilfen, mit denen das Kind erleben kann, dass seine Handlungen (z.B. der Druck auf eine Taste) interessante Wirkungen in seiner Umwelt erzeugen kann. So lassen sich z.B. mechanische Spielzeuge oder Musik-Abspielgeräte mit einer Taste verbinden, die das Kind zur Aktivierung drücken kann. Solche Hilfen werden häufig in der Phase der Anbahnung von Möglichkeiten der Unterstützten Kommunikation verwendet, um das Kind mit dem Prinzip vertraut zu machen, dass es durch einen gezielten Tastendruck ein bestimmtes Ziel erreichen kann. Eine Reihe von Studien belegen die Nützlichkeit solcher einfachen Tasten zur Umweltsteuerung für das Erkennen des Zusammenhangs zwischen der Ursache und dem Ergebnis der eigenen Handlung, wenn sie systematisch, in kleinen Schritten und in klar überschaubaren Ritualen eingeführt werden (Lancioni et al. 2012).

Die Möglichkeit, sich als selbstwirksam zu erfahren, ist jedoch nicht an solche technischen Hilfen gebunden, sondern elementarer Bestandteil der Kommunikationsförderung in sozialen Interaktionen auf der prä-symbolischen Stufe, wie sie bereits darstellt wurde. Einzelfallstudien zeigten auch, dass Kinder mit sehr schwerer Behinderung sich beim Einsatz von einfachen Tasten mit und ohne Sprachausgabe gezielt für Effekte entschieden, mit denen ein unmittelbarer sozialer Kontakt anstatt einer sensorischen Anregung verbunden war (Lancioni et al. 2009). Technischen Hilfen zur Vermittlung von Kontingenzerfahrungen kommt daher im Kontext der Kommunikationsförderung eher eine unterstützende Funktion für die sozialen Erfahrungen zu, die die Kinder im Kontakt mit ihren Bezugspersonen oder anderen Kindern machen.

4.5 Gestaltung einer anregenden Umgebung

Die Förderung sozialer Interaktionen und kommunikativer Teilhabe setzt eine Umgebung voraus, die dem Kind mit schwerer und mehrfacher Behinderung Anregungen für die Kontaktaufnahme zur Umwelt bietet. Vielfältige Anregungen durch visuelle oder akustische Reize, Tasterfahrungen oder Gerüche können dazu beitragen, dass es sich der Umwelt öffnet und sie zu erkunden versucht. Die Wahrscheinlichkeit, dass es Aufmerksamkeit und Interesse entwickelt, wächst, wenn diese Sinnesanregungen seinen individuellen Vorlieben entsprechen.

Kinder mit schwerer und mehrfacher Behinderung sind aufgrund ihrer eingeschränkten Wahrnehmungs- und motorischen Handlungsfähigkeiten darauf angewiesen, dass ihnen von ihren Bezugspersonen Anregungen angeboten werden, die ihre Aufmerksamkeit fesseln und ihre Verarbeitungsfähigkeiten nicht überfordern. Eine sensorisch deprivierende Umwelt kann Passivität verstärken, eine zu große Vielfalt oder Intensität von Reizen aber auch einen Rückzug aus dem Kontakt zur Umwelt provozieren.

Nielsen (1992) empfiehlt aus ihrer Erfahrung mit blinden Kindern mit mehrfachen Behinderungen verschiedene Stimulationsmöglichkeiten, die sich auch für Kinder mit komplexen Behinderungen und vorhandenem Sehvermögen eignen. Dazu gehört ein sogenannter „Little Room" (kleiner Raum). Dazu wird mit stabilen Stellwänden ein abgegrenzter, kleiner, nach einer Seite offener Raum vorbereitet, an dessen Seitenwänden verschiedene Objekte befestigt werden, die das Kind zur taktilen und akustischen Erkundung reizen sollen. Diese Objekte sind in unmittelbarer Reichweite des Kindes angebracht, so dass es sie mit zunächst zufälligen Berührungen spüren und dann in eigener Initiative explorieren kann. Die Abgrenzungen des Raums schützen es dabei vor weiteren Reizen aus der Umgebung, so dass es seine Aufmerksamkeit leichter auf die Sinneserfahrungen in unmittelbarer Nähe richten kann.

Viele Kinder mit schwerer Behinderung reagieren mit besonderer Aufmerksamkeit auf vibratorische und akustische Sinnesreize, die in der Alltagssituation oft „untergehen". Ein Fördervorschlag von Nielsen, bei dem sie intensive Erfahrungen dieser Art machen können, besteht in den sogenannten „Resonance Boards". Dazu wird in einfacher Weise eine Art Plattform gebaut oder eine größere Trommel genutzt, auf die das Kind gesetzt werden kann. In seiner unmittelbaren Reichweite findet es darauf verschiedene Objekte vor. Wenn es sie ergreift und fallen lässt, erzeugen sie einen intensiven Klang und vibratorischen Reiz beim Aufprall auf die Oberfläche der Plattform oder die Trommel und motivieren das Kind auf diese Weise zur Wiederholung seiner Handlungen, um die Effekte zu explorieren.

Ähnlich intensiv sind die Effekte, wenn das Kind und ein Erwachsener sich eine der sogenannten „Acoustic bells" überstülpen. Es handelt sich dabei um eine offene Plastikkugel, die groß genug ist, dass beide Köpfe bequem darin Platz finden. Der nach außen auf diese Weise begrenzte Schallraum verstärkt Lautbildungen und andere Geräusche und regt zu Lautdialogen an. Mobiles mit Objekten, die unterschiedliche optische Effekte, Klänge oder Berührungen ermöglichen, ein „Bällebad", in das das Kind gesetzt werden kann, oder Wasserbehälter, deren Inhalt das Kind erkunden kann, sind weitere Beispiele für eine anregende Umgebung, die Aufmerksamkeit und Kontaktaufnahme zur Umwelt fördern können, wenn sie auf die individuellen Vorlieben des Kindes abgestimmt und in der Intensität angemessen dosiert werden („responsive learning environment").

In diesem Zusammenhang ist eine kritische Anmerkung zu Konzepten angebracht, die sich durch die Gestaltung multi-sensorischer Umgebungen („multi-sensory environments") eine Aktivierung und Förderung der Teilhabe von Kindern mit schwerer und mehrfacher Behinderung versprechen. Solche Konzepte zur Anregung „aller Sinne" wurden ursprünglich als Angebote zur Freizeitgestaltung für Erwachsene mit schwerer Behinderung entwickelt und haben unter der Bezeichnung „Snoezelen-Raum" teilweise Einzug in Einrichtungen für Kinder mit körperlicher oder geistiger Behinderung gehalten. Es handelt sich dabei um Räume, die mit vielfältigen optischen, akustischen oder taktilen Sinnesreizen ausgestattet sind.

Die Entwicklung solcher – kostspieliger – Förderräume hat mehrere Forschungsgruppen zu systematischen Studien bewogen, um zu prüfen, ob sich entwicklungsbezogene oder therapeutische Effekte nachweisen lassen, wenn Kinder, Jugendliche oder Erwachsene – passiv – solche Anregungen erleben. Die Forschungsdaten liefern keinen Hinweis darauf, dass sich dadurch die Aufmerksamkeit für die Umwelt, das Aktivitätsniveau oder die Kommunikationsbereitschaft nachhaltig fördern oder leicht irritierbare Kinder beruhigen lassen. Sie sind in ihrer anregenden Wirkung einer Umgebung, die dem Kind entwicklungsgemäße Anregungen im alltäglichen Kontext („responsive learning environment") bietet, nicht überlegen (Vlaskamp et al. 2003; Botts et al. 2008; Stephenson / Carter 2011). Offenbar ist nicht die Gestaltung der Umgebung, sondern das, was an sozialen Interaktionen in der Umgebung geschieht, entscheidend für die soziale Partizipation.

4.6 Förderung praktischer Fertigkeiten

Den verschiedenen Konzepten zur Förderung kommunikativer Teilhabe und zur anregenden Gestaltung der Umgebung ist gemeinsam, dass sie den Fokus auf die Anbahnung und Stärkung von Eigeninitiative legen und den erwachsenen Bezugspersonen eher die Rolle einer sensiblen und responsiven Unterstützung der explorierenden oder sozialen Handlungsansätze des Kindes zukommt. Diese Unterstützung und Stärkung von Eigeninitiative ist die zentrale pädagogische Herausforderung angesichts der ausgeprägten Passivität und eingeschränkten Bewegungs- und Handlungsmöglichkeiten, die mit komplexer Behinderung einhergehen.

Fertigkeiten zur lebenspraktischen Selbstständigkeit, z. B. beim Essen, Anziehen oder bei der Körperpflege, gehören aber ebenso zum Spektrum der Förderbedürfnisse von Kindern mit schwerer und mehrfacher Behinderung. Auch sie tragen zur sozialen Teilhabe bei und müssen daher ebenfalls in der Förderplanung berücksichtigt werden. Konzepte zur Förderung dieser Kompetenzen gründen sich auf die klassischen Lernprinzipien der angewandten Verhaltensanalyse und sind bei Kindern und Jugendlichen mit intellektueller Beeinträchtigung in einer Vielzahl von Einzelstudien als wirksam belegt worden (z. B. Lott/Kroeger 2003). In der deutschsprachigen Literatur finden sich leider kaum differenzierte Anleitungen zur Förderung der Selbstversorgung. Ein verdienstvolles Manual, das Kane und Kane (1984) zur Förderung des selbstständigen Essens, Ankleidens und Toilettengangs bei Menschen mit schwerer Behinderung publizierten, ist längst nicht mehr lieferbar, Übersetzungen amerikanischer Veröffentlichungen (z. B. ein für Eltern und Fachkräfte konzipiertes Handbuch von Baker/Brightman 2004) haben kaum Interesse in der Fachöffentlichkeit gefunden. Deshalb sei an dieser Stelle explizit darauf hingewiesen, dass die Förderung praktischer Selbstständigkeit bei Kindern mit schwerer und mehrfacher Behinderung im Kindergarten einen wichtigen Stellenwert hat und nicht vernachlässigt werden darf.

Zur systematischen Förderung solcher Fertigkeiten nach lerntheoretischen Prinzipien gehört die Auswahl eines spezifischen Förderziels, die Untergliederung der angestrebten Kompetenz in ihre einzelnen Komponenten, die Wahl des Übungssettings und der Instruktionsmethode, wie die Einzelschritte eingeübt und dann miteinander verbunden werden können sowie die Dokumentation des Lernfortschritts. In Tabelle 6 wird dieses Vorgehen am Beispiel des Einübens des selbstständigen Ankleidens illustriert.

Variationen des Vorgehens orientieren sich an den individuellen Voraussetzungen des Kindes. So kann es bei dem gewählten Beispiel z. B. sinnvoll sein, das Ankleiden erst mit Kleidungsstücken einzuüben, die lockerer sitzen und deshalb leichter überzustreifen sind, bevor die übliche Alltagskleidung benutzt wird. Es kann sinnvoll sein, das Ankleiden zunächst als gesonderte Übungssituation einzuführen, damit durch hochfrequentes Üben der einzelnen Schritte ein rascherer Lernfortschritt erreicht werden kann, als wenn das Ankleiden nur einmal am Tag geübt wird. Um die einzelnen Handlungsschritte miteinander zu verknüpfen, kann es sinnvoll sein, nicht jeweils zwei aufeinander folgende Handlungen miteinander zu verknüpfen, sondern die Methode des „backward chaining“ zu nutzen. Dabei wird der gesamte Handlungsablauf zunächst mit Hilfe durch die Bezugsperson durchgeführt und diese Hilfestellung sukzessiv „von hinten nach vorn“, also zunächst beim letzten, dann beim vorletzten Handlungsschritt ausgeblendet.

Tab. 6: Förderung des selbstständigen Ankleidens (Ausschnitt aus einer Förderplanung)

Spezifizierung des Förderziels	**Anziehen von Unterhose, Unterhemd, Hose und Pullover**
Einzelkomponenten	Wahl des Kleidungsstücks Ausrichtung des Kleidungsstücks Überstreifen über die Füße, bzw. Arme oder Kopf Durchstecken der Arme in die Ärmel Hoch- bzw. Herunterziehen des Kleidungsstücks bis zur Gürtellinie Schließen der Hose mit Knopf (wenn erforderlich)
Setting und Hilfen	Üben beim morgendlichen Anziehen und beim Umkleiden in Kindergarten/Schule Auswahl der passenden Kleidungsstücke und ihre Anordnung in der korrekten Reihenfolge durch Bezugsperson
Instruktionsmethode	Verbale und gestische Aufforderung zu den einzelnen Handlungsschritten Manuelle Hilfestellung (wenn erforderlich) Schrittweise Reduzierung der Hilfestellung Schrittweise Verknüpfung der einzelnen Handlungskomponenten bis zur vollständigen Sequenz
Dokumentation	Protokollierung des Grads an Hilfestellung, bzw. Selbständigkeit bei den einzelnen Handlungskomponenten

Die Reduzierung von Hilfestellungen selbst kann dadurch erfolgen, dass zunächst systematisch eine sprachliche Aufforderung, unterstützt durch eine Geste gegeben wird, auf die dann sofort eine manuelle Hilfestellung folgt. Später wird dann die manuelle Hilfestellung zeitlich verzögert, so dass die Wahrscheinlichkeit steigt, dass das Kind den Teilschritt in Kenntnis der ritualisierten Abfolge nach der Aufforderung selbstständig ausführt, bis es schließlich auch ohne eine sprachliche Aufforderung den jeweils nächstfolgenden Handlungsschritt „abzurufen" vermag.

Die Beschreibung eines solchen Übungsvorgehens, das ausschließlich vom Erwachsenen vorbereitet, geplant und gesteuert wird, steht erkennbar in Kontrast zur „Philosophie" der Förderung kommunikativer Prozesse und zur responsiven Stärkung kindlicher Eigeninitiative. Dieser Konflikt ist unausweichlich. Kinder mit schwerer und mehrfacher Behinderung werden praktische Fertigkeiten zum An- und Auskleiden, zur Körperpflege oder zum selbstständigen Essen mit dem Löffel oder der Gabel nicht aus eigener Initiative zu lernen bestrebt sein und auch durch das Modell anderer Kinder, die diese Fertigkeiten bereits beherrschen, nur in begrenztem Maße zur Nachahmung motiviert werden.

Dennoch ist der Konflikt in der Praxis lösbar. Pflege- und Alltagssituationen wie das An- und Auskleiden, die Körperpflege oder das Essengeben können sowohl als Situationen zur Förderung von kommunikativen Prozessen genutzt werden wie auch als Situationen zur Förderung von Selbstständigkeitsfertigkeiten. Die Fachkraft muss sich jedoch jeweils – als Teil ihrer Förderplanung – entscheiden, welches Ziel in der jeweiligen Situation verfolgt werden soll. Ein systematisches und direktives Vorgehen des Erwachsenen ist sinnvoll, wenn das Kind in einer Pflege-, Umkleide- oder Essenssituation einzelne praktische Fertigkeiten zur Selbstversorgung lernen soll. Soziale Kontaktbereitschaft oder Kommunikationsfähigkeiten lässt sich dagegen nicht auf einem solchen Weg „trainieren". Eine direktive, vom Erwachsenen gesteuerte Interaktionsform ist hier nicht geeignet, wenn es darum geht, Kontakt- und Kommunikationsfähigkeiten zu fördern. Beides hat seinen Platz in der Förderung sozialer Teilhabe von Kindern mit schwerer und mehrfacher Behinderung. Ein Zitat aus einem Text von Hewett und Nind (1998, S.176), in dem sie ihr Konzept der „Intensive Interaction" beschreiben, möge dies abschließend unterstreichen:

> *„Wir sehen durchaus, dass es praktische Gründe für die Anwendung lerntheoretischer Prinzipien gibt. Sie sind effektiv für die Aneignung bestimmter Fertigkeiten. Wir sehen aber auch gute Gründe für alternative Ansätze, denn diese sind unangemessen für die Förderung komplexer Fertigkeiten wie Kontaktbereitschaft oder Kommunikationsfähigkeit."*

5 Förderung sozialer Teilhabe im Kindergarten: Prinzipien und Fallbeispiele

5.1 Effektive Fortbildung für pädagogische Fachkräfte

Die geschilderten pädagogischen Herausforderungen, vor denen Fachkräfte bei der Förderung der sozialen Teilhabe von Kindern mit Kindern mit schweren und mehrfachen Behinderungen in Kindertagesstätten stehen, machen deutlich, dass eine qualitativ hochwertige soziale Beteiligung der Kinder von spezifischen pädagogischen Kompetenzen der Fachkräfte abhängt. Die Beobachtungen zum Ge- und Misslingen sozialer Teilhabe, die sich in unserem Forschungsprojekt machen ließen, haben in vielen Fällen Unsicherheiten sowie Beratungs- und Fortbildungsbedarf bei den pädagogischen Fachkräften erkennen lassen. Sie brauchen Unterstützung, um Phasen wacher Aufmerksamkeit zu erkennen, Blickrichtung, Körperhaltung, Gesten und Vokalisationen als individuelle Zeichen von Kontaktbereitschaft zu deuten und Aktivitäten so zu gestalten, dass dialogische Kontakte zwischen dem Kind und einem Erwachsenen oder einem anderen Kind der Gruppe entstehen. Die beschriebenen Konzepte pädagogischer Förderung – „Intensive Interaction", „PLAI", „Co-Creating Communication" – enthalten vielfältige Ansätze, die für eine solche Unterstützung der pädagogischen Kompetenz von Fachkräften genutzt werden können, die im Kindergarten mit Kindern mit schwerer und mehrfacher Behinderung arbeiten. Zunächst ist jedoch die Frage zu klären, in welcher Form der Erwerb solcher spezifischer pädagogischer Kompetenz effektiv gefördert werden kann.

Es sei an dieser Stelle nochmals betont: Der wichtigste Ansatzpunkt zur Förderung der sozialen Teilhabe von Kindern mit schwerer und mehrfacher Behinderung liegt in der Förderung der Sensibilität und Responsivität der Fachkräfte bei der Ko-Regulation von sozialen Dialogen. Eine günstige Gruppenzusammensetzung, in der von den anderen Kindern der Gruppe Kontaktangebote ausgehen sowie eine Strukturierung von Aktivitäten, die hinreichend transparent ist, die eingeschränkten Verarbeitungsfähigkeiten der Kinder berücksichtigt und ihnen Gelegenheiten zur Teilhabe ermöglicht, erleichtern die soziale Partizipation (Abb. 14). Voraussetzungen für das Gelingen sozialer Teilhabe sind aber eine reziproke Abstimmung der Aufmerksamkeit von Kind und Fachkraft aufeinander, ihre affektive Verbundenheit und ein Prozess des Aushandelns, welche

Bedeutung dem Verhalten des Kindes zugeordnet werden kann, um es angemessen zu beantworten und unterstützen zu können.

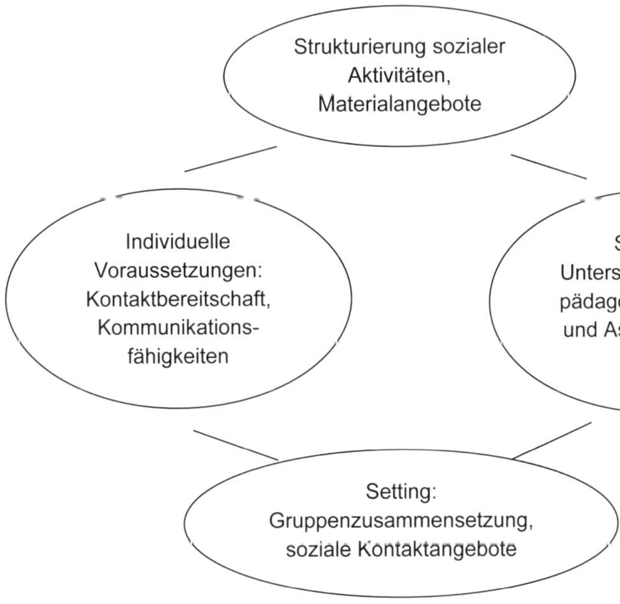

Abb. 14: Ansatzpunkte zur Förderung sozialer Teilhabe von Kindern mit schwerer und mehrfacher Behinderung

Es liegen mittlerweile einige Forschungsarbeiten zur Effektivität von Fortbildungsmaßnahmen vor, mit denen Pädagogen auf die Arbeit mit Kindern mit sonderpädagogischem Förderbedarf in integrativen Kindertagesstätten vorbereitet werden sollen. So belegte z. B. die Evaluation eines modularisierten Trainingskonzepts, an dem 1298 Mitarbeiter in pädagogischen Einrichtungen teilnahmen, einen signifikanten Wissenszuwachs zu Strategien pädagogischer Unterstützung von Kindern mit speziellem Förderbedarf, eine höhere Selbsteinschätzung von Kompetenzen in der Integration von Kindern mit Behinderungen sowie eine höhere Bereitschaft zur Aufnahme von Kindern mit Behinderungen in die Gruppe (Baker-Ericzen et al. 2009). Es stellt sich aber die Frage, ob ein solches herkömmliches Fortbildungsformat, das sich primär auf Wissensvermittlung durch einzelne Fortbildungsveranstaltungen in einem Workshop-Format stützt, ausreicht, um die Sensibilität und Responsivität von Fach- und Assistenzkräften soweit zu schulen, dass sie auch den besonderen Herausforderungen bei der Integration von Kindern mit schwerer und mehrfacher Behinderung gerecht werden können.

Foreman et al. (2007) boten je sechs Lehr- und Assistenzkräften, die in Förderschulen mit Kindern mit schwerer und mehrfacher Behinderung arbeiteten, eine kompakte Fortbildung an drei Vormittagen an. Die Inhalte konzentrierten sich auf die Wissensvermittlung, wie kommunikative Prozesse gefördert werden können, und die Beobachtung von kommunikativen Verhaltensweisen der Schüler in der Klasse. Die Evaluation erfolgte über einen Fragebogen zur Einschätzung der eigenen Kompetenzen durch die Lehr- und Assistenzkräfte sowie durch direkte Beobachtungen. Die Lehr- und Assistenzkräfte schrieben sich nach der Fortbildung zwar ein differenzierteres Wissen über die Möglichkeiten zur Kommunikationsförderung zu, in der direkten Beobachtung der Interaktionen in der Gruppe zeigte sich jedoch kein signifikanter Effekt. Die Autoren schlossen daraus, dass eine wirksame Sensibilisierung für Verhaltensweisen mit potentiell kommunikativem Charakter und für die Möglichkeiten der Kommunikationsförderung bei Kindern mit schwerer und mehrfacher Behinderung ein individualisiertes, videogestütztes Coaching erfordert.

In einer nachfolgenden Studie von Foreman et al. (2014) wurden die Interaktionen von acht Schülern im Alter zwischen 5 und 13 Jahren und 16 Lehr- und Assistenzkräften analysiert. Vier Schüler wurden in Förderklassen (mit bis zu sechs Schülern, einer Lehr- und einer Assistenzkraft), vier Schüler in allgemeinen Schulen in Klassen von durchschnittlich 28 Schülern betreut. In den allgemeinen Klassen war dem Schüler mit schwerer Behinderung eine individuelle Assistenzkraft zugeordnet. Die Fortbildung umfasste in diesem Fall neben einem Workshop für die Mitarbeiter mit allgemeinen Informationen zur Förderung von kommunikativen Fähigkeiten ein individuelles Coaching über mehrere Sitzungen, wie diese Strategien bei dem einzelnen Schüler umgesetzt werden können. Die Beobachtungen vor, während und nach der Interventionsphase, die bis zu 30 Sitzungen umfassten, belegten signifikante Effekte des Coachings auf die Aufmerksamkeit, Kontaktbereitschaft und kommunikative Beteiligung der Schüler mit schwerer und mehrfacher Behinderung.

Die Autoren werteten das als Beleg, dass ein individuelles Coaching einem herkömmlichen Format von Fortbildungen (Workshop in Gruppen) überlegen ist, um nachhaltige Veränderungen in der Interaktion von Fachkräften mit Kindern mit schwerer Behinderung und in der Qualität ihrer Kommunikation zu erreichen. Allerdings waren die Effekte nicht bei allen Kindern gleichermaßen deutlich nachweisbar. Die soziale Teilhabe ist offensichtlich von einem komplexen Geflecht von Bedingungen abhängig, bei denen die individuellen Voraussetzungen der Kinder und die Gruppenzusammensetzung ebenso eine Rolle spielen wie die professionelle Kompetenz der Fachkräfte. Dies entspricht den bereits geschilderten Erfahrungen zur Wirksamkeit von Coaching-Maßnahmen bei taubblinden Kindern nach dem Konzept der „Co-Creating Communication" („Diagnostic Intervention Model").

Stephenson et al. (2011) erprobten, ob ein solches Coaching auch bei Lehrkräften ohne sonderpädagogische Vorbildung in inklusiven Schulklassen erfolgreich ist. Sie verwendeten Live- und Videobeobachtungen, um die Lehrkräfte für die individuellen Interaktions- und Kommunikationsformen von sieben Schülern mit komplexen körperlichen Behinderungen und Gelegenheiten zur Förderung kommunikativen Austausches zu sensibilisieren. Es wurden Videoaufzeichnungen vor und nach dem Coaching ausgewertet. Im Vergleich zur Grundrate setzten die Betreuer signifikant mehr Strategien zur Lenkung der Aufmerksamkeit der Schüler ein, warteten häufiger eine kommunikative Reaktion ab und boten ihnen häufiger Gelegenheit zur Wahl zwischen verschiedenen Beschäftigungsmöglichkeiten. Auch bei Fachkräften ohne sonderpädagogische Vorbildung ließen sich also Strategien zur Förderung der sozialen Kommunikation fördern.

Trotz der noch lückenhaften Forschungslage sprechen diese ersten empirischen Ergebnisse von Evaluationsstudien dafür, die Fortbildung von Fachkräften in Kindertagesstätten als individuelle, längerfristige angelegte Coachingprozesse im Gruppenalltag zu konzipieren, wenn die soziale Teilhabe von Kindern mit schwerer und mehrfacher Behinderung wirksam und nachhaltig gefördert werden soll. Videoaufzeichnungen zur Sensibilisierung für die eigenen Verhaltensmuster in der Interaktion, kompetentes Feedback durch Fachkräfte mit Erfahrung in der Arbeit mit Kindern mit schwerer und mehrfacher Behinderung sowie die Reflexion der eigenen Praxis im Austausch mit anderen Mitgliedern des pädagogischen Teams können dabei zum Erwerb spezifischer professioneller Kompetenzen wesentlich beitragen (Anderson 2011).

Es sollen im Folgenden einige Handlungsstrategien für die pädagogische Arbeit formuliert werden, an denen sich das Coaching orientieren kann (Kap. 5.2). Im Anschluss werden einige ausgewählte Videosequenzen beschrieben, mit denen veranschaulicht werden soll, welche Prozesse beobachtet und zum Gegenstand der Beratung im Laufe eines solchen Coachings gemacht werden können (Kap. 5.3). Es sei betont, dass es sich bei den Handlungsstrategien und Beispielsituationen nicht um ein standardisiertes „Curriculum" handelt (wie z.B. im PLAI). Der Prozess des Coachings muss individuell auf die jeweilige Gruppensituation und die Beobachtung des sozialen und kommunikativen Verhaltens des Kindes mit schwerer und mehrfacher Behinderung und seiner Partnerkinder in der Gruppe abgestimmt werden. Die Beispiele sind quasi als „Material zum Selbststudium" gedacht, auf welche Aspekte die Beratung ausgerichtet werden kann. Auch die Kommentare zu den videografierten Situationen seien nicht als „Musterlösung“ zu verstehen, sondern sollen lediglich als Beispiele dienen, welche Strategien den Fachkräften empfohlen werden können, um die soziale Teilhabe von Kindern mit schwerer und mehrfacher Behinderung zu fördern.

5.2 Handlungsstrategien zur Förderung sozialer Teilhabe

Signale des Kindes beobachten – Vorlieben und Abneigungen kennen

Eine zentrale Voraussetzung für eine systematische Förderung kommunikativer Prozesse und sozialer Teilhabe ist die Kenntnis der individuellen Signale, an denen sich Wohlbehagen, Unbehagen, Bedürfnisse und Wünsche eines Kindes erkennen lassen. Es gilt sich bewusst zu machen, woran Aufmerksamkeit und Kontaktbereitschaft zu erkennen ist und wie das Kind auf wechselnde Anforderungen in der Umgebung reagiert.

Es empfiehlt sich dazu, über einige Tage ein Beobachtungsprotokoll anzufertigen. In dieses Protokoll sollten die aufeinander folgenden Aktivitäten in der Gruppe eingetragen und jeweils notiert werden, wie das Kind reagiert. Mögliche Aufmerksamkeitszustände und Reaktionen des Kindes sind: a) schläfrig, abwesend, unbeteiligt; b) unruhig, irritiert; c) erregt, weinend, ablehnend; d) wach, aufmerksam; e) aktiv beteiligt, freudig, „engagiert“. Aus diesem Protokoll ergeben sich erste Hinweise darauf, was das Kind mag oder nicht mag.

In einem zweiten Schritt ist es wichtig, genauer zu erfassen, an welchen Verhaltensweisen sich Vorliebe oder Abneigung, Irritation oder Aufmerksamkeit genau erkennen lassen. Mögliche Beobachtungen sind z. B.: a) grimassieren, b) lächeln, c) still werden, d) Hände öffnen oder ausstrecken, e) mit den Armen wedeln, f) den Körper anspannen, g) den Kopf hin- oder wegdrehen, h) lautieren, i) sich überstrecken. Die Verhaltensweisen können allerdings individuell sehr unterschiedlich und schwer zu erkennen sein, so dass die Liste nur als Beispiel zu verstehen ist. Natürlich lassen sich solche differenzierten Beobachtungen nicht für alle Situationen machen, die am Tage auftreten. Die Fachkraft sollte sie auf eine Auswahl von Situationen beschränken, die Gelegenheiten für die Förderung sozialer Teilhabe bieten. Besonders wichtig ist dabei die Beobachtung, mit welchen kommunikativen Signalen das Kind die Aufmerksamkeit des Erwachsenen oder eines anderen Kindes auf sich zu lenken versucht. Diese Signale können im weiteren Prozess aufgegriffen und bestärkt werden.

Bereitschaft zum sozialen Kontakt fördern

Wenn ein Kind mit schwerer und mehrfacher Behinderung eine sehr geringe Bereitschaft zum Kontakt mit dem Erwachsenen zeigt, sich in seine „eigene Welt" zurückzieht, die Aufmerksamkeit des Erwachsenen nicht von sich aus sucht und seine Kontaktangebote ablehnt, ist es das vorrangige Ziel, zunächst eine grundlegende Bereitschaft zum sozialen Kontakt anzubahnen. Dazu eignet sich die Methode der „Intensive Interaction".

Zu den Voraussetzungen für das Gelingen von „Intensive Interaction" gehört – wie bereits betont – eine responsive, auf die Beobachtung der Verhaltensweisen des Kindes gerichtete Grundhaltung des Pädagogen. Er oder sie sollte Freude an der Interaktion mit dem Kind haben, entspannt sein und sich dabei wohlfühlen. Wenn sich der Erwachsene in der Nähe zum Kind, bei Berührungen oder Körperkontakt unwohl fühlt, stellt dies ein Hindernis für den Prozess der Kommunikationsanbahnung dar. Die Interaktion muss spielerisch, individuell und flexibel gestaltet werden, ohne dass sie zunächst mit der Erwartung von konkreten Fortschritten im Verhaltensrepertoire des Schülers verbunden werden sollte.

Ort und Position, an dem Intensive Interaction stattfindet, sollten so gewählt werden, dass sich das Kind sicher und geborgen fühlt. Weiterhin muss ein hinreichender Zeitraum für die Interaktion eingeräumt werden („quality one-to-one time"). Dabei kann es sich zu Beginn um kurze Einheiten von einigen Sekunden oder Minuten handeln, die in den Gruppenalltag eingebaut werden. Mit zunehmender Kommunikationsbasis und Vertrauen entstehen dann längere Phasen des Austauschs – fünf Minuten können für ein Kind eine sehr lange Phase der Konzentration und Kommunikation sein, für ein anderes aber noch zu kurz.

Im Wesentlichen geht es bei solchen intensiven Interaktionsmomenten darum, dass der Pädagoge auf alle Verhaltensweisen antwortet, die das Kind zeigt und mit denen es sich wohl fühlt. Er spiegelt sie, ohne seinerseits Veränderungen oder neue Verhaltensweisen einzuführen. Auf diese Weise gelingt es, die Aufmerksamkeit des Kindes auf sein Gegenüber zu wecken und erste Wechselspiele entstehen zu lassen, ohne dass das Kind die Erwartung spürt, dass es sich seinerseits auf soziale „Anforderungen" einstellen müsse. Verhaltensweisen, die gespiegelt werden, können z. B. sein:

- Lautäußerungen (Brummen, Murmeln, Zischen, Johlen etc.)
- Andere Laute, die mit dem Mund erzeugt werden (Klicken, Geräusche mit dem Speichel, Pusten, Lippenschnalzen, Zungenbewegungen)
- Bewegungen (der Hände und Arme, Schaukeln, Schwanken und andere Bewegungen des Rumpfes, der Füße und Beine; Kopfwippen; Bewegungen im Raum)

- Gesichtsausdrücke (Lachen, Grimassen, Mund öffnen und schließen, Augenbrauenbewegungen, Blinzeln, Augenkontakt, Gesicht zum Partner drehen)
- Körperkontakt (Streicheln, Antippen, Auffordern zum Halten)
- Stereotype Verhaltensweisen (sich wiederholende, rhythmische Bewegungen)

Soziale Situationen transparent strukturieren

Kinder mit schweren und mehrfachen Behinderungen werden von wechselnden sozialen Anforderungen leicht überfordert und reagieren auf sie mit Irritationen oder sozialem Rückzug. Eine rein sprachliche Ankündigung, wie sie im Kindergarten üblich ist, um den Kindern der Gruppe zu vermitteln, welche Aktivität bevorsteht oder was von ihnen erwartet wird, überfordert in der Regel ihr Verständnisvermögen. Ankündigungsreize und Rituale können dazu beitragen, dass die Abläufe für das Kind transparent werden, so dass es sich leichter auf sie einzustellen vermag.

Es gilt daher, wiederkehrende Abläufe im Kindergartenalltag zu ritualisieren, d.h. die einzelnen Schritte bei diesen Aktivitäten in klarer und immer gleicher Form einzuführen und zu wiederholen. Solche wiederkehrenden Alltagssituationen sind z.B. die morgendliche Begrüßung, das Aufstellen eines Morgenkreises, Spiellieder, an denen sich die Kinder abwechselnd beteiligen, der Übergang zu Freispielzeiten oder angeleiteten Tätigkeiten, die Vorbereitung des Frühstücks, das Umkleiden oder Wechseln der Windeln, der Wechsel in einen anderen Raum des Kindergartens oder in die Außenanlagen. Jede dieser Aktivitäten sollte mit einem Ankündigungsreiz verbunden werden, der es dem Kind möglich macht, den Ablauf zu antizipieren. Das bedeutet natürlich keinen Verzicht auf sprachliche Ankündigungen, sondern ist als Ergänzung zur Erleichterung des Verstehens gedacht.

Die Wahl des Ankündigungsreizes hängt von der jeweiligen Situation und den Wahrnehmungsmöglichkeiten des Kindes ab. Er sollte möglichst in einem Bezug zur angekündigten Aktivität stehen. Solche Hinweisreize können akustische, visuelle oder taktile Signale sein, z.B. Klangsignale, ausgewählte Worte, Gegenstände, die aufgrund ihrer Leuchtkraft, ihres Kontrastreichtums oder ihrer Farbe gut erkennbar sind, spezielle Gesten, Berührungen mit einem bestimmten Gegenstand oder Bewegungen und Positionierungen, die als kinästhetische Hinweisreize für nachfolgende Aktivitäten wirken können. Manchmal können auch olfaktorische Signale (Gerüche) ein Mittel sein, um eine Aktivität anzukündigen. Einige Beispiele:

- Ein Musikinstrument wird angespielt, bevor ein Stuhlkreis gebildet, das Kind in seiner Sitzschale dazugestellt wird und der Morgenkreis beginnt.
- Ein Waschlappen wird dem Kind in die Hand gegeben, bevor es ins Bad gebracht wird zur Körperpflege.
- Die Lippen des Kindes werden mit dem Löffel zweimal berührt, bevor das Essengeben beginnt.
- Die Arme des Kindes werden am Ellbogen bewegt, bevor es aus dem Rollstuhl gehoben wird.
- Dem Kind wird eine Mütze gereicht, bevor es angezogen und mit den anderen Kindern in seinem Rollstuhl in den Garten geschoben wird.

Aktivitäten als kooperative Dialoge strukturieren

Wenn ein Kind mit schwerer und mehrfacher Behinderung grundsätzlich zum Kontakt mit einem Erwachsenen bereit ist und Ansätze zur spielerischen Erkundung von Materialien der Umgebung zeigt, deren akustische, visuelle, taktile oder vibratorische Qualität die Aufmerksamkeit des Kindes wecken, können daraus im 1:1-Kontakt mit dem Erwachsenen gemeinsame Aktivitäten entwickelt werden. Die Abstimmung der Aufmerksamkeit auf ein „gemeinsames Thema" stellt für Kinder mit komplexen Einschränkungen der Wahrnehmungs- und Verarbeitungsfähigkeiten eine besondere Herausforderung dar. Sie gelingt dann leichter, wenn sich der Erwachsene an der Aufmerksamkeitsrichtung des Kindes orientiert, ihm die „Führung" überlässt, die Aktivität behutsam und gut überschaubar strukturiert, mit seinen eigenen Beiträgen die Handlungsansätze des Kindes mit Hilfestellungen unterstützt und weiterführt. Wichtig ist, dass er immer wieder innehält und einen Beitrag des Kindes abwartet (oder „provoziert"), so dass Turnwechsel in einer gemeinsamen Aktivität entstehen.

Eigene Beiträge des Kindes zu solchen Turnwechseln können z. B. dadurch „hervorgelockt" (provoziert) werden, dass der Erwachsene bei einer interessanten Aktivität innehält, bis das Kind irgendeine Reaktion zeigt, die er dann als Signal für „mehr", also für den Wunsch nach einer Fortsetzung interpretiert. Die Verhaltensweise, die als solches Signal interpretiert wird, kann individuell unterschiedlich sein. Auch wenn das Kind das entsprechende Verhalten zunächst nicht mit der kommunikativen Absicht („Bitte um Fortsetzung") gezeigt hat, lernt es aus wiederholten Erfahrungen dieser Art, dass es damit eine bestimmte Wirkung beim Erwachsenen erzielen kann, und wird es mehr und mehr als intentionales Mittel zur Vermittlung eines Wunsches einsetzen. Ein Beispiel:

BEISPIEL

Ein Kind lauscht einem Lied. Nachdem das Lied unterbrochen wird, wartet der Erwachsene 10–15 Sekunden ab, wie das Kind reagiert. Wenn es nun beispielsweise seinen Kopf hin und her bewegt, wird das Lied wieder angemacht mit dem Kommentar „Okay, du möchtest mehr Musik hören". Diese Reaktion muss unverzüglich erfolgen, damit das Kind den Zusammenhang zwischen seinem eigenen Verhalten und der Reaktion erkennen kann. Nach vielfachen Wiederholungen kann erwartet werden, dass sich die Reaktionszeit des Kindes allmählich verkürzt.

Eine weitere Möglichkeit, die kommunikative Initiative eines Kindes zu fördern, ergibt sich bei ritualisierten Aktivitäten des Alltags. Wenn eine solche Aktivität dem Kind durch ein entsprechend eingeführtes Signal angekündigt ist, kann der Erwachsene zunächst innehalten und abwarten, wie das Kind reagiert. Wenn es mit dem ritualisierten Ablauf vertraut ist, wird es in seinem Verhalten zeigen, dass es die gewohnte Fortsetzung „erwartet". Dies kann aufgegriffen und bestärkt werden, so dass das Kind auch auf diese Weise lernt, dass es durch bestimmte Verhaltensweisen dem Erwachsenen mitteilen kann, was es möchte.

Wenn das Kind bereits Interesse an bestimmten Gegenständen der Umwelt entwickelt hat, können schließlich Wahlsituationen geschaffen werden, um seine kommunikative Initiative anzuregen. Das „beliebte" Objekt wird mit einem weniger attraktiven Gegenstand ins Blickfeld des Kindes gebracht und es aufgefordert zu zeigen, was es möchte. Das kommunikative Signal kann in einer Zeigegeste, aber auch in einer Hinwendung des Körpers, des Kopfes oder des Blicks in Verbindung mit einer Vokalisation bestehen. Jedes dieser Signale kann vom Erwachsenen als Ausdruck eines Wunsches interpretiert und prompt und zuverlässig beantwortet werden, indem er dem Kind den gewünschten Gegenstand reicht.

Pflege- und Versorgungssituationen dialogisch gestalten

Aktivitäten der gemeinsamen Exploration von attraktiven Sinnesmaterialien oder Spielsachen sind nicht die einzigen Situationen im Kindergarten, die sich zur Förderung kommunikativer Dialoge anbieten. Pflege- und Versorgungssituationen bieten ebenso die Gelegenheit, dem Kind die Erfahrung zu vermitteln, dass im Rahmen eines ritualisierten Ablaufs jeweils eigene Beiträge von ihm „erwartet" werden. Eine solche Gestaltung von Pflege- und Versorgungssituationen erfordert zwar mehr Zeit, als wenn sie vom Erwachsenen ohne „Dialog mit dem Kind" gestaltet wird, bietet aber aufgrund der Vertrautheit des Kindes mit diesen wiederkehrenden Abläufen günstige Gelegenheiten zur Förderung von kindlichen Beiträgen am gemeinsamen Tun. Wichtig ist dabei, dass die Fachkraft sich in der Förderplanung entscheidet, ob sie eine solche Situation als Gelegenheit zur Kommunikationsförderung nutzen möchte oder ob sie als Lernsituation zum Einüben von einzelnen Fertigkeiten der Selbstversorgung gestaltet werden soll, die stärker vom Erwachsenen gelenkt wird. Einige Beispiele:

BEISPIEL

Das Umkleiden wird in einer ritualisierten Form gestaltet, bei der der Erwachsene jeweils die nächste Handlung ankündigt, aber vom Kind eine „Mithilfe" erwartet; je nach motorischen Möglichkeiten kann das Kind z.B. einen Arm ausstrecken, damit der Erwachsene den Pulli abstreift, oder ein Bein heben, damit er den Strumpf auszieht. – Beim Essengeben wird der nächste Löffel jeweils angekündigt, die Speisen aber erst dann in den Mund gegeben, wenn das Kind von sich aus den Kopf in die entsprechende Richtung gedreht und die Lippen geöffnet hat. Die Ankündigung des nächsten Löffels folgt erst dann, wenn das Kind geschluckt hat und von sich aus – durch Kopfwendung oder Blickkontakt – zeigt, dass es bereit ist. – Wenn das Kind schon so weit ist, dass es zwischen Wahlmöglichkeiten zu entscheiden vermag, kann eine Mahlzeit auch dadurch als Kommunikationsgelegenheit genutzt werden, dass es jeweils gefragt wird, was es als nächstes – aus einem vorbereiteten Angebot – essen oder trinken möchte.

Gelegenheiten für soziale Kontakte mit anderen Kindern erkennen und unterstützen

Soziale Kontakte zwischen Kindern der Gruppe können von einem Kind mit schwerer und mehrfacher Behinderung oder von einem der anderen Kinder initiiert werden. Die Signale, an denen sich das Interesse eines Kindes mit schwerer Behinderung an der sozialen Interaktion mit einem anderen Kind erkennen lassen, sind jedoch oft flüchtig, nicht immer eindeutig auf das Gegenüber bezogen und individuell sehr unterschiedlich. Sie können in einer Körperdrehung, einer Hinwendung des Blicks, einer Vokalisation oder einem Lächeln bestehen. Um solche Kontaktgelegenheiten aufgreifen und bestärken zu können, bedarf es deshalb einer besonderen Sensibilität und sorgfältigen Beobachtung der Fachkraft.

Das Entstehen solcher sozialen Interaktionen kann durch die Gestaltung von Situationen erleichtert werden, die zu Kontakt und Kooperation „einladen". Dabei ist z. B. wichtig, den räumlichen Abstand zwischen Kindern mit schwerer und mehrfacher Behinderung und anderen Kindern zu beachten. Wenn sie in unmittelbarer Nähe zu anderen Kindern auf der Spielmatte liegen oder im Morgenkreis in ihrem Rollstuhl oder der angepassten Sitzschale direkt neben einem anderen Kind platziert werden, erleichtert das soziale Interaktionen.

Beschäftigungsmöglichkeiten, um deren Attraktivität für das Kind mit schwerer Behinderung die Fachkraft weiß, kann sie versuchen, als Partneraktivität zu gestalten; so kann eine soziale Interaktion z. B. entstehen, indem das Kind mit schwerer Behinderung von einem der Partnerkinder auf der Schaukel angeschoben wird. Solche Partneraktivitäten bedürfen jedoch der Begleitung des Erwachsenen. Seine Aufgabe ist es, die Reaktionen des Kindes mit schwerer Behinderung zu beobachten, um das richtige Maß und die passende Dauer abzuschätzen; ebenso wichtig ist es, das Partnerkind zu unterstützen, wenn es unsicher ist, wie es mit dem Kind mit schwerer Behinderung „umgehen" kann, und es zu ermutigen, sein Kontaktangebot aufrecht zu erhalten, auch wenn das Kind mit schwerer Behinderung vielleicht zunächst nicht erkennbar mit Interesse oder Freude reagiert.

Hilfsmittel zur Unterstützten Kommunikation entwicklungsgemäß einsetzen

Technische Hilfsmittel zur Unterstützten Kommunikation bieten für nicht-sprechende Kinder grundsätzlich ein Potential, sich als Mitglied der Gruppe eingebunden zu fühlen und soziale Teilhabe zu erleben. Auch wenn sich ein Kind noch auf der prä-symbolischen Stufe der Kommunikationsentwicklung befindet und deshalb noch keine bildgestützten Hilfsmittel (wie Geräte mit mehreren Tasten, deren Bedeutung jeweils durch ein entsprechendes Bild symbolisiert wird) verwendet werden können, lassen sie sich im Kindergartenalltag sinnvoll einsetzen.

Eine einfache Taste, wie sie mit dem BigMack angeboten wird, gibt z. B. die Möglichkeit, „Mitteilungen" zu speichern und durch Tastendruck abzurufen, mit denen das Kind die Aufmerksamkeit des Erwachsenen oder eines anderen Kindes auf sich lenken kann („Schau / komm mal zu mir"). In anderen Fällen kann sie eingesetzt werden, um dem Kind die Möglichkeit zu geben, sich am gemeinsamen Geschehen aktiv zu beteiligen, z. B. indem ein Liedtitel auf dem Gerät gespeichert wird und das Kind dann im Morgenkreis durch Drücken der Taste den anderen Kindern „vorgeben" kann, was als nächstes gesungen werden soll.

Damit solche Hilfsmittel aber zu einer „echten" kommunikativen Beteiligung werden, muss sichergestellt sein, dass das Kind die Bedeutung der gespeicherten Mitteilung versteht und den Zusammenhang zwischen seiner Handlung und dem nachfolgenden Geschehen tatsächlich erkennen kann. Dafür ist es nötig, den Ablauf so transparent zu strukturieren und einzuüben, dass das Kind lernt, an welcher Stelle sein Beitrag erwartet wird. Komplexere Mitteilungen mittels eines elektronischen Hilfsmittels, die sich z. B. auf das „Erzählen" von Ereignissen am Wochenende beziehen und den Anschein erwecken, als ob sich das Kind – wie die sprechenden Kinder – am Gespräch im Morgenkreis beteiligen könnte, sind nur bei Kindern sinnvoll, bei denen das Verständnis solcher Mitteilungen gesichert ist. Dies ist bei Kindern mit schwerer intellektueller Behinderung in der Regel noch nicht der Fall.

Soziale Ausgrenzung erkennen und vermeiden

Im Alltagsgeschehen des Kindergartens kann es vorkommen, dass Kinder mit schwerer und mehrfacher Behinderung soziale Ausgrenzung erleben. Dies kann darin begründet sein, dass bei der Gestaltung von gemeinsamen Aktivitäten die Einschränkungen ihrer Handlungs- und Wahrnehmungsmöglichkeiten nicht beachtet werden, so dass sie sich nicht beteiligen können. Hier ist die Fachkraft gefordert, die Aktivitäten so zu planen, dass auch ein Kind mit schwerer und mehrfacher Behinderung einbezogen werden kann. Die Beteiligung an gemeinsamen Aktivitäten (z. B. auf dem Spielplatz oder bei einem Ausflug) erfordert deshalb mitunter ein erhöhtes Maß der Vorbereitung bzw. die Unterstützung durch Hilfskräfte. Ein sozialer Ausschluss eines Kindes mit schwerer Behinderung aufgrund fehlender personeller Ressourcen ist aber keine akzeptable Alternative.

In anderen Fällen geht die soziale Ausgrenzung auf eine ablehnende Haltung anderer Kinder der Gruppe zurück. Die pädagogische Reaktion auf eine solche ablehnende Haltung kann je nach Situation unterschiedlich sein. Wenn sich eine Gruppe von Kindern ein lebhaftes Spiel gewählt hat, das ein hohes Maß an motorischen Fähigkeiten und rasch wechselnde soziale Reaktionen erfordert, ist es sinnvoll, eine ablehnende Haltung der anderen Kinder für diese Aktivität zu tolerieren („der kann da nicht mitspielen"). Soziale Teilhabe bedeutet nicht, dass ein Kind mit schwerer und mehrfacher Behinderung ausnahmslos bei allen Aktivitäten, die die anderen Kinder der Gruppe in ihrer Freispielzeit verfolgen, beteiligt werden muss.

In anderen Situationen ist die Ablehnung durch andere Kinder jedoch nicht durch den Charakter des ausgewählten, laufenden Spiels begründet, sondern spiegelt eher eine allgemeine Unsicherheit im Kontakt mit dem Kind mit schwerer und mehrfacher Behinderung wider. In diesen Fällen ist die pädagogische Fachkraft als „Vermittler“ gefordert. Es gilt, das Verständnis der anderen Kinder für die besonderen Unterstützungsbedürfnisse des Kindes mit schwerer und mehrfacher Behinderung zu fördern und ihnen seine Kompetenzen bewusst zu machen, auf die sich eine Beteiligung stützen kann. Mitunter sind hier „Simulationsspiele“ nützlich; so können die Kinder der Gruppe z. B. die Wahrnehmungswelt eines blinden Kindes nachempfinden, wenn sie gebeten werden, sich für eine gewisse Zeit mit verbundenen Augen im Raum zu bewegen. Die Handlungsmöglichkeiten eines Kindes mit einer schweren Zerebralparese im Rollstuhl können erlebt werden, wenn auch die anderen Kinder die Möglichkeit haben, sich für einige Zeit den Rollstuhl des Kindes „auszuleihen“ und damit den Raum zu erkunden.

In Einzelfällen ist eine ablehnende Haltung auch Ausdruck einer generellen Distanzierung gegenüber einem Kind mit einer schweren Behinderung. Sie zeigt sich manchmal – keinesfalls immer – bei Kindern, die selbst gravierende sozial-emotionale Störungen entwickelt haben. Für sie stellt die Situation, einen Kontakt mit einem Kind mit schwerer Behinderung ablehnen zu können, eine Gelegenheit dar, sich ihre Macht zu beweisen. Das Kind mit schwerer Behinderung erscheint ihnen in diesen Momenten als „geeignetes“, weil wehrloses Opfer. Hier ist die pädagogische Fachkraft gefordert, die Zusammenhänge des Auftretens dieses sozial problematischen Verhaltens zu verstehen, es entschlossen zu missbilligen und mit gezielter und konsequenter pädagogischer Lenkung daran zu arbeiten, dass das Kind auf die soziale Ausgrenzung „schwächerer“ Kinder verzichtet.

Bedingungen für problematische soziale Verhaltensweisen erkennen und verändern

Die Beziehungen von Kindern mit schwerer und mehrfacher Behinderung zu den anderen Kindern der Gruppe werden in einzelnen Fällen durch problematische soziale Verhaltensweisen belastet. Solche Verhaltensweisen können z. B. unvermittelt auftretendes Schreien, exzessives Weinen oder impulsive Übergriffe auf andere Kinder durch Zerren an den Haaren, Schubsen, Schlagen oder Beißen sein. Solche problematischen Verhaltensweisen sind nicht durch die Behinderung selbst bedingt (und damit quasi „unveränderbar“), sondern in der Regel gelernte Verhaltensweisen, mit denen ein Kind auf Situationen reagiert, in denen ihm kein sozial angemessenes Verhalten zur Verfügung steht. Sie dürfen keinesfalls zum Anlass für einen dauerhaften sozialen Ausschluss aus der Gruppe genommen werden.

In diesen Fällen ist eine sorgfältige Analyse der Zusammenhänge ihres Auftretens erforderlich. Dazu ist eine sorgfältige Beobachtung und Protokollierung des Verhaltens, der auslösenden Situation und der nachfolgenden Ereignisse über einige Tage nötig. Dieser Zeitaufwand lohnt sich, um vorschnelle Annahmen über die Gründe der Problematik zu vermeiden. Es gilt, durch die Beobachtung und Protokollierung wiederkehrende Interaktionsmuster zu identifizieren.

Vielfach zeichnet sich ab, dass das problematische Verhalten des Kindes durch eine Überforderung in der jeweiligen Situation bedingt ist. In anderen Fällen wird deutlich, dass es – natürlich ungewollt – durch die nachfolgenden Reaktionen der Erwachsenen oder anderen Kinder aufrecht erhalten wird, z. B. wenn das Kind gerade dann ein hohes Maß an sozialer Zuwendung erfährt, wenn es das problematische Verhalten zeigt, in anderen Situationen jedoch wenig Beachtung erlebt. Nicht selten sind die Verhaltensweisen auch als Zeichen eines Wunsches nach sozialem Kontakt zu anderen Kindern zu interpretieren, für die das Kind aber bislang keine sozial angemessene Form gelernt hat. Je nach identifizierbaren Zusammenhängen und den sich daraus ergebenden Hypothesen über die Bedingungen ihres Auftretens, müssen dann unterschiedliche Interventionen geplant und in einem gemeinsamen, gut abgestimmten Bemühen aller Fachkräfte, die in einer Gruppe arbeiten, umgesetzt werden.

5.3 Pädagogische Herausforderungen an Beispielen

5.3.1 Aktivitäten als kooperative Dialoge gestalten

Ein Beispiel illustriert die pädagogische Herausforderung, wenn Kinder kommunikative Mittel wie Blick, Mimik oder Gesten noch kaum intentional einsetzen, um einen sozialen Kontakt zu initiieren. Dass über eine prompte und prägnante Interaktion dennoch eine Möglichkeit besteht, kleine Dialoge aus zufällig entstehenden Gelegenheiten entstehen zu lassen, zeigt sich in einem Abschnitt der Videoaufzeichnung von Fabian.

BEISPIEL

Hier sitzt eine Praktikantin ihm gegenüber und reicht ihm die Flasche mit einem Getränk. Als er sich kurz verschluckt, hält sie inne, hält das Lätzchen vor seinen Mund und klopft mit der Hand auf seinen Oberkörper. Als er in diesem Moment lautiert, klingt es ein wenig wie ein „Indianergeheul". Die Praktikantin greift das prompt auf und versucht, das Indianergeheul durch rhythmisches Klopfen mit ihrer Hand auf seine Lippen noch einmal zu provozieren. Etwas später macht sie ihrerseits die gleichen Töne vor, worauf Fabian mit erneuter Vokalisation reagiert.

TIPP

Aus Sicht des Beobachters hätte sich aus diesem – wohl zufällig entstandenen – Moment eines kleinen Dialogs eine längere Sequenz wechselseitiger Imitation entwickeln lassen. Fabian scheint aufmerksam wahrzunehmen, dass seine Töne nachgeahmt werden. Die Wahrscheinlichkeit, dass daraus ein längerer Turnwechsel entsteht, wäre größer, wenn die Praktikantin sich mit voller Aufmerksamkeit auf die Imitation seiner Lautbildung konzentrieren würde und keinerlei andere Kommentare oder Handlungen einfügte. Dann wäre es für Fabian leichter, das Interaktionsmuster des wechselseitigen Imitierens zu erkennen und fortzuführen. Eine Orientierung an der Methode der „Intensive Interaction" wäre sicher geeignet, die Kontaktbereitschaft Fabians zu fördern.

Transkription der Videoaufzeichnung von Fabian

Kind	Erwachsener
Saugt hastig, verschluckt sich	
	Die Praktikantin (P) lehnt sich zurück, setzt Flasche ab, greift nach Lätzchen und hält es vor seinen Mund, klopft mit der Hand auf seinen Oberkörper
	Wischt zweimal mit dem Lätzchen über den Mund
Lautiert in die Bewegung des Lätzchens hinein, was wie „Indianergeheul" klingt	
	P lächelt, wiederholt das mehrfach
Lautiert, lacht	

Kind	Erwachsener
	„Ja, du machst das doll“, klopft in rascher Folge mit der flachen Hand auf seinen Mund, um das Indianergeheul erneut zu provozieren
Lautiert anhaltend	
	Nimmt seine linke Hand und führt sie zu seinem Mund, um Indianergeheul auf diese Weise fortzusetzen, schaut ihn dabei unverwandt an, wendet sich dann der F zu und lacht über seine Töne
Geht vom Lautieren zum Saugen an seinem Daumen über, legt den Kopf auf die linke Seite	
	Schiebt den Kopf wieder in Mittellinie; „du hast eh schon einen ganz roten Kopf“
	Macht dann von sich aus „Indianergeheul“ vor und wartet auf seine Reaktion
Lautiert wieder „Indianergeheul“	
	Lehnt sich zu ihm hin, lächelt ihn an, „du bist fertig mit dem Essen, ja“
Hält Blickkontakt zu P, lautiert mit Daumen im Mund	
	Lehnt sich wieder vor, macht röhrende Laute vor, lacht, „Du Quatschmacher“
Lacht breit	
	Kitzelt ihn am Bauch, „du Quatschmacher“
Lacht und grimassiert	
	Ahmt seine Grimasse nach, bricht dann unvermittelt ab, „Ich hol mal den Waschlappen, dann mach ich dich sauber“

Auch bei Kindern, die kommunikative Mittel wie Blick, Mimik oder Gesten noch kaum intentional einsetzen, um einen sozialen Kontakt zu initiieren, ergeben sich Möglichkeiten zur Förderung dialogischer Interaktionen. Ein weiteres Beispiel aus der Videoaufzeichnung von Fabian illustriert das.

BEISPIEL

Fabian ist im Bewegungsraum in eine Hängeschaukel gesetzt worden. Eine Fachkraft nimmt sich Zeit, um die Schaukel anzuschieben. Teils kommentiert sie die Handlung, teils versucht sie, die Aufmerksamkeit von Fabian auf sich zu lenken, indem sie ihn „ruft" oder ihn etwas fragt. Sein Blick, seine Mimik und seine Kopfhaltung lassen jedoch nicht erkennen, dass er seine Aufmerksamkeit dem Gegenüber zuwendet. Nur flüchtig streift sein Blick die Fachkraft, schweift dann wieder in den Raum ab. Einmal streckt er seine Hand zum Halteseil der Schaukel aus, was die Fachkraft aufgreift und mit Worten bestärkt. Insgesamt gelingt es aber nicht, einen dialogischen Kontakt entstehen zu lassen.

TIPP

Aus Sicht des Beobachters bietet die Situation auf der Hängeschaukel eine günstige Gelegenheit, um kommunikative Beiträge von Fabian anzuregen. Es ist zu erkennen, dass ihm die schaukelnde Bewegung Freude macht. Es wäre jetzt wichtig, dass er lernen kann, dass die Fortsetzung der Bewegung von einem kommunikativen Signal seinerseits abhängt, dass er eine solche Fortsetzung möchte. Das könnte z.B. die Aufnahme von Blickkontakt, ein Lächeln oder eine Vokalisation sein. Die Fachkraft müsste das Anschieben jeweils unterbrechen, innehalten und abwarten, bis Blickkontakt entsteht oder er vokalisiert. Dieses Zusammentreffen wäre natürlich anfangs nicht von ihm bewusst gesteuert, er könnte aber – wenn sich der Ablauf vielfach wiederholt – mit der Zeit entdecken, dass die Fortsetzung der Bewegung von seiner sozialen Kontaktaufnahme abhängt. Damit dies gelingt, bedarf es allerdings in dieser Situation der vollen Konzentration der Aufmerksamkeit der Fachkraft auf Fabian; sie darf sich nicht von anderen Kindern ablenken lassen, damit sie prompt und zuverlässig auf jede sich bietende Gelegenheit zum Aufgreifen von Blickkontakt oder Lautbildung reagieren kann.

Transkription der Videoaufzeichnung von Fabian

Kind	Erwachsener
Ist in Hängeschaukel gesetzt worden	
	Die Fachkraft (F) schnallt die Gurte in der Schaukel fest, ohne ihn anzuschauen oder anzusprechen
Wendet den Kopf nach links zu anderen Kindern im Raum	
	„So, und jetzt?“, kontrolliert die Höhe der Hängeschaukel, so dass er mit den Füßen den Boden berührt und sich abstoßen könnte
Hängt in der Schaukel, schaut dann im Raum umher	
	Ermahnt anderes Kind im Raum, schaukelt ihn dann sanft an, beobachtet ihn, „super“, „toll, Fabian“
Schaut im Raum umher	
	Wendet den Blick den anderen Kindern zu und dann wieder zurück zu ihm; schaukelt ihn dabei sanft weiter; sucht Blickkontakt, „Fabian, hallo!“
Wendet den Kopf ab, kein Blickkontakt	
	Ändert ihre Position, so dass sie ihm gegenüber sitzt, beugt sich vor, beginnt die Schaukel fester in Bewegung zu setzen, „Fabian, guckuck“
Schaut in den Raum	
	„Fabian, wo bist du?“, sucht seinen Blick, „da“, sobald sein Blick ihren streift
Lächelt kurz, ohne den Blick voll zu erwidern	
	Schiebt die Schaukel zweimal an, jeweils verbunden mit „da“, wenn er ihren Blick zu streifen scheint, wendet sich dann ab, um eine Matte aus dem Weg zu räumen, die die Auslenkung der Schaukel begrenzt
Wendet den Kopf, ohne klare Blickrichtung	

Kind	Erwachsener
	Sitzt wieder vor ihm und schiebt die Schaukel nun an, indem sie seine Unterschenkel greift
Sitzt entspannt, keine Veränderung von Mimik oder Blickrichtung	
	Lehnt sich zurück und beobachtet ihn, nimmt dann wieder seine Unterschenkel und bewegt die Schaukel, „und vor und zurück“
Kopf bleibt abgewendet	
	Holt sich die Schaukel näher zu sich, beugt sich vor, sucht seinen Blick, „Hallo!“ „Wo bist du, Fabian?“
Keine Zuwendung, schmatzende Mundbewegungen	
	„Gib mir mal deine Hände, dann können wir zusammen schaukeln“, streckt ihm beide Hände entgegen
Bleibt mit dem Blick abgewendet	
	Antwortet lauter auf ein anderes Kind, das sie ruft, und wendet ihren Blick lächelnd ihm zu
Wendet ihr den Blick zu, als ihre Stimme lauter wird, dann wieder ab	
	Kehrt mit ihrer Aufmerksamkeit zu ihm zurück, „Hast gehört, was die Anne gesagt hat?“
Kopf nach links abgewendet, schmatzende Mundbewegungen, dann kurze Blickzuwendung	
	„Jetzt sind alle weg“, hält inne und wartet ab
Bewegt die Hand zu einem Halteseil	
	Führt die Hand zum Greifen, „da muss sie hin, jawoll, zum Festhalten“
Bewegt die Hand an dem Seil, so dass sich die Schaukel etwas in Bewegung setzt	
	Lächelt, „ja, gut“, „und weiter“

Kind	Erwachsener
Greift erneut nach dem Seil, schaut aber in den Raum ohne erkennbaren Focus	
	„halten“
Hängt in der ruhenden Schaukel	

Ein Ausschnitt aus der Videoaufzeichnung von Jan zeigt, dass es für das Gelingen solcher sozialer Interaktionen wichtig ist, dass der erwachsene Interaktionspartner adäquat einschätzen kann, was dem Kind gerade Freude bereitet, seine kommunikativen Signale angemessen deutet und seine eigenen Aufforderungen oder sprachlichen Äußerungen an das Verständnisniveau des Kindes anpasst. In dieser Sequenz ist es eine Physiotherapeutin, mit der eine Gelegenheit zu einer dialogischen Interaktion entsteht.

BEISPIEL

Jan und die Physiotherapeutin befinden sich im Gymnastikraum. Die Physiotherapeutin hat einen Vibrator bereitgestellt, auf den er seine Füße platzieren kann. Die Situation ist ihm sichtlich vertraut. Offenbar weiß die Therapeutin, dass ihm der vibratorische Reiz angenehm ist. Sie versucht das zu nutzen, um ihn zum Aufstehen zu bewegen – ein Therapieziel, das sie für ihn wichtig findet. Jan zeigt seine Freude an der Vibration durch Lachen und Vokalisation. Auf die Aufforderung der Therapeutin aufzustehen, geht er aber nicht ein; ihrer manuellen Führung setzt er Widerstand entgegen. Die Therapeutin kommentiert die Situation mit unterschiedlichen, relativ komplexen Sätzen; zwischendurch bezieht sie ihren Kommentar auch auf Hintergrundgeräusche, nimmt seine Lautbildung aber nicht als Signal wahr, um die Vibration wieder in Gang zu setzen. Stattdessen bietet sie ihm unvermittelt ein Tastbilderbuch an. Seine Körperhaltung zeigt, dass ihn das jetzt nicht interessiert. Die Therapeutin nimmt das zunächst nicht wahr, sondern drängt ihm das Buch auf, bevor sie es dann doch beiseitelegt und erneut den Vibrator aktiviert. Er reagiert wieder mit Lachen und Vokalisation, bleibt aber bei ihrer Aufforderung zum Aufstehen erneut passiv. Die Therapeutin bricht die Sequenz dann mit einem resignativen Kommentar ab.

TIPP

Die deutliche Freude Jans an der vibratorischen Stimulation böte auch hier eine gute Gelegenheit, um ihn lernen zu lassen, dass ein kommunikativer Beitrag seinerseits erforderlich ist für eine Fortsetzung des interessanten Reizes. Dazu hätte die Therapeutin ihr Therapieziel, Aufstehen zu üben, zurückstellen müssen. Statt seine Abwehr mit dem Versuch einer Ablenkung (auf ein Buch) zu beantworten oder die Situation am Schluss mit einem resignativen Kommentar zu beenden, hätte es sich angeboten, die Vibration öfter zu unterbrechen, innezuhalten, einen Laut oder ein anderes Signal von ihm abzuwarten und sie dann jeweils fortzusetzen. Damit Jan einen solchen ritualisierten Ablauf verarbeiten und aktiv seinen Beitrag leisten kann, wäre es dabei wichtig gewesen, die sprachlichen Aufforderungen sehr knapp zu halten und auf alle anderen Kommentare (deren Wortlaut Jans Verständnisvermögen überfordert) zu verzichten.

Transkription der Videoaufzeichnung von Jan

Kind	Erwachsener
In Gymnastikraum; sitzt in Kinderstuhl	Bereitet Stehübung mit Vibrator vor
	„Steh mal auf“, hebt ihn unter die Achseln
Steht aktiv auf	
	„Auf dem Teppich stehst du, du bist ja großartig heut‘“
	Lacht, „o.k., ich nehm dich, komm, wir gehen rüber; setz dich mal dahin“; hebt ihn währenddessen hoch und setzt ihn auf Sitzgelegenheit aus Kunststoffformen, platziert seine Füße auf einem Brett, setzt sich selbst davor
Aufmerksame, abwartende Körperhaltung	
	Kündigt an: „Es piepst und geht los“; schaltet die Vibration auf dem Stehbrett an
Lächelt breit	
	„Gut – und du sagst, wenn du aufstehen möchtest, ja?“

Kind	Erwachsener
Lacht über die Vibration	
	„Na sowas“
„Ei“, verschränkt entspannt die Arme vor dem Körper	
	„Na sowas“
Verliert stabile Haltung, irritiert	
	Setzt ihn wieder gerade
Lacht	
	Kommentiert Vibration, dann „möchtest du stehen, Jan?“
Lautiert	
	„Komm, dann Aufstehen, bei drei“, fasst ihn an den Oberarmen
Hält inne	
	Versucht, ihn hochzuziehen
Setzt Widerstand entgegen	
	Ermuntert „Stehen!“, lässt ihn sich dann aber wieder hinsetzen
Klatscht in die Hände	
	„Du musst mir mithelfen, sonst bist du mir zu schwer, eins …“, zeigt Zahlen mit den Fingern
Lautiert kurz, klopft auf den Oberschenkel	
	Zieht ihn hoch
Setzt wieder Widerstand dagegen	
	Lässt ihn sitzen, schüttelt den Kopf, „Du musst nicht stehen, wenn du nicht willst, musst du nicht“
Lacht, lautiert	
	„Ne, musst du nicht, ist mir egal“
Schaukelt mit dem Kopf hin und her, legt die Arme hinter die Schultern	

Kind	Erwachsener
	„Willst nochmal nach vorne kommen?“ „Leg mal die Hände auf meine Beine!“, führt seine Hände auf ihre Knie
Lacht breit	
	„Ja, das ist deine Hand, ne“
Macht schmatzende Geräusche mit dem Mund	
	Schüttelt den Kopf, „trinken gibt's später“
Lauscht	
	„Ich hab kein Trinken mitgenommen“
„Ei“	
	„Ne, heute net“
„Ei“	
	Kündigt an „Jetzt piept's gleich, dann ist fertig“, legt seine Hände auf die eigenen Beine
Hält inne, abwartend	
	„Jetzt wärst bereit – ist fertig grad“, Vibration endet
	Lässt seine Hände los, macht Geste, „Und Pause – fertig“
Hält sich aufrecht, wartet ab, lauscht nach einer Seite	
	„Hörst du grad was, drüben ist Birgitta, die turnt mit der Lena“
Reibt sich mit der Hand durch das Gesicht	
	„Jetzt machen wir Pause und dann darfst nochmal rütteln“
Führt seine beiden Hände in der Mitte zusammen	
	„Ein Kind, das seine Hände nicht gerne berührt“
Löst die Hände wieder	
	Bietet ein Tastbuch an
Streicht mit der linken Hand über die Oberfläche des Buchs, „ei“	

Kind	Erwachsener
	Klappt das Buch auf, „schau, das kann man aufmachen“, hält es ihm nahe vor das Gesicht
Drückt sich mit den Füßen ab	
	„Ja, komm nur hoch, nach hinten“, greift erneut nach dem Buch
Lehnt Oberkörper zurück	
	Drückt das Buch an seinen Oberkörper
„Ei“, verzieht das Gesicht	
	„Ich tu's weg, ist ja o.k., wir sind ja nicht zum Lesen da; wir sind zum Stehen da“
	„Sollen wir nochmal?“
Zustimmender Laut	
	„O.k., geht los“, aktiviert den Vibrator wieder
Lacht breit	
	Lächelt, fordert ihn dann auf „Stehen, möchtest du?“
Lautiert	
	„Soll ich dich festhalten?“, tippt eine Hand an
Zieht beide Hände an den Hals zurück	
	„Nein, kneifen tun wir jetzt nicht, nimm deine Hände da weg, nein“, führt seine Hände runter
„Ei“	
	Nimmt seine Arme, beginnt wieder mit „eins, zwei ...“ und will ihn unterstützen
Bleibt passiv	
	„Oh, ich glaube, heut‘ ist er ein Opa!“, unterbricht den Vibrator

Ein Ausschnitt – erneut aus der Videoaufzeichnung von Jan – zeigt, wie vom Erwachsenen vorbereitete Aktivitäten mit mehr Abstimmung auf die Signale des Kindes gestaltet werden können, mit denen es Interesse oder Unbehagen kundtut.

BEISPIEL

Das Beschäftigungsangebot findet im Außenbereich statt. Jan steht im Stehständer, vor sich ein kleiner Tisch mit einer Mulde. In diese Mulde füllt die Fachkraft Wasser ein und möchte offenbar, dass er die damit verbundenen Sinneseindrücke kennenlernt. Jan schaukelt während der Wartezeit zunächst in stereotyper Weise mit dem Oberkörper vor und zurück. Sobald die Fachkraft Körperkontakt zu ihm aufnimmt, hält er inne, lächelt. Sie macht ihn auf das Wasser aufmerksam, er streckt die Hände nach vorn, zieht sie aber rasch wieder zurück. Sie nimmt diese Abwehrhaltung wahr, führt seine Hände aber dann behutsam noch einmal zum Wasser. Wiederholten Rückzug akzeptiert sie als Signal, dass ihm die Berührung mit Wasser unangenehm ist. Sie variiert das Angebot deshalb, indem sie kleine Bälle ins Wasser fallen lässt, so dass es spritzt. Darauf reagiert er mit neuer Aufmerksamkeit, erkennbar an seiner Kopfhaltung und einer lauschenden Reaktion. Erst als sie sich einem anderen Kind zuwendet, nimmt er das stereotype Körperschaukeln wieder auf.

Transkription der Videoaufzeichnung von Jan

Kind	Erwachsener
Steht im Stehständer im Außenbereich; vor sich einen Tisch mit Mulde	
	Schüttet Wasser in die Mulde, streicht ihm über den Kopf
Legt den Kopf seitlich auf den Tisch	
	Führt seine Hand zweimal zum Wasser und tippt mit dem Finger hinein
Richtet sich auf, zieht dann die Hand zurück, lehnt den Kopf wieder auf den Tisch	
	„Ich hol mal noch etwas mehr, Jan“
Schaukelt heftig mit Kopf und Oberkörper	
	Kehrt zurück, schüttet etwas Wasser nach

Kind	Erwachsener
Hält inne, streicht mit der rechten Hand über den Tisch, nimmt die Schaukelbewegung wieder auf	
	Kommt wieder zu ihm, stellt sich hinter ihn, streicht ihm über die Oberarme
Hält Inne, legt den Kopf an ihren Oberkörper, lächelt	
	Greift nach seinen Händen, „Jan, da haben wir Wasser reingelassen" „Fühlst du das Wasser, Jan?"
Streckt die Hände nach vorn, berührt das Wasser, zieht beide Hände hastig über die Schultern zurück	
	„Da ist das Wasser, genau"
Hält inne	
	Hält ihm ihre beiden Hände hin und fordert ihn auf „gib mir mal deine Hände"
Führt sie nach vorn, legt sie in ihre Hände	
	Zweite Erzieherin spricht sie an, legt kleine Bälle in das Wasser
	Führt seine beiden Hände zu einem der Bälle, um ihn zu greifen, umschließt ihn mit seinen Händen
Lässt das kurz zu, zieht dann beide Hände über die Schultern zurück	
	Nimmt erneut eine Hand und führt sie zum Ball im Wasser
Zieht die Hand wieder zurück	
	Zweite F schlägt vor, einen Schwamm zu benutzen
Lauscht	
	Führt wieder seine Hand nach Ankündigung, „sollen wir mal ins Wasser fassen"

Kind	Erwachsener
Setzt Führung Widerstand entgegen	
	Lässt seine Hand los, hebt den Ball aus dem Wasser, „ein gelber Ball", lässt ihn in das Wasser fallen
Lauscht, ohne den Blick zum Wasser zu wenden	
	Wiederholt ihre Handlung, kommentiert „ja, hast es gemerkt"
Hält inne, „ei"	
	Lässt den Ball nochmal aus größerer Höhe fallen, „da spritzt das Wasser"
Hält inne, aufmerksam	
	„Soll ich's nochmal machen?"
Zustimmender Laut, lehnt den Kopf zur Seite und wendet ihr den Kopf zu	
	„Soll ich's nochmal machen?"
	Lässt den Ball fallen, „Boa, da spritzt das Wasser", tritt einen Schritt zurück, schaut ihn an
Hält Kopf in ihre Richtung, lauscht	
	Zieht sich zurück zu einem anderen Kind
Nimmt Kopf- und Körperschaukeln wieder auf, macht keinen Versuch, noch einmal das Wasser zu erkunden	

Ein Beispiel aus der Videoaufzeichnung von Nina zeigt schließlich, wie schwierig es sein kann, ein sehr passives Kind zur Beteiligung an einer gemeinsamen Aktivität zu motivieren, wenn die Fachkraft sie nicht entsprechend vorplant.

BEISPIEL

Es geht um ein Beschäftigungsangebot im Außenbereich, bei dem mehrere Kinder zusammen mit den Fachkräften damit beschäftigt sind, Pflanzen in ein Beet einzupflanzen. Nina sitzt im Rollstuhl dabei. Die Fachkraft versucht zunächst, sie einzubeziehen, indem sie sie auffordert, mit ihr gemeinsam die Hacke beim Auflockern der Erde zu führen. Später soll Nina die Schaufel greifen. Nina reagiert auf die Aufforderungen mit zeitlicher Verzögerung, hält dann jeweils kurz die Hacke und die Schaufel mit ihr zusammen fest, lässt sie aber rasch wieder los. Die Fachkraft merkt, dass Nina auf diese Weise nur wenig beteiligt ist, und versucht, die Situation zu variieren. So lässt sie z. B. Erde über ihre Finger rieseln und Papier von der Pflanze abstreifen. Dann nimmt sie Nina aus dem Rollstuhl und legt sie sich über einen Oberschenkel. Nina bleibt aber gänzlich passiv. In dieser Lage müsste sie aber über eine stabile Kontrolle über ihre Kopf- und Körperhaltung verfügen, um aktiv werden zu können. Die Fachkraft erkennt, dass die Lagerung ungünstig ist, und setzt sie wieder in den Rollstuhl zurück. Insgesamt scheint sie keine Vorstellung zu haben, wie sie Nina bei einer aktiveren Beteiligung unterstützen könnte. Sowohl zwischen den einzelnen Aktionen, wie auch am Ende der Sequenz, wendet sie sich jeweils von Nina ab und setzt das Einpflanzen allein fort. Nina bleibt – mehr oder weniger aufmerksam – nur die Rolle des Zuschauers.

TIPP

Aus Sicht des Beobachters wäre es nötig, die Situation anders zu strukturieren, um eine Chance auf eine aktivere Beteiligung des Kindes zu haben. Die Position im Rollstuhl und die Tätigkeit des Hackens oder Grabens mit einer Schaufel sind dafür kaum geeignet. Es wäre einen Versuch wert gewesen, das Pflanzloch selbst zu graben, sich dann mit ihr gemeinsam in das Pflanzbeet zu setzen, sie mit den Händen die Erde, die Pflanze und die Verpackung tasten zu lassen und ihr in dieser Position zu assistieren, um die Pflanze einzusetzen und das Loch wieder mit Erde aufzufüllen. Damit wäre sie – im Rahmen ihrer motorischen Möglichkeiten – zumindest am „gemeinsamen Thema" der Aktivität beteiligt gewesen, auch wenn sie nicht die gleichen Handlungen wie die anderen Kinder der Gruppe hätte ausführen können.

Transkription der Videoaufzeichnung von Nina

Kind	Erwachsener
Sitzt im Rollstuhl vor Pflanzstelle	Steht zwischen ihr und einem zweiten Kind im Rollstuhl
	Kündigt dem zweiten Kind an, dass Nina jetzt auch mal arbeiten darf; wendet sich ihr zu
Schlaffe Haltung, hebt den Kopf	
	„So, Nina, willst du auch mal ein Loch machen?“
Reagiert nicht	
	Ordnet ihre Haare und demonstriert, wie sie mit der Hacke gräbt
Schaut zu	
	„Und jetzt du nochmal!“
Schaut	
	Legt ihre Hand auf das Ende der Hacke und hackt mit ihr gemeinsam
Lässt Hacke los	
	„Fasst du nochmal an?“
Greift dann an den Stiel, lässt ihn aber gleich wieder los	
	Schiebt sie etwas näher, so dass sie den Stiel besser erreichen kann
Hält Stiel fest, während die Fachkraft (F) die Hacke führt	
	Führt die Hacke
Zieht die Hand zurück, wedelt mit den Armen, greift in die Haare von F	
	„Nein, nicht in meine Haare“, löst ihren Griff
Schaut wieder zur Pflanzstelle	
	„Magst du nochmal, Nina?“
Reagiert nicht	
	„Na, dann guckst du zu, wenn ich grabe“, hackt allein

Kind	Erwachsener
Schaut zu, klopft mit der Hand auf den Reifen des Rollis	
	Fragt nach „Magst du nochmal?“
Hält Stiel wieder fest	
	Führt die Hacke, spricht dann mit anderen Kindern
Lässt den Stiel los, lehnt sich zurück	
	„Willst du nochmal anfassen?“
Lächelt, lautiert kurz, legt die Hände in den Schoß	
	„Nein“, setzt das Hacken fort
Wedelt mit den Armen, bewegt Kopf vor und zurück, lächelt	
	Wendet sich dem zweiten Kind im Rollstuhl zu
Streckt die Hand nach F aus, wedelt mit den Armen, schaut, was sie macht, versucht, ihren Rücken zu erreichen	
	Geht weg
Sitzt im Rollstuhl am Rande der Pflanzstelle	Neben ihr
Hält ihre Hand auf dem Stiel der Schaufel	
	Führt die Schaufel
Lehnt Kopf zur Seite, schwache Haltung, blickt nach unten, lässt Stiel los	
	Hockt neben ihr, greift nach Erde; „probieren wir mal, ob dich die Erde interessiert, wenn nicht, hörst du auf“
Hebt Kopf und wendet den Blick ihr zu	
	Lässt Erde auf die eigene Hand rieseln

Kind	Erwachsener
Beobachtet, legt dann die Hand auf den Unterarm von F	
	„Nein, o.k.“, lässt die Erde wieder fallen, „Nina will nicht“
Legt den Kopf zurück, blickt in die Luft, legt dann kurz wieder ihre Hand auf den Stiel	
	Führt die Schaufel
Lässt los, schaut weg	
	Hält inne, „Nina, machen wir weiter?“
Legt ihre Hand wieder auf den Stiel	
	Setzt Graben fort, macht dann aber allein weiter, um das Loch zu vergrößern
	Spricht sie wieder an: „So, nochmal“
Greift nach Hemd von F	
	Holt Pflanze hinzu und fordert sie auf, das Papier abzuziehen, bereitet das vor
Greift hin und löst den Rest des Papiers ab, tastet dann nach Pflanzenerde	
	Hält sie ihr hin, wartet ab, bis sie etwas davon abgelöst hat, setzt die Pflanze dann in das Pflanzloch
	Entschließt sich, sie aus dem Rollstuhl zu nehmen, hebt sie auf den Oberschenkel, um die Pflanze mit ihr zusammen einzusetzen
Schaut zu Pflanze	
	„So, ich leg dich mal“, lagert sie um, so dass sie in Bauchlage auf ihrem Oberschenkel liegt
Kopf hängt schlaff herab	
	Tippt sie am Kopf an, „Leg dich mal gescheit, nicht so gemütlich“
Reagiert nicht	
	„Ich wollt die eigentlich mit dir pflanzen“

Kind	Erwachsener
Greift nach den Blüten	
	„Die pflanzen wir jetzt hier rein“
Schlaffe Körperhaltung	
	Zu anderer F: „Keine Lust zum Pflanzen. Ich glaub, du legst dich hin zum Schlafen“
	„Nina, ich glaub, die Stellung geht nicht“, setzt sie wieder aufrecht
Lehnt sich an sie an, schaut in die Luft	
	Legt sie wieder in Bauchlage, führt ihre Hand, damit sie die Erde betasten kann
Legt die Hand in die Erde, bleibt aber passiv	
	„Dann guckst du zu, während ich grabe“, setzt sie wieder in den Rollstuhl

5.3.2 Pflegehandlungen und Essengeben als kommunikative Situationen gestalten

Auch Pflegehandlungen oder die Lagerung in Hilfsmittel lassen sich als kooperative Aktivitäten gestalten, bei denen aktive Beiträge eines Kindes gefördert werden können. Ein Beispiel stammt aus der Videoaufzeichnung von Daniel:

BEISPIEL

Er soll aus seiner Sitzschale in einen Stehständer umgelagert werden. Die Fachkraft wendet ihm dabei ihre ungeteilte Aufmerksamkeit zu, geht langsam vor, kündigt jeden Schritt der Handlungen an und fordert ihn auf, im Rahmen seiner begrenzten motorischen Möglichkeiten mitzuwirken. Jede seiner Bemühungen wird von ihr wahrgenommen und explizit bestätigt. Daniel ist sichtlich bemüht um eine aktive Beteiligung an dem Ablauf.

Transkription der Videoaufzeichnung von Daniel

Kind	Erwachsener
	Fachkraft (F): „So Daniel, jetzt aber, komm ich zu dir“, schiebt den Stehständer herbei
	„Ich mach den Tisch weg“ löst die Befestigung des Tisches vor der Sitzschale
	„Machst du die Arme hoch? Bisschen?“
Hebt den rechten Arm an	
Ruhige Körperhaltung, Kopf zurückgelehnt mit leichter Abwendung	„Ja, danke schön.“
	„Ich zieh dir jetzt die Schuhe aus. Kannst du mir einen Fuß geben, den linken?“
Aktiviert im pathologischen Muster Arme und Beine	
	Hebt den Fuß sanft an, „o.k.“
	„Jetzt zieh'n wir den Schuh aus.“
Wendet Kopf zum Fenster, lacht	
	„Hast das draußen gehört, da hat's gehupt. Der hat gesagt, Achtung, ich komme. Das ist ein großer Laster“ öffnet dabei den Schlaufen des Schuhs
Wendet sich ihr zu, lacht, „ja“	
	„Das ist wohl der Hühner-Fred, der bringt die Hähnchen“ Löst dabei die Schlaufen des anderen Schuhs
Lauscht	
	„So, jetzt hab ich einfach deinen rechten Fuß genommen, hast es gemerkt?“
Ruhige, abwartende Körperhaltung	„Jetzt zieh ich den Schuh aus und mach noch den Anschnaller hier los.“ Öffnet den Beckengurt
	„Und jetzt die Arme hier raus. Mit welchem Arm zuerst? Mit dem linken?“
Zieht den linken Arm aktiv aus dem Haltegurt.	
Reflexhafte Kopfwendung nach links	„Super. Und jetzt den rechten“ Streift den Gurt über dem rechten Arm ab.

Kind	Erwachsener
	„Und jetzt – stehst du auf? Komm, drück dich hoch, feste" greift unter seine beiden Achseln und zieht ihn in den Stand
Spannt Körper an, versucht sich aufzurichten, lacht	
	Hebt ihn vollständig aus der Sitzschale; „Danke schön für die Hilfe"
	Hält ihn auf beiden Armen; „ich leg dich jetzt in die Stehorthese rein, ja"
Lässt sich in entspannter Haltung ablegen	
	„So, ich leg den linken Fuß an" legt den Fuß in die Orthese; korrigiert Lage der beiden Beine, schnallt den linken Fuß fest; „so, jetzt den linken Fuß"
	Legt die Schiene an; streicht dabei über seinen Unterschenkel; „und jetzt hier am Bein", schließt den Verschluss der Orthesen
Lauscht aufmerksam	Ist abgelenkt von Therapeutin, die mit anderem Kind reinkommt und etwas mitteilt
	Schließt den Beckengurt des Stehapparats; streicht ihm dabei über die Brust; „Und jetzt noch den Gurt; der Adrian der hat gelacht heute, bei der Therapie"

In diesem Beispiel tragen Aufmerksamkeit und einfaches Wortverständnis von Daniel zum Gelingen bei. Auch bei Kindern, bei denen diese günstigen Voraussetzungen nicht gegeben sind, lässt sich eine Pflegehandlung jedoch als Gelegenheit zur Kommunikation nutzen.

BEISPIEL

In einem Ausschnitt der Videoaufzeichnung von Marie wird das Kind gewickelt und angezogen. Die Fachkraft geht auch in diesem Beispiel langsam vor, kündigt die einzelnen Handlungen an und achtet auf die Aufmerksamkeitsrichtung Maries. Sie greift ihren Blickkontakt auf sowie ihren Versuch, die Kette der Fachkraft zu erreichen. So entsteht ein kleiner Dialog, auch wenn Marie sich nicht aktiv am Umziehen beteiligt.

Transkription der Videoaufzeichnung von Marie

Kind	Erwachsener
Liegt angekleidet auf Wickeltisch	
	Beugt sich über sie, so dass ihr Gesicht ca. 30 cm vor ihr ist
Greift nach Kette der Fachkraft (F)	
	„Hast sie wieder, die Kette“, lächelt, wiederholt den Satz, pustet sie sanft an
Schüttelt die Kette	
	„Oh, lass sie mir dran“, lacht, kitzelt sie am Oberkörper
Lächelt breit	
	Korrigiert ihre Lage auf dem Wickeltisch, nimmt sich Handschuh, spricht sie an „Wickeln im Stehen geht grad nicht, ne, Marie“ „Was sagst du dazu?“
Liegt still, reibt sich die Augen, richtet Blick auf F	
	Öffnet den Body, beugt sich zu ihr vor und fordert sie auf „Marie, Beine hoch, Beine hoch!“ und hebt gleichzeitig ihre Beine an, um die Windel zu lösen
Reibt sich über den Bauch	
	Macht sie sauber, hebt den Po hoch, wendet sich ihr zu: „Und, gut alles?“
Wendet den Kopf nach rechts	
	„Jetzt ziehen wir mal deine Windel unterm Popo vor“
Liegt still	
	Entsorgt die Windel und legt die neue Windel an, hebt dazu ihren Po hoch
Richtet Blick auf F	
	Schließt die Windel und kündigt dabei an „Gehen wir dann spielen, hm?“ „Mal sehen, ob wir was Spannendes für dich finden.“ „Zum Probieren?“
	Hebt den Po an; „oh, Marie!“, knöpft den Body zu, beginnt die Hose anzuziehen

Kind	Erwachsener
Richtet den Blick an die Decke	
	Beugt sich vor und fragt sie: „Bist du wach?" „Gib mir mal deinen Fuß!" und wiederholt die Aufforderung aufmunternd; „Wo ist er – da?", lächelt
	Zieht weiter die Hose an; „steck' mer dann den anderen rein", lächelt sie an
	Hat Mühe, die Hose hochzuziehen; „Komm mal hoch!", hebt ihren Oberkörper unter den Achseln an
Schaut sie an	
	„Ja, super, stell dich mal hoch – so groß bist du!", bringt sie in den Stand, so dass sie die Hose anziehen kann
Lehnt sich an sie an	
	Hält sie unter den Achseln; „und nochmal hinsetzen"
Beobachtet ihre Handlung	
	„Und Schuhe anziehen – probier'n wir das Laufen, hm?", während sie einen Schuh über den Fuß streift
	„So, komm her", stellt sie auf den Boden und hält sie zum Laufen unter den Armen

Nicht immer gestalten die Fachkräfte eine solche Pflegehandlung aber in strukturierter, kommunikative Beiträge unterstützender Form. Ein Ausschnitt aus der Videoaufzeichnung von Fabian zeigt dies.

BEISPIEL

Hier vollzieht die Fachkraft das Umlagern des Jungen von der Sitzschale auf ein Rollbrett weitgehend ohne sprachliche Kommentare. Die einzelnen Handlungen werden nicht angekündigt. Vielmehr beziehen sich alle Äußerungen, die an Fabian gerichtet werden, auf sein unerwünschtes Verhalten – er greift während des Umlagerns in die Haare der Fachkraft, ein Verhalten, das offenbar häufiger auftritt und von der Fachkraft verständlicherweise missbilligt wird. Die Verhaltensregulation erfordert dann aber das Eingreifen einer Kollegin.

Transkription der Videoaufzeichnung von Fabian

Kind	Erwachsener
Sitzt seit längerer Zeit ohne sozialen Kontakt in Sitzschale	
	Fachkraft (F) kniet sich vor ihn, ohne Blickkontakt aufzunehmen; „komm mal her, Spatz"; beginnt die Gurte zu lösen, um ihn herauszuheben
Richtet seinen Blick auf sie, greift nach ihren Haaren	
	Löst die Gurte, ohne ihn anzuschauen, hält aber mit der rechten Hand seine Hand fest, die nach ihren Haaren gegriffen hat
Windet sich im Stuhl, dreht den Kopf weg	
	Löst die Brustgurte, „komm, jetzt komm"
Dreht sich mit dem ganzen Oberkörper weg	
	Löst die letzten Gurte und hebt ihn aus dem Stuhl, lehnt ihn an ihren Oberkörper, wendet sich an Kollegin, „weil er so schwer ist"
Zerrt an ihren Haaren	
	Verändert die Lage, um ihn auf Rollbrett zu legen; Kollegin greift ein, ermahnt ihn „Fabian, nein, loslassen" und zieht seine Hände weg, „Du weißt, was die Mama sagt"
Greift erneut zu den Haaren	
	Legt ihn ab, Kollegin ermahnt ihn erneut „nein" und löst die Hände aus ihren Haaren, „lass los, du Schlumpf"; „das ist nicht zum Lachen, das weißt du ganz genau, wehmachen ist nicht erlaubt"
Wird in Bauchlage auf Rollbrett gelegt	
	Schnallt ihn auf Rollbrett fest

Kind	Erwachsener
Hebt den Kopf, schaut aufmerksam in den Raum	
	F beugt sich vor und sucht seinen Blick, ohne ihn aber anzusprechen
Überstreckt sich	
	Schnallt ihn fest
Stützt sich auf die Hände und richtet sich auf	
	„Los geht's"
Liegt im Stütz	
	Kollegin entfernt sich, F schiebt ihn von hinten am Po an, „Guck mal, der Fabian kann jetzt rollen", schiebt ihn an

Auch wenn ein Kind zusätzlich zu einer Löffelmahlzeit sondiert wird, während die anderen Kinder ihre Mahlzeit einnehmen, besteht eine Möglichkeit, es in die soziale Situation einzubeziehen.

BEISPIEL

Ein Ausschnitt aus der Videoaufzeichnung von Jael zeigt jedoch, dass sich in diesem Fall nur wenige Momente der Interaktion zwischen der Fachkraft, die sondiert, und Jael ergeben; die anderen Kind am Tisch beachten sie und das Sondieren nicht, obwohl Jaels Blick durch den Raum schweift. Die Fachkraft kommentiert ihre Blickrichtung zweimal. Auf ihr Lachen und ihre Vokalisation geht sie je einmal kurz ein, ist aber ansonsten weitgehend auf den mechanischen Vorgang des Sondierens konzentriert. Hier hätten sich aus Sicht des Beobachters mehr Gelegenheiten angeboten, um Jaels Aufmerksamkeit auf das Sondieren zu lenken und sie damit möglicherweise für ein Sättigungsgefühl zu sensibilisieren bzw. auf ihr Interesse an dem einzugehen, was die anderen Kinder gerade machen oder sagen.

Transkription der Videoaufzeichnung von Jael

Kind	Erwachsener
Sitzt am Tisch	Wechselt von Löffelangebot zu Sondierung
	Zieht Handschuhe an
Beobachtet sie	
	„Noch ein Handschuh, ja, das kennst du“
Schaut in den Raum, wedelt mit den Händen	
	Streift Handschuh über, lacht, beginnt die Sonde zu füllen
Beobachtet sie, klatscht, schaut in den Raum	
	Wendet kurz den Blick zu ihr, „ja“, wendet sich dann wieder der Sonde zu
Lautiert	
	Imitiert laut „ah“, wendet sich ihr zu, um die Spritze anzusetzen
Beobachtet die Bewegung, klatscht dann, streckt die Arme hoch, schaut in den Raum	
	Kniet halb hinter ihr, sondiert
Legt den Kopf auf den Tisch	
	Spricht sie kurz an, wendet sich dann wieder der Spritze zu
Lässt den Kopf auf dem Tisch liegen	
	Sondiert weiter
Schaut hoch und wendet sich zur Fachkraft (F)	
	Erwidert ihren Blick, „ja“
Klatscht, grimassiert, streckt die Arme hoch, lacht	
	Lacht sie an, macht glucksende Geräusche, kommentiert „die strahlt euch an“
Schaut in den Raum, dreht sich dann wieder zu F um	
	Erwidert ihren Blick, „ist gleich fertig“

Kind	Erwachsener
Klatscht in die Hände, schaut wieder in den Raum, legt dann den Kopf ab	
	Füllt die Spritze mit Flüssigkeit, zeigt ihr den Becher
Schaut ihren Bewegungen zu	
	„Hm, weiter", setzt das Sondieren fort
Beobachtet Bewegungen im Raum	
	„Da guckst du, was der Hans-Peter macht, hm"
Schaut zu anderem Kind am Tisch, wendet sich wieder zu F um	
	Lächelt sie an, erwidert Blick
Wedelt mit den Händen	

Ein Ausschnitt der Videoaufzeichnung von Jan zeigt eine Unsicherheit der Fachkraft im Umgang mit mangelnder Kooperation während des Essens.

BEISPIEL

Sie bietet ihm die Nahrung mit dem Löffel an. Auf dieses Angebot reagiert er aber teilweise ablehnend, weicht mit dem Kopf aus, macht unwillige Laute, hält die Nahrung im Mund, ohne zu schlucken, schaukelt mit dem Oberkörper hin und her. Die Fachkraft versucht, sein Verhalten mit sprachlichen Aufforderungen sowie manuellen Eingriffen (Festhalten der Hände, Druck am Kinn, um Schlucken auszulösen) zu regulieren, so dass die Situation angespannt wirkt. Eine Regulation gelingt ihr nur bedingt, vor allem weil sie nicht konsistent vorgeht, sondern ihre Aufmerksamkeit immer wieder zum zweiten Kind, dem sie Essen geben soll, abschweift.

TIPP

Aus Sicht des Beobachters wäre eine 1:1-Situation wichtig, damit die Fachkraft die Interaktion klarer strukturieren könnte. Um seine Kooperation zu fördern, wäre es günstig, auf Einschränkungen seiner Bewegungsfreiheit zu verzichten, Signale von Bereitschaft, den Löffel anzunehmen, abzuwarten, sie positiv zu bestärken und sein ablehnendes Verhalten auch als Zeichen von mangelndem Geschmack der Speise oder als Zeichen von Sättigung zu akzeptieren. Auf diese Weise könnte er das Essen als Situation erleben, auf deren Verlauf er Einfluss nehmen kann, ohne provokative, ausweichende Verhaltensweisen einzusetzen.

Transkription der Videoaufzeichnung von Jan

Kind	Erwachsener
Sitzt in Sitzschale	Sitzt vor ihm mit einer Schale in der Hand
	Bietet Löffel an
Lehnt den Kopf nach links weg, dann wieder in die Mittellinie, hebt die Arme hinter die Schultern	
	Spricht mit anderen Personen im Raum, schaut nicht zu ihm
Schaukelt mit dem Oberkörper, greift mit der Hand nach vorn	
	Bietet erneut den Löffel nah vor den Lippen an, schaut ihn an, hält seine rechte Hand fest
Zieht Hand zurück, legt beide Arme hinter den Kopf, zieht den Kopf zurück	
	Führt Löffel ein, steht dann auf und holt sich zweite Schale, arrangiert Essensutensilien neu
Hat Essen im Mund, lauscht aufmerksam, was geschieht	
	Wendet sich ihm wieder zu, bietet den nächsten Löffel an, „so, weiter geht's"

Kind	Erwachsener
Öffnet den Mund und nimmt Essen an, hält es im offenen Mund, unwillige Laute	
	„Mach ihn zu", zögert, versucht dann, Mundschluss durch Druck am Kinn zu erreichen
Unwillige Laute, lehnt sich zurück	
	Zieht Hand zurück, wendet sich dem zweiten Kind zu
Unwillige Laute, kräftiges Schaukeln mit dem Oberkörper, reibt sich die Hände, schluckt	
	Hat ihre Aufmerksamkeit auf das zweite Kind gerichtet, spricht mit ihm
Unwillige Laute, Kopfschaukeln, kreischt	
	Wendet sich ihm wieder zu, „schsch", nimmt neuen Löffel
Hält inne	
	Führt Löffel zum Mund, hält beide Hände fest
Zieht Kopf zurück und weicht aus	
	„Ja, weiter geht's", lässt die Hände los, führt den Löffel ein
Nimmt Essen an, unwillige Laute, reibt die Hände	
	Wendet sich dem zweiten Kind zu
	Wendet sich Jan wieder zu, hält die Hände
Entzieht die Hände, unwillige Laute	
	Unterbricht das Anbieten des Löffels, „bist du auch fertig?"
Hält inne, klopft mit der linken Hand auf den Tisch	
	„Für jeden Jungen noch zwei Löffel, das wäre mein Vorschlag" „Und im Morgenkreis hast Pause"

Kind	Erwachsener
Hält inne, lauscht, hebt die Hände hinter die Schultern	
	Berührt die Lippen mit dem Löffel, „mach mal auf“, hält eine Hand
Unwillige Laute, Körperschaukeln	
	Zieht Löffel erst zurück, führt ihn dann doch ein, fordert ihn auf „Mund zu“
Lässt Essen im offenen Mund	
	Fängt herauslaufende Speise auf, wiederholt „Mund zu, Jan“,
Schluckt	
	Lehnt sich abwartend zurück, „und jetzt?“ „Was trinken?“
„Ei“ „ei“	
	Nickt, bietet ihm Becher an
Dreht den Kopf weg, unwillige Laute	
	Steht auf, hält von hinten seinen Kopf, führt den Becher zum Mund
Macht ausweichende Bewegungen, lautiert	
	Lässt ihn trinken
Entspannt sich	
	„War aber nicht viel“, „nochmal“
Nimmt Flüssigkeit an, schluckt	
	„Super“
	„Da geht noch einer, ich spür’s genau“
Nimmt weiteren Schluck, lehnt Kopf zur Seite	
	„Fertig“, putzt den Mund mit Tuch ab

5.3.3 Gelegenheiten zu sozialen Kontakten aufgreifen und unterstützen

Eine zentrale pädagogische Herausforderung in der Betreuung von Kindern mit schwerer und mehrfacher Behinderung ist es, Gelegenheiten für soziale Kontakte zu anderen Kindern zu erkennen oder zu schaffen und zu nutzen. Das folgende Beispiel entstammt der Videoaufzeichnung von Fabian.

BEISPIEL

Er sitzt seit längerer Zeit auf einer Hängeschaukel im Bewegungsraum. Ein Mädchen geht auf ihn zu, berührt ihn, schüttelt später die Rückenlehne seiner Schaukel, beobachtet seinen Blick und seine Reaktionen. Körperhaltung, Lächeln, Lachen und Vokalisation von Fabian zeigen, dass er das Mädchen wahrnimmt und den Kontakt positiv erlebt. Eine Fachkraft sitzt in der Nähe, beobachtet das Geschehen und greift ein, als die Kontaktaufnahme des Mädchens zu impulsiv zu geraten droht. Sie unterbricht dann den sozialen Kontakt, indem sie Fabian etwas zu trinken anbietet. Seine Zeichen von Protest deutet sie als Unwillen, dass er beim Trinken nicht durch das Anschieben der Schaukel gestört werden möchte. Vermutlich handelt es sich aber eher um einen Protest, dass sie auf diese Weise den Kontakt zu dem Mädchen unterbindet. Nach der Trinkpause kann das Schaukeln dann wieder aufgenommen werden. Es gesellt sich ein zweiter Junge hinzu, der die Schaukel ebenfalls anschiebt, was der Fachkraft jedoch offenbar zu heftig erscheint, so dass sie jetzt die beiden Kinder endgültig – und in recht harschem Tonfall – anweist, von Fabian abzulassen.

TIPP

Aus Sicht des Beobachters handelt es sich um einen sozialen Kontakt – von einem anderen Kind initiiert und von Fabian positiv beantwortet – aus dem sich eine längere kooperative Aktivität hätte gestalten lassen. Die Fachkraft beschränkt sich zunächst auf eine Beobachterrolle, greift dann regulierend ein, um impulsive Handlungen zu stoppen. Ein früheres Eingreifen, eine sprachliche Kommentierung der Reaktionen von Fabian, um das Mädchen darauf aufmerksam zu machen, vielleicht auch eine leichte Steuerung, so dass das Mädchen kurz innehält, bis Fabian ein Signal gegeben hat, dass er sich eine Fortsetzung wünscht, hätte daraus eine Sequenz aus wechselseitig aufeinander abgestimmten Beiträgen werden lassen. So hätte sich Fabian in seinen kommunikativen

Verhaltensweisen als wirksam erleben können; das Mädchen hätte seine freudige Reaktion bewusster wahrgenommen und sich von der Fachkraft in ihrem Kontaktangebot an Fabian bestärkt gefunden. Es hätte die Chance bestanden, den Kontakt auszudehnen oder häufiger gelingen zu lassen.

Transkription der Videoaufzeichnung von Fabian

Kind	Erwachsener	Andere Kinder
Sitzt seit längerer Zeit in der Hängeschaukel, ohne dass ein Erwachsener oder ein anderes Kind in seiner Nähe ist		Im Bewegungsraum beschäftigt
		Mädchen geht auf die Schaukel zu, löst mit einer impulsiven Bewegung seine linke Hand vom Seil, legt sie auf seinen Oberschenkel, stellt sich vor ihn und schaut ihn an, berührt seine Stirn
	Beobachtet beide	
Schaut in den Raum, ohne etwas gezielt in den Blick zu nehmen		
		Stellt sich ein Stück von ihm entfernt hin und wartet ab
Wendet dem Mädchen den Blick zu		
		Beugt sich wieder vor, löst seine Hand vom Oberschenkel und platziert sie neu
Beobachtet, was sie macht		
		Stellt sich wieder zurück, hält kurz inne, streicht dann über seinen Kopf

Kind	Erwachsener	Andere Kinder
Wendet den Kopf ab		
		Berührt impulsiv sein Gesicht für einen kurzen Moment, geht dann wieder einen Schritt zurück
Lächelt kurz, dreht den Kopf aber weg		
		Zweites Mädchen kommt hinzu, schiebt die Hängeschaukel von hinten an, während das erste Mädchen sie kurz von vorn berührt
Lächelt		
		Zweites Mädchen geht weg, erstes Mädchen schüttelt impulsiv an der Rückenlehne seiner Schaukel
Wendet ihr den Blick zu, lacht, schaut wieder in den Raum		
		Schüttelt erneut an der Rückenlehne
Lacht und grimassiert		
		Geht einen Schritt zurück, beugt sich vor, schaut ihm ins Gesicht
Abwartende Körperhaltung		
		Schüttelt noch einmal kurz an der Lehne, tritt zurück, beobachtet aufmerksam seine Reaktion
Lächelt breit, nimmt zweimal klaren Blickkontakt zu ihr auf, schmatzende Mundbewegungen		
		Greift erneut nach der Lehne, schüttelt sie, beobachtet seine Reaktion

Kind	Erwachsener	Andere Kinder
Lacht, streckt die Arme aus, freut sich sichtlich, lautiert		
		Beugt sich mehrmals vor und beobachtet seine Reaktion
Sucht kurz Blickkontakt zu ihr, faltet die Hände		
		Schüttelt erneut die Rückenlehne und beobachtet ihn dann
Lächelt, bewegt seine Hände, wendet sich ihr zu		
		Schaut kurz im Raum umher, schüttelt dann erneut die Lehne und schaut ihm ins Gesicht
Wendet sich ihr zu, lacht, nimmt kurz Blickkontakt mit ihr auf		
		Hält inne, schüttelt dann erneut an der Lehne
Lächelt wieder	Ermahnt sie „langsam, Jenny“	
	Zieht sich zurück und wendet sich anderem Kind zu, beobachtet dann wohl wieder aus größerem Abstand Fabian und das Mädchen	Tritt zurück und beobachtet ihn, wedelt mit den Armen
Schaut sie abwartend an, wendet sich dann mit dem Blick ab		
		Schüttelt noch zweimal kurz und heftig
Lacht wieder breit	Ermahnt Mädchen „Langsam, Jenny“	
	„Fabian, willst du was trinken?“	
Wendet sich Mädchen wieder zu		

Kind	Erwachsener	Andere Kinder
		Stellt sich näher an die Rückenlehne, um weiter zu schaukeln
	Bietet ihm die Flasche an, führt sie zum Mund	
Saugt an der Flasche		
	„Nein, Jenny!“ „Nicht beim Trinken“	Schüttelt die Lehne heftig
		Löst seine Hand von einem Seil, tritt zurück
Hört auf zu trinken, lautiert unwillig, windet sich in Schaukel		
	Setzt die Flasche ab	
Deutlich unwillige Laute		
	„Genau, beim Trinken willst du nicht gestört werden, sag ihr Bescheid!“	Tritt weiter zurück, wartet ab
	„So, jetzt geht's weiter“	Hält inne und schüttelt dann wieder leicht an der Rückenlehne
Lächelt erneut		
		Löst wieder seine Hand vom Seil und schüttelt an der Lehne
Lächelt, grimassiert, schaut sie an		
		Mädchen tritt zurück, Junge kniet sich vor die Schaukel
Nimmt Blickkontakt zum Jungen auf		
		Mädchen schüttelt wieder an der Lehne
Vokalisiert ausgedehnt und freudig		

Kind	Erwachsener	Andere Kinder
		Junge beginnt unbeholfen, ebenfalls am Seil und an der Rückenlehne zu ziehen, Mädchen beobachtet
Sitzt entspannt, vokalisiert ausgedehnt		
		Beide Kinder bewegen die Schaukel, Mädchen mit heftigem Schütteln
	„Hey, Stopp!" „Das ist zuviel. Jenny, Langsam!"	
		Mädchen berührt die Schaukel leicht, schaut zur Fachkraft (F)
Vokalisiert laut und „auffordernd"		
		Setzt das Schütteln in vorsichtiger Form fort, Junge dreht derweil die Schaukel etwas und sucht seinen Blick
Vokalisiert ausgedehnt, hat aber den Blick nicht auf die Kinder gerichtet		
		Junge schüttelt die Schaukel von vorn, ebenfalls zunehmend heftig, Mädchen beobachtet
	„Hey, hey, stopp; das ist zu viel"	
Vokalisiert ausgedehnt, lacht		
	Imitiert seine Vokalisation, hockt neben dem Jungen, der sie anschaut, zieht sich dann auf die Matte zurück und beobachtet	
		Junge setzt die Schaukel wieder in Bewegung, Mädchen beobachtet

Kind	Erwachsener	Andere Kinder
Vokalisiert, lässt den Kopf nach vorn fallen, so dass er fast den Kopf des Jungen berührt		
	„Langsam, und stopp. Pause" „Finger weg"	
		Junge lässt die Schaukel los, Mädchen steht weiter beobachtend daneben
		Mädchen beginnt erneut, an der Rückenlehne zu schütteln
	Greift erneut ein und hält die Schaukel fest	

Ein weiteres Beispiel stammt aus der Videoaufzeichnung von Jael.

BEISPIEL

Die Kontaktgelegenheit wird in diesem Fall von einer Betreuungskraft initiiert, jedoch sofort von einem, später von einem zweiten Jungen aufgegriffen, die Jael ansprechen und ihr einen Ball zurollen bzw. wieder holen, wenn sie ihn – etwas unbeholfen – zurück gerollt hat. Die Blickrichtung Jaels ist überwiegend auf die Jungen gerichtet, sie bemüht sich sichtlich, sich aktiv am Spiel mit dem Ball zu beteiligen. An mehreren Stellen der Sequenz wird der soziale Kontakt zwischen den Kindern von den Fachkräften eher gestört als erleichtert. So drängt die erste Fachkraft zunächst darauf, dass Jael den Ball zu ihr rollt und ihre Position entsprechend ausrichtet. Dann kommt eine zweite Fachkraft flüchtig hinzu, gibt einem der beiden Jungen eine Anweisung und fordert dann – in den Raum hinein – zum Aufräumen von Baumaterialien auf. Dem folgen die Jungen. Sie bleiben aber im Kontakt mit Jael, indem sie ihr jeweils alternative Gegenstände anstelle des Balls anbieten. Diese lehnt sie zunächst ab. Erst ein Spiegel, mit dem sie sich selbst betrachten kann, findet wieder ihr Interesse – dies ist allerdings ein Gegenstand, den sie nur selbst inspizieren kann. Der soziale Kontakt bricht an dieser Stelle ab, die Jungen wenden sich Anderem zu.

TIPP

Aus Sicht des Beobachters hätte sich dieser soziale Kontakt ausdehnen lassen. Das Rollen des Balls entspricht Jaels Fähigkeiten und macht den beteiligten Jungen Spaß. Eine Bestärkung für ihr Engagement, vielleicht eine behutsame Unterstützung Jaels, damit der Ball tatsächlich einen der Jungen als Adressaten findet, hätten zu einer längeren, wechselseitig aufeinander abgestimmten Interaktion führen können. Die Aufforderung zum Aufräumen wirkt als unnötige Störung; sie hätte Zeit gehabt, bis das Wechselspiel der Kinder mit Jael von allein ausgelaufen wäre.

Transkription der Videoaufzeichnung von Jael

Kind	Erwachsener	Andere Kinder
Sitzt auf einer Matte	Fachkraft (F) rollt ihr einen Ball zu	Junge in Reichweite
		Kommt zu ihr und will ihr den Ball anreichen
	„Lass mal, die Jael soll Ihn selber holen"	
Greift nach dem Ball		
		Setzt sich ihr in einiger Entfernung gegenüber und fordert sie auf, ihm den Ball zuzurollen, „Jael!"
Hält den Ball fest		
	Fordert den Jungen auf, zur anderen Seite zu gehen	
		Wechselt den Platz
Verfolgt den Jungen mit dem Blick, lässt dann den Ball in seine Richtung rollen		
		Nimmt ihn auf und rollt ihn zu F

Kind	Erwachsener	Andere Kinder
	Rollt ihn zurück zu Jael, die mit dem Rücken zu ihm sitzt, macht sie aufmerksam „Jael“	
Hält den Blick auf den Jungen gerichtet		
		Ruft sie erneut
	„Lass mal, ich will, dass sie sich umdreht“; rollt ihr erneut den Ball zu: „Jael“;	
Rutscht langsam auf dem Po in Richtung zu F		
	„Jetzt hab ich sie“; „und Achtung“, rollt ihr wieder den Ball zu	
Schaut zum Ball, ohne nach ihm zu greifen		
	„Ja – hol ihn“	
Reagiert nicht		
	Nimmt ihn wieder auf; „bist bequem – oder musst schneller sein“; „Jael – Achtung“; rollt den Ball erneut zu	Zweiter Junge hockt sich neben sie, steht aber dann gleich wieder auf
Fängt den Ball		
	„Jawoll, super“	
Dreht sich auf dem Po mit dem Ball in der Hand, bis sie den ersten Jungen wieder im Blick hat, und wirft ihm den Ball zu		
		Nimmt den Ball auf, während auch der zweite Junge nach ihm greift, „möchte auch mal“; rollt ihn dann zu ihr zurück

Kind	Erwachsener	Andere Kinder
	Andere F kommt dazu, begrüßt zweiten Jungen, fragt ihn etwas	
Schaut zu F		
	Zweite F spricht mit zweitem Jungen, drückt ihn	
Rollt Ball zu erstem Jungen		
		Fängt ihn und rollt ihn zurück; klatscht in die Hände, „guck mal, die Jael hat ihn wieder gefangen“
Rollt den Ball ihm erneut zu		
		Nimmt ihn auf und rollt ihn noch zweimal zurück; zweiter Junge greift sich währenddessen ein anderes Spielzeug
Schaut, was der zweite Junge macht		
	Zweite F spricht mit Kindern im Raum	
Dreht sich auf dem Po mit dem Ball		
		Erster Junge folgt ihrer Bewegung und bringt sich wieder in ihr Blickfeld
	Zweite F erklärt zweitem Jungen: „Wenn die Jael jetzt Ball spielt, brauchst ihr nichts anderes geben“	
Hält den Ball und lässt ihn dann in den Raum rollen		

Kind	Erwachsener	Andere Kinder
		Erster Junge holt sich den Ball wieder
Beobachtet ihn, wedelt mit den Händen		Mädchen mit Puppe geht vorbei
Richtet ihren Blick auf das Mädchen		
		Beobachtet, wartet ab
Dreht sich auf dem Po und lässt den Ball erneut rollen		
		Erster Junge springt hinterher und holt ihn
Beobachtet ihn und klatscht in die Hände		
		Erster Junge rollt ihr den Ball zurück
	Zweite F fragt, wer die Baumaterialien aufräumt	
		Erster Junge wendet sich den Bausteinen zu und räumt sie auf
Schaut in den Raum		
		Zweiter Junge kniet sich vor sie
Rollt ihm den Ball zu		
		Rollt zurück und folgt dabei ihrer Bewegung auf dem Po, so dass er in ihrem Blickfeld bleibt
Rollt ihn mehrfach weg, dann ungezielt		
		Holt den Ball zurück, legt ihn ihr dann direkt in die Hände, geht weg
Rollt ihn in den Raum hinein		
		Bringt ihn ihr wieder zurück, wendet sich aber der Baukiste zu

Kind	Erwachsener	Andere Kinder
Dreht sich mit dem Ball auf dem Po, verzieht das Gesicht, lässt ihn dann wieder rollen		
		Bleibt dabei, ihr den Ball zurückzugeben
Verzieht das Gesicht, wedelt mit den Armen		
		Nimmt sich den Ball und räumt ihn auf; bietet ihr ein anderes Spielzeug an, zieht sich zurück
Betrachtet das Spielzeug (Spiegel mit rasselnden Kugeln)		
		Stellt sich zu ihr; der erste Junge kommt hinzu und bietet ihr zwei Plastikbausteine an
Schaut zu dem ersten Jungen		
		Bewegt die Steine in ihrem Blickfeld, klopft sie aneinander; der zweite Junge steht dabei und schaut zu
Wendet sich wieder dem Spiegel mit Kugeln zu		
		Beide Jungen ziehen sich zurück
Dreht und wendet kurz das Spielzeug hin und her		
		Zweiter Junge nimmt es ihr aus der Hand und legt ihr statt dessen wieder den Ball zwischen die Beine
Schaut nach unten		
		Tauscht noch einmal das Spielzeug aus (Käfer)

Kind	Erwachsener	Andere Kinder
Schubst ihn um		
		Dreht den Käfer um
Schubst ihn noch einmal weg		
		Räumt das Spielzeug in die Kiste und legt ihr statt dessen einen Spiegel zwischen die Beine; dreht ihn so, dass sie sich gut sehen kann
Betrachtet den Spiegel und schubst ihn wieder (wie zuvor den Ball) weg		
		Wendet sich F und einem anderen Kind auf der Matte zu
Richtet ihre Aufmerksamkeit auf den Spiegel		

Ein drittes Beispiel zeigt, wie sich ein sozialer Kontakt, der von einem der Kinder der Gruppe ausgeht, so regulieren lässt, dass die kommunikativen Signale des Kindes mit schwerer und mehrfacher Behinderung beachtet werden. Gleichzeitig erhält das Partnerkind eine Gelegenheit zu lernen, woran es selbst erkennen kann, was das Kind möchte oder nicht möchte. Es handelt sich um eine Sequenz aus der Videoaufzeichnung von Lisa.

BEISPIEL

Ein Mädchen, das sich gern und fürsorglich um Lisa kümmert, kuschelt mit ihr und beginnt dann, ihre Haarspange zu lösen, um einen Zopf zu flechten. Darauf reagiert Lisa mit Zeichen des Unwillens. Die Fachkraft – bisher beobachtend – greift dies auf und kommentiert Lisas Mimik und Vokalisation als Ausdruck des Protests. Sie versucht dann zu klären, was Lisa machen möchte, hat aber mit ihren Vorschlägen keinen eindeutigen Erfolg. Das andere Mädchen beobachtet dies aufmerksam, bleibt im Kontakt zu Lisa – wohl um eine Erfahrung reicher, dass es wichtig ist, auf Lisas Signale zu achten, auch wenn sie nicht immer eindeutig zu deuten sind.

Transkription der Videoaufzeichnung von Lisa

Kind	Erwachsener	Andere Kinder
Liegt in Bauchlage auf einer Matte im Außengelände		Sitzt neben ihr; spielt Rollenspiel „Mama und Baby“
	In der Nähe, beobachtend	
		Legt Lisas Kopf an ihren Oberkörper zum „Kuscheln“
Lässt es sich gefallen, liegt aber unbequem		
		Umarmt sie, klopft ihr auf den Windelpopo
	„Ich glaub, das Baby ist grad ganz schön kuschelig“	
Stützt sich auf die Hände, schaut in den Raum		
		Nimmt ihren Kopf und legt ihn sich erneut auf den Oberschenkel, setzt mit einem Schlaflied ein, schaut zur Fachkraft (F)
Befreit ihren Kopf aus der Lage		
		Hält ihren Kopf erneut umschlungen, setzt Schlaflied fort, schaut zu anderen Kindern
		„Sollen wir jetzt mal einen Zopf machen?“, löst dabei ihre Haarspangen
Verzieht das Gesicht, protestierende Laute		
	Unterbricht anderes Kind, „warte mal, achte mal drauf, wie die Lisa jetzt reagiert – hast du das Gefühl, ihr gefällt das grad?“	

Kind	Erwachsener	Andere Kinder
Hält inne		
		Hält inne, antwortet mit „ne", greift aber dann doch zur Haarspange auf der anderen Seite, um sie zu lösen
	„Du kannst den Zopf jetzt aufmachen, aber die Lisa möchte jetzt nicht, dass ihr jemand an den Haaren rummacht"	
		Streicht ihr über die Haare, „lange Haare"
	„Die Lisa hat lange Haare bekommen, da hast du recht"	
Rutscht etwas zurück, stützt sich auf die Hände		
	„Lisa, möchtest du dich hinsetzen?"	
		Beobachtet
	Hilft ihr in eine sitzende Position	
Lautiert unwillig, verzieht das Gesicht, jammert		
	„Wieder hinlegen?" „Ich wollt dir grad nur helfen – möchtest wieder auf den Bauch gehen?"	
		Beobachtet
Zeigt gezielt auf ein Bobbycar in der Nähe		
	„Auf den Bobbycar?", wiederholt die Frage	
Wendet sich F zu, ohne ein klares Signal zu geben		
		Setzt sich wieder dazu, umarmt sie
	„Ihr zwei Schnuckis, ihr!"	

Das nächste Beispiel stammt aus der Videoaufzeichnung von Lisa K.

BEISPIEL

Sie ist blind und wird von einer Integrationshelferin in einer integrativen Gruppe begleitet. Die anderen Kinder sind sichtlich interessiert zu erfahren, warum Lisa immer wieder auf die Fensterbank klettert und dort am Fenster eine Papierblume betastet. Sie richten ihre Fragen aber ausschließlich an die Integrationshelferin. Die Integrationshelferin beantwortet sie, geht dann aber kurz weg, stellt eine Kiste mit Beschäftigungsmaterial an die Fensterbank. Sie ermuntert ein Mädchen, Lisa daraus ein Spielangebot zu machen. Statt beide aber aktiv zu unterstützen, Kontakt zueinander zu finden, wendet sie sich anderen Kindern in der Nähe zu und kommentiert deren Aktivitäten. Da Lisa dabei bleibt zu klettern und die Blume zu betasten, verstreicht die Gelegenheit und das Kind wendet sich ab.

BEISPIEL

Die Integrationshelferin benennt, was Lisa gerade betastet, und ermahnt sie, die Blume nicht abzulösen. Ein Junge kommt hinzu, stellt sich neben Lisa und schaut die Integrationshelferin fragend an, fragt nach, warum sie die Fensterscheibe beleckt. Die Integrationshelferin gibt erneut eine Erklärung, ermuntert ihn auch, selbst einmal zu probieren, wie es ist, nichts zu sehen. Er bleibt interessiert am Kontakt, achtet darauf, einen kleinen Gegenstand wegzuräumen, den Lisa nicht in den Mund nehmen soll, und stützt sie ab, als sie von der Fensterbank herunterklettert. Die Integrationshelferin nimmt das wahr, macht aber keinen Versuch, Lisa auf den Jungen aufmerksam zu machen oder eine dialogische Aktivität anzubahnen. Stattdessen kommentiert sie ohne Bezug zur Situation, dass es Lisa heute gut gehe.

TIPP

Die Erklärungen an die anderen Kinder, warum Lisa als blindes Kind sich auf anderem Weg ein Bild von ihrer Umwelt zu machen versuchen muss, ist sicherlich sinnvoll. Das deutliche Interesse mehrerer Kinder an dem, was Lisa macht, hätte aber die Gelegenheit geboten, einen direkten Kontakt entstehen zu lassen. Stattdessen läuft er nur indirekt, indem die Kinder die Integrationshelferin ansprechen. Hier scheint die Integrationshelferin keine Idee zu haben, wie sie Lisa – die ihrerseits kein Signal für ein Interesse am sozialen Kontakt gibt, womöglich weil sie die Nähe und die Fragen der anderen Kinder in der Nähe in der lauten Geräuschkulisse gar nicht wahrgenommen und auf sich bezogen hat – und das andere Kind in direkten Kontakt miteinander bringen könnte.

Transkription der Videoaufzeichnung von Lisa K.

Kind	Erwachsener	Andere Kinder
Steht an Regal gelehnt	Integrationshelferin (I) passiv neben ihr, schaut in den Raum	Mehrere Kinder im Raum, Geräuschkulisse
		Mädchen geht an ihr vorbei, steht neben ihr, schaut sie an
	I schaut in den Raum	
		Fragt I „Was macht sie da?“
	Erklärt Mädchen etwas, geht dann weg	
Lehnt sich direkt neben dem Mädchen auf die Fensterbank		
		Schaut sie aufmerksam an, wendet sich dann wieder in den Raum ab
	Holt Kiste mit Beschäftigungsmaterial stellt sie auf die Fensterbank	
	Kniet sich zwischen beide Mädchen, will Lisas Hand zur Kiste führen	
Entzieht sich und klettert auf die Fensterbank		
	Stellt die Kiste auf den Boden, bittet das Mädchen dann offenbar, die Kiste zu holen, damit Lisa damit spielen kann	
		Stellt die Kiste auf die Fensterbank, wendet sich dann ab und geht weg
Rutscht auf der Bank hin und her		
	Geht weg	

Kind	Erwachsener	Andere Kinder
		Beschäftigt sich in einigem Abstand mit Steinen aus der Kiste
	Räumt Papier weg	
Richtet sich am Fenster auf		
	Setzt sich auf Fensterbank, beobachtet anderes Mädchen, „boa, Annalena, das wird aber schön“	
Klopft an Scheibe und berührt dabei aufgeklebte Blume		
	Beobachtet	
Betastet Blume		
	Streicht die Blume wieder glatt	
		Anderes Mädchen ist weg gegangen
	Spricht Mädchen in der Nähe an und unterhält sich mit ihr, was sie machen möchte	
Kauert sich wieder auf die Fensterbank		
	Beobachtet sie passiv	
	Spricht sie kurz an, wendet sich dann wieder den anderen Kindern am Tisch zu	
Liegt in Bauchlage auf der Fensterbank		
	Kniet sich davor, spricht aber ein anderes Mädchen an	
Rutscht hin und her		
	Nimmt sich Baustein, bietet ihn aber nicht an	

Kind	Erwachsener	Andere Kinder
		Sagt offenbar etwas zu Lisa
	„Klettermaus“	
	Antwortet dem anderen Kind, offenbar „ja, sie singt, klettert gern“	
Klettert auf Fensterbank hin und her, lächelt	I hockt vor der Bank	Mehrere Kinder in der Nähe
Wendet sich zu I		
	„Hallo, Lisa“; „Fenster, da ist das Fenster“	
Greift nach Papierblume am Fenster		
	„Da ist die Blume, die müssen wir lassen“	
Hängt sich kopfüber von der Fensterbank ab		
	Setzt sich auf Kinderstuhl, beobachtet, wendet sich anderem Mädchen zu	
		Junge kommt hinzu, klettert auch auf die Fensterbank
Lacht, wendet sich dann dem Fenster zu		
		Hockt neben ihr, beobachtet sie
Steht auf		
		Steht ebenfalls auf, steht neben Ihr am Fenster
	Räumt Kiste von der Bank weg	
		Hockt sich wieder hin
Geht in die Knie, schaukelt mit dem Kopf		
		Schaut I fragend an

Kind	Erwachsener	Andere Kinder
	Kommentiert, was sie macht, und macht es ihm vor; „die befühlt jetzt hier alles“ „Du musst mal selber die Augen zumachen, dann merkst du den Unterschied“	
Legt sich wieder auf der Fensterbank ab		
		Schließt die Augen, befühlt das Fenster
Streckt Bein aus, um herunterzuklettern		
		„hoch und runter“
	„Jetzt kletterst du wieder hoch, Lisa, super“	
Hat das Gesicht auf die Fensterbank gelegt		
		Zu I „schmeckt das gut?“
	„Weil, sie sieht ja nicht, wie das aussieht, deshalb nimmt sie alles in den Mund und fasst alles an“	
Streicht mit Baustein über Fensterbank		
		Findet ein kleines Objekt, zeigt es I
	„Bringst du das in den Mülleimer?“	
		„das soll sie nicht in den Mund nehmen“
	„Ja, das ist gut, dass du das entdeckt hast“	
		Bringt es weg
Liegt auf der Bank, lächelt		

Kind	Erwachsener	Andere Kinder
		Kommt zurück, berührt ihren Fuß
Rutscht auf der Bank weg		
	Nimmt Tuch und putzt ihr den Mund und die Bank ab	
		Kniet neben Lisa
	„Das passiert manchmal, das ist nicht so schlimm“	
Streckt die Beine über die Kante der Fensterbank		
	„Lisa, dir geht's heut gut“	
		Klettert runter und hält Lisa an den Beinen, damit sie runterklettern kann
Krabbelt wieder hoch		
	„Die Lisa will wieder hoch“	
		Geht weg

5.3.4 Soziale Situationen transparent strukturieren

Gemeinsame Aktivitäten im Kreis bieten die Möglichkeit, ein Kind mit schwerer und mehrfacher Behinderung auch dann einzubeziehen, wenn es wenig eigene Initiative zur sozialen Kontaktaufnahme zeigt. Gelegenheiten dazu entstehen vor allem dann, wenn im Rahmen von Spielliedern oder (Begrüßungs-) Ritualen von jedem Kind eine bestimmte Handlung erwartet wird, die dann mit Unterstützung durch einen Erwachsenen ausgeführt werden kann. Wichtig ist aber, dass der Ablauf für das Kind mit schwerer und mehrfacher Behinderung transparent ist. In der folgenden Sequenz aus der Videoaufzeichnung von Jael lässt sich erkennen, dass es dabei wichtig ist, die Mimik, Blickrichtung und Körpersignale des Kindes zu beachten, um das Kind nicht zu überfordern.

BEISPIEL

Zu den Ritualen des morgendlichen Begrüßungslieds im Kreis gehört in dieser Gruppe, dass das jeweils genannte Kind aufstehen und winken soll. Die Fachkraft sitzt neben Jael, richtet ihre Aufmerksamkeit auf das Geschehen im Kreis, stellt dann – als Jael an der Reihe ist – Jael auf die Füße und führt ihre Hand zum Winken und Klatschen, setzt sie dann wieder hin. An der Mimik Jaels ist zu erkennen, dass ihr diese Führung unbehaglich ist; sie beginnt auch, stereotyp mit den Armen zu wedeln, was wohl ebenfalls ein Ausdruck von Irritation ist. Die Fachkraft nimmt das aber kaum wahr. Ihr entgeht auch ein kurzer Körperkontakt, mit dem sich ein Junge an Jael wendet, der ihr ebenfalls unbehaglich scheint. Insgesamt ist die Szene sehr lebhaft und laut.

TIPP

Aus Sicht des Beobachters wäre es wichtig gewesen, Jael anzukündigen, wann sie an der Reihe ist, und ein Signal von Kooperationsbereitschaft abzuwarten. Auf diese Weise wäre wahrscheinlich die Irritation vermieden worden. Die Beobachtung von Mimik, Blick und Körpersignalen ist allerdings kaum möglich, wenn die Führung von hinten erfolgt, d.h. Jael von der Fachkraft passiv zwischen ihre Beine gestellt wird. Zudem wäre es wohl leichter für Jael, sich auf eine Beteiligung einzustellen, wenn der Ablauf des Spiellieds etwas langsamer gestaltet würde.

Transkription der Videoaufzeichnung von Jael

Kind	Erwachsener	Andere Kinder
Sitzt in Sitzschale in Kreisrunde	Fachkraft (F) neben ihr; außerdem eine weitere Fachkräfte und zwei Personen	Sitzen auf Bänken im Kreis
	Wendet sich ihr zu und beginnt zusammen mit den Anderen ein Begrüßungslied, bei dem die jeweils genannten Kinder aufstehen sollen	

Kind	Erwachsener	Andere Kinder
Beobachtet in entspannter Haltung das Geschehen, jeweils mit dem Blick zu dem Kind, das gerade genannt ist		
	Klatscht laut mit, wendet sich ihr kurz zu, singt dann laut weiter mit	
Verfolgt das Geschehen mit den Augen		
	Legt den Haltegurt ihrer Sitzschale nach vorn	
	Nimmt sie aus der Sitzschale und stellt sie sich zwischen die Beine, „hinstellen“, als sie an der Reihe ist, führt ihre Hand zum Winken von hinten	
Verzieht das Gesicht, wirkt irritiert, wendet sich an F		
	Nimmt ihre Hände, singt weiter das Lied mit, führt dann ihre Hände zum Mitklatschen, setzt sie anschließend wieder in ihre Sitzschale	
Verzieht das Gesicht		
	Schaut kurz zu ihr, singt aber weiter	
Schaut zu Kind neben sich, verzieht das Gesicht unsicher		
	Schaut in die Kreisrunde, ohne sie zu beachten	
Mimik verzieht sich stärker, beginnt mit den Händen zu wedeln		
	Schaut zu ihr	

Kind	Erwachsener	Andere Kinder
Schaut zu Jungen neben ihr		
	Beobachtet	Junge streicht ihr über die Schulter
Zieht Oberkörper zurück		
	Spiellied geht weiter	
Beobachtet Geschehen, Mimik entspannt		
	Lauter Abschluss des Lieds	
Verzieht das Gesicht, irritiert, dreht sich weg		

Ein zweites Beispiel stammt ebenfalls aus der Videoaufzeichnung von Jael.

BEISPIEL

Im Kreis soll der Tagesablauf besprochen werden; dazu wird eine Visualisierung verwendet, indem die einzelnen Aktivitäten auf Bildkarten von jeweils einem Kind an eine Wandtafel geheftet werden. Die Fachkraft lenkt das Gespräch. Während des Gesprächs streicht sie Jael zweimal kurz über den Kopf. Als Jael an der Reihe ist, gibt sie ihr das passende Bild – es geht um eine musikalische Aktivität, deshalb ist auf dem Bild ein Instrument abgebildet – in die Hand, führt sie zur Wandtafel und heftet es mit ihr an. Jael schaut während des Gesprächs umher, wendet den Kopf weg, grimassiert und reibt sich die Augen. Auch als sie zur Wandtafel geführt wird, scheint sie nicht bei der Sache, sondern verliert das Bild aus der Hand.

TIPP

Aus Sicht des Beobachters sprechen Blickrichtung, Mimik und körperliche Signale des Kindes dafür, dass Jael sich von der gemeinsamen Aktivität nicht angesprochen fühlt und den Sinn (Wochentag mit Wort und spezifischer Geste benennen und Tagesablauf „planen") nicht versteht. Die verwendeten Bilder nimmt sie nicht in den Blick, sie scheinen für sie keine Bedeutung zu haben. So kommt es zwar oberflächlich dazu, dass auch Jael einen Beitrag zur Visualisierung des Tagesablaufs beisteuert; ihre Beteiligung bleibt jedoch rein passiv und abhängig von der Führung des Erwachsenen. Um eine aktive Teilhabe zu fördern, wäre es einen Versuch wert, anstelle der abstrakten Abbildung ein Ankündigungsobjekt zu verwenden, dessen Bedeutung sie eher erfassen kann. Außerdem wirkt die gesamte Aktivität zu lang, so dass Jaels Aufmerksamkeit überfordert ist. Es sollen aber offenbar alle Kinder der Kleingruppe beteiligt werden. Damit das gelingt, ohne dass Jaels Aufmerksamkeit abdriftet, müsste sie wohl in engeren Abständen angesprochen und einbezogen werden.

Transkription der Videoaufzeichnung von Jael

Kind	Erwachsener	Andere Kinder
Sitzt auf der Matte	Fachkraft (F) sitzt auf Stuhl hinter ihr, zweite F im Kreis	Mehrere Kinder im Kreis um sie herum
	Zweite F setzt mit ritualisiertem Benennen der Wochentage ein, die von Gesten begleitet werden	Sprechen mit, ahmen die Gesten nach
Richtet Blick auf F		
	Führt ihre Hände, um die Geste zu imitieren, und spricht den Text mit	
Schaut zu anderem Kind, das eine Frage beantwortet		
	Erzählt etwas mit Blick auf das andere Kind	
Wendet sich dem Boden zu, wedelt kurz mit den Händen		
	Beginnt wieder „heute ist Donnerstag“	
Schaut zu F		
	Stellt Frage an die Gruppe	
Schaut in den Raum, klatscht in die Hände, grimassiert		

Kind	Erwachsener	Andere Kinder
	Steht auf, um etwas zu holen	
Verfolgt sie mit dem Blick		
	Weitere Fragen an die Gruppe	
Dreht den Kopf weg, gähnt, schaukelt mit dem Oberkörper hin und her, reibt sich die Augen		
	Streicht ihr von hinten über den Kopf	
	Erklärt etwas für die Gruppe	
Dreht den Oberkörper hin und her, überstreckt sich, lächelt		
	Fordert ein Kind auf, ein Bild zum Tagesplan aufzuhängen	
Schaut dem Kind hinterher		
	Weitere Aufträge an andere Kinder	
Wendet den Kopf weg, schaut in den Raum, grimassiert		
	Streicht ihr über den Kopf	
Klatscht in die Hände, wedelt		
	Weiteres Gespräch mit der Gruppe	
Reibt sich die Augen, dreht Oberkörper hin und her, gähnt, klatscht in die Hände		
	Holt Bild, das Jael aufhängen soll (Musikmachen)	
Schaut zu F		

Kind	Erwachsener	Andere Kinder
	Gibt ihr das Bild in die Hand, hilft ihr unter den Achseln beim Aufstehen, „komm, geh'n wir mal hin“, führt sie zur Wandtafel	
Schaut im Raum umher, lässt das Bild fallen		
	Hebt das Bild wieder auf, „nicht fallen lassen“, reicht es ihr erneut	
Wendet den Blick zum Bild		
	Führt ihre Hand zum Anheften des Bildes	
Schaut zur Wandtafel, dann in den Raum		
	Führt sie zu ihrem Platz zurück, „prima“	
Schaut im Raum umher, wedelt mit den Händen		

Ein drittes Beispiel entstammt der Videoaufzeichnung von Lisa K. Auch hier geht es um eine gemeinsame Aktivität im Kreis.

BEISPIEL

Die Kinder sollen lernen, Tonhöhen voneinander zu unterscheiden, die eine Fachkraft auf einer Triangel vorspielt. Die Kinder sollen bei einem hohen Ton aufstehen, was die ganze Gruppe engagiert mitmacht. Lisa K. zeigt kein Interesse an der Aktivität, sondern wendet sich ab, klettert auf ihren Stuhl, dreht den anderen Kindern im Kreis den Rücken zu. Die Integrationshelferin versucht mit einem Wort und einer Geste, sie auf dem Stuhl zu halten, wendet sich dann aber anderen Kindern der Gruppe zu. Erst spät erbittet sie die Triangel von der Fachkraft und versucht, Lisas Aufmerksamkeit darauf zu lenken. Als ein erster Versuch dazu misslingt, beschränkt sie sich darauf, Lisas Hände begleitend zum Spiellied zu führen. Während der gesamten Zeit ist nicht zu erkennen, dass Lisas Aufmerksamkeit auf die soziale Aktivität gerichtet ist oder sie den Ablauf verfolgt. Die anderen Kinder im Kreis schenken Lisa keinerlei Beachtung. Sie scheinen ihre Anwesenheit völlig zu ignorieren.

TIPP

Aus Sicht des Beobachters böte die Aktivität zur Unterscheidung von akustischen Eindrücken durchaus eine Gelegenheit, Lisa als blindes Kind erfolgreich einzubeziehen. Leichter wäre es allerdings, wenn sie nicht Tonhöhen, sondern Lautstärken der Töne voneinander unterscheiden sollte. Dazu müssten die Aktivität aber wesentlich stärker strukturiert, Lisas Aufmerksamkeit konsequent auf das Lauschen gelenkt und ablenkende Reize reduziert werden. Eine direkte Ansprache an Lisa wäre angezeigt, verbunden mit der Bitte, dass die anderen Kinder still abwarten. Der Unterschied zwischen lauten und leisen Tönen sowie die gewünschte Handlung (Aufstehen bei lauten Tönen) müsste mehrfach – mit Assistenz der Integrationshelferin – demonstriert werden, so dass Lisa die Aufgabe verstehen kann. Anschließend wäre es wichtig, ihre Aufmerksamkeit auch auf die anderen Kinder zu lenken, die ihrerseits aufstehen, wenn laute Töne erklingen. Möglicherweise böte sich auch eine Gelegenheit, ein Partnerkind für Lisa auszuwählen, das neben ihr sitzt, ihre Aufmerksamkeit gewinnt und jeweils mit ihr gemeinsam lauscht, welche Töne zu hören sind, und sie beim Aufstehen an die Hand nimmt, wenn laute Töne erklingen. Auf diese Weise kämen die anderen Kinder mit Lisa in Kontakt.

Transkription der Videoaufzeichnung von Lisa K.

Kind	Erwachsener	Andere Kinder
Lisa sitzt mit in der Kreisrunde	Integrationshelferin (I) unmittelbar neben ihr	Mehrere Kinder im Kreis
	Fachkraft (F) gibt die Instruktion vor: Tonhöhen an der Triangel unterscheiden; Kinder sollen sich auf den Stuhl stellen, wenn der Ton hoch ist, auf dem Boden stehen bleiben, wenn er tief ist	
		Mehrere Kinder führen Auftrag aus

Kind	Erwachsener	Andere Kinder
Rutscht vom Stuhl, dreht sich zu I, steht mit dem Rücken zur Gruppe, klettert wieder auf den Stuhl mit dem Rücken zur Gruppe		
	Beobachtet sie passiv, schaut in die Runde	
	Nächste Instruktion	
	Greift ihr unter die Arme, spricht sie leise an und dreht sie wieder auf dem Stuhl so um, dass sie zur Gruppe gewendet ist	
Steht auf, geht in die Mitte, hält sich dabei an Hand von I fest		
	„Hör mal“	
Dreht der Gruppe wieder den Rücken zu, hüpft vor I auf und ab, wendet sich von ihr ab in Richtung zum Fenster		
	Passiv, schaut in die Runde	
Lehnt sich über Sitzfläche des Stuhls, klopft darauf		
	Signalisiert ihr mit Geste, dass sie leise sein solle	
	Neue Instruktion	
Keine Reaktion, bleibt weiter mit dem Rücken zur Gruppe an ihrem Stuhl stehen, klettert dann drauf		
	Verfolgt aufmerksam, was F macht, lässt Lisa klettern	Befolgen spielerische Instruktion prompt
Ist dem Fenster zugewandt, passiv		

Kind	Erwachsener	Andere Kinder
	Beobachtet Gruppengeschehen ohne Versuch, L. einzubeziehen	
Rutscht auf Stuhl hin und her		
	Hält ihre Hand schützend vor sie, damit sie nicht fällt, und beobachtet weiter die anderen Kinder	
Lehnt sich an I an		
	Fordert andere Kinder der Gruppe auf mitzumachen	Alle Kinder aktiv beteiligt
Sitzt an Rückenlehne, von der Gruppe abgewendet		
	Erbittet Triangel von F	
	neue Spielinstruktionen	Kinder kooperieren aufmerksam
Klettert vom Stuhl, steht vor I		
	Bietet ihr die Triangel an	
Hält sie kurz, führt sie zum Mund, lässt sie fallen		
	Hebt die Triangel auf, legt sie beiseite	
Lehnt sich an I zwischen ihre Beine		
	Neues Spiellied	
	Dreht sie um, nimmt ihre Hände, singt das Spiellied mit und führt ihre Hände	
Klopft auf die Hände von I ohne Bezug zum Spiellied		
	Lässt die Hände los	
Dreht sich wieder weg		

5.3.5 Soziale Ausgrenzung erkennen und vermeiden

Ein Beispiel zeigt, dass Fachkräfte sehr verunsichert sein können, wenn sie auf ein Kind treffen, das die soziale Teilnahme eines Kindes mit schwerer Behinderung an gemeinsamen Aktivitäten vehement ablehnt. Es handelt sich um eine Sequenz aus der Beobachtung von Nina.

Der aggressive Tonfall, mit dem jenes Kind auch andere Kinder der Gruppe belegt, spricht dafür, dass sich die Ablehnung nicht speziell auf die Behinderung Ninas gründet, sondern dass dieses Kind im Allgemeinen Probleme im Umgang mit Gleichaltrigen hat.

TIPP

Dennoch wäre es notwendig, soziale Ausgrenzung durch ein – seinerseits verhaltensauffälliges – Kind eindeutig zurückzuweisen, statt sich mit ihm auf eine Argumentation einzulassen und zu versuchen, seine Vorbehalte gegen eine Teilnahme Ninas mit verschiedenen Vorschlägen zu entkräften. Der schrittweise Rückzug der Fachkraft und ihr vorwurfsvolles Bedauern zeigt, wie hilflos sie sich fühlt.

Transkription der Videoaufzeichnung von Nina

Kind	Erwachsener	Andere Kinder
In Rollstuhl im Außengelände	Schiebt Nina zu einer Gruppe von drei Mädchen, davon eines ebenfalls im Rollstuhl, die mit Sandformen beschäftigt sind	Drei Mädchen, davon eines im Rollstuhl
	„Schau mal, Annalena, ist es in Ordnung, wenn die Nina mitspielt?“	
		Diana: Entrüstet „Nein, ihr könnt woanders spielen!“

Kind	Erwachsener	Andere Kinder
	„Ich möchte ja gar nicht mitspielen, ich hätt nur gern, dass die Nina ein bisschen mitspielen kann“	
		„Nein, die macht alles durcheinander“
	„Die Nina macht alles durcheinander?“ „Das kann ich mir nicht vorstellen.“ Wendet sich Nina zu: „Nina, machst du nichts durcheinander!“	
Schaut auf die drei Mädchen		
	Erklärt ihr: „Hier wird gekocht …“	
		Anderer Junge nähert sich, Diana faucht ihn an „Hör auf, du Elch!“
	Erklärt der Gruppe: „Die Annalena kennt die Nina ganz gut, die sind in einer Gruppe. Die weiß z.B., was die Nina gerne isst.“	
	Fragt noch einmal Annalena: „Lässt du die Nina ein bisschen mitspielen?“	
		Diana: „Aber wann gibst du die wieder weg?“
		Zeigt auf sie: „Die lacht!“
	„Ich find das toll, wenn Kinder lachen. Du lachst auch grad, ich seh's!“	
		„Nein“
Streckt einen Arm nach vorn		
		„Die Nina benimmt sich nicht mehr!“

Kind	Erwachsener	Andere Kinder
	„Doch, die Nina benimmt sich ganz arg gut!“	
		„Die muss wieder weg, weil die alles durcheinander macht!“
	„Das glaub ich nicht.“	
		„Die kann da hinten spielen“, zeigt auf einen anderen Platz
	Erklärt, dass es für Annalena in Ordnung sei, wenn Nina mitspielt	
		Wendet sich drittem Mädchen zu, beugt sich vor und fragt sie „Ist die gemein?“ Das Mädchen nickt. Diana triumphiert.
		Drittes Kind streckt die Hand zu Ninas Rollstuhl aus
	„Komm, wir geben der Nina auch mal die Hand“ und führt Ninas Hand zum dritten Mädchen	
		Diana greift ein, zieht die Hand zurück, „nein!“
	„Das find‘ ich jetzt echt schade, dass du so vehement dagegen bist.“	
		„Ihr könnt da hinten spielen, kochen“
	„Ich möchte ja gar nicht mitspielen. Wenn du nicht möchtest, dass ich mitspiele, ist das in Ordnung.“	
		„Ihr könnt wieder weg.“
	„Dann geh ich weg, ist in Ordnung.“ Zieht sich zurück	

Kind	Erwachsener	Andere Kinder
		„Nein, die Nina, mein ich“
		Junge nimmt sich Sandspielzeug. Diana heftig: „Hör jetzt auf, mein Freund!“
Schaut zum Jungen, dann zu Diana.		
		Wendet sich nochmals an beide Mädchen: „Soll die weg?“ Beide nicken.
	„Hast du sie soweit, Diana. Ja, das ist echt schade.“	
	„Das finde ich jetzt wirklich schade, die Nina ist so lieb. Die hättet ihr ein bisschen füttern können.“	
		Diana rückversichert sich nochmals bei einem der Mädchen: „Ja, die soll weg.“
	„Also, wenn du das nächste Mal zu uns in die Gruppe kommst, dann…“	
		Wendet sich ab
	„Hörst du mir mal zu?“ „Dann sag ich der Annalena auch, dass du wieder weg sollst.“	
		Verscheucht einen anderen Jungen am Tisch mit „Nein, du Elli!“ Beschimpft anderen Jungen als böse, droht ihm.
	Schiebt Nina mit dem Rollstuhl weg. Fragt dabei ein anderes Kind, ob es mit ihr spielen wolle.	

In einem anderen Beispiel ist die soziale Ausgrenzung nicht durch das Verhalten eines anderen Kindes begründet, sondern durch eine zunächst ungenügende Vorbereitung der gemeinsamen Aktivität und mangelnde Beachtung der Einschränkungen, die eine spezifische Behinderung für ein Kind mit sich bringen. Es geht in diesem Fall um Jonas – ein Kind, dessen soziale Teilhabe außerhalb des Forschungsprojekts in Videoaufzeichnungen analysiert wurde. Jonas ist aufgrund einer genetisch bedingten Behinderung auf einen Rollstuhl und ein mobiles Beatmungsgerät angewiesen. Er verfügt jedoch über ein hohes Maß an Interesse an anderen Kindern und kognitive sowie kommunikative Fähigkeiten, die ihm eine Beteiligung grundsätzlich möglich machen. Es handelt sich um einen Videoausschnitt, der eine Szene im Außenbereich dokumentiert. Die Kinder sitzen im Sandkasten und sind mit Schaufeln und Eimer beschäftigt.

Transkription der Videoaufzeichnung von Jonas

Kind	Erwachsener	Andere Kinder
Sitzt im Rollstuhl am Rand des Sandkastens		Mehrere Kinder bereits im Sand beschäftigt
	Fragt ihn „Jonas, willst du auch was haben?“	
„ja“, schiebt seinen Rollstuhl selbst herum		
	Reicht ihm eine Schaufel, geht dann weg	
Dreht sich mit dem Rollstuhl so, dass er mit der Schaufel den Rand des Sandkastens erreicht, schiebt sie dann über die Steine		
		Nähert sich ihm, greift kurz nach der Schaufel, geht dann aber weg
Schiebt Rollstuhl, streckt sich mit der Schaufel, so dass er den Rand des Sandkastens erreicht		
	Beachten ihn nicht	

Kind	Erwachsener	Andere Kinder
		Sind lebhaft im Sand beschäftigt, drehen ihm den Rücken zu
Bewegt sich mit Schaufel und Rollstuhl allein längere Zeit außerhalb des Sandkastens, isoliert		
	Fragt aus der Ferne, ob er herüber kommen möge	
Schiebt Rollstuhl in Sand, kommt aber nicht allein weiter		
	Holt ihn ab, „Soll ich dir noch einen Eimer geben; komm mal ein bisschen zu uns“, schiebt ihn näher an die Kinder, die ihm aber weiter den Rücken zudrehen	
		Beachten ihn nicht
Hantiert mit der Schaufel		
	Stellt ihm einen Eimer hin	
Versucht, mit der Schaufel Sand einzufüllen		
	Kommt hinzu, „klappt's?“; „Hast aber auch die richtige Schaufel“	
„Arbeiten“		
	„Ja, schön arbeiten“, hockt sich neben ihn, fragt andere Kinder: „Kriegt der Jakob auch was?“	
		Reagieren nicht
„Alleine“		

Kind	Erwachsener	Andere Kinder
	„Kannst alleine, gut", bleibt kurz neben ihm hocken	
		Drehen ihm den Rücken zu
	Setzt sich weiter entfernt zwischen ihn und andere Kinder	
Hantiert ziellos mit der Schaufel		
	Beginnt selbst, Kuchen zu backen, tut so, als er sie essen würde, wendet sich den anderen Kindern zu	
Bleibt am Rand und versucht weiter, Sand einzuschaufeln		

5.3.6 Hilfen zur Unterstützten Kommunikation entwicklungsgemäß einsetzen

Die folgende Szene illustriert die Schwierigkeiten, bei einem Kind mit schwerer und mehrfacher Behinderung, eine elektronische Kommunikationshilfe so einzusetzen, dass dadurch eine effektive soziale Beteiligung gelingt. Es handelt sich um Peter, ein sehr passives Kind, im Morgenkreis, dessen soziale Teilhabe ebenfalls außerhalb des Forschungsprojekts analysiert wurde.

BEISPIEL

Die Erzieherin setzt eine Taste (BigMack) ein, auf die ein Lied gespeichert ist. Peter soll den Taster bedienen, um damit den anderen Kindern anzukündigen, welches Lied sie als nächstes singen sollen. Die Szene ist auch ein Beispiel dafür, dass problematisches Verhalten – in diesem Fall ein heftiges Schreien Peters – durch eine Überforderung in der Situation und ineffektive Hilfestellungen durch die Fachkräfte bedingt sein kann.

Transkription der Videoaufzeichnung von Peter ((Tabelle T einfügen))

Kind	Erwachsener	Andere Kinder
Sitzt in Sitzschale, neben ihm die Praktikantin	Hält seine Hand	Alle Kinder sitzen im Kreis und halten sich bei Begrüßungslied an der Hand
Legt Kopf an Kopfstütze, passiv		
		Singen mit wechselnder Lautstärke
	Kündigt an, dass sie jetzt ein neues Lied üben werden, das Peter auf seinem Talker vorgeben kann	
Schreit kurz, wendet den Kopf hin und her		
	Schaltet den Talker an, „Und der Peter kann das Lied jetzt vorsingen“, wiederholt die Aufforderung an ihn	
Legt den Kopf wieder an die Kopfstütze, bleibt passiv		
	Schiebt Talker in die Mitte seines Arbeitstisches, klopft kurz darauf	
Wendet Blick zum Talker, hält die Arme gestreckt, schreit kurz		
	Praktikantin deutet nochmals auf den Talker, schaut ihn an, gibt aber keine Hilfestellung	
Schreit, bleibt passiv		
	E kündigt daraufhin an, dass sie vorlesen wird, wie die beiden Strophen gehen	

Kind	Erwachsener	Andere Kinder
	Praktikantin fordert ihn leise nochmals auf	
Wendet Kopf, schreit kurz		
	E kommt zu ihm, hockt sich vor ihn, nimmt seine Hand und führt sie zögernd zum Talker	
Wendet Kopf weg, bleibt passiv		
	Tippt mit eigenem Finger nochmals auf Talker	
Schreit erneut kurz		
	„Peter mag nicht, ok, dann singen wir allein“	
Wendet den Kopf in Mittellinie, schreit erneut		
	Schaltet den Talker aus, „Vielleicht mag der Peter euch das nachher noch zeigen“	
Schreit, während E den Text vorliest		
	Praktikantin nimmt seine Hand	
Beruhigt sich		
	Beginnt vorzusingen	

5.4 Kooperative Planung zur Förderung sozialer Teilhabe

Zu Beginn dieses letzten Kapitels sei noch einmal auf eine mögliche allgemeine Definition sozialer Teilhabe – wie sie eine niederländische Arbeitsgruppe in Bezug auf soziale Teilhabe in der Schule formuliert hat – Bezug genommen:

> *„Soziale Teilhabe von Schülern im allgemeinen Unterricht zeigt sich in positiven Kontakten/Interaktionen zwischen ihnen und ihren Klassenkameraden; Akzeptanz durch die anderen Kinder der Klasse; positiven Beziehungen/Freundschaften zwischen ihnen und ihren Klassenkameraden; und der Wahrnehmung der Schüler selbst, dass sie von ihren Klassenkameraden akzeptiert werden" (Koster et al. 2009, 135; übersetzt aus dem Englischen durch den Autor).*

Angesichts des komplexen Hilfebedarfs von Kindern mit schwerer und mehrfacher Behinderung im Kindergartenalter können sicherlich nicht alle Kriterien dieser Definition auf diese Zielgruppe übertragen werden. Andererseits kann die Lösung nicht darin bestehen zu sagen: Dabeisein ist alles. Mit anderen Worten: Es genügt nicht, dass Kinder mit schwerer Behinderung von den anderen überhaupt als Mitglieder der Gruppe wahrgenommen werden (sie z.B. nach ihnen fragen, wenn sie fehlen), dass sie bei Gruppenaktivitäten toleriert und nicht ausgegrenzt werden. Vielmehr muss ein gewisses Maß an positiven Kontakten und Interaktionen zwischen einem Kind mit schwerer und mehrfacher Behinderung entstehen, um von „gelungener sozialer Teilhabe" zu sprechen. Ein „Mindestmaß", wie viele solcher Kontakte und Interaktionen zu beobachten sein müssen, lässt sich dabei angesichts der Heterogenität der individuellen Voraussetzungen für die Beteiligung, die in der Gruppe der Kinder mit schwerer Behinderung gegeben sind, nicht definieren. Wie viel Beteiligung gelingt, hängt aber in hohem Maße von der pädagogischen Unterstützung ab, die die Kinder selbst und die „Partnerkinder" in der Gruppe von den betreuenden Fachkräften erhalten.

Die bisherigen Ausführungen haben sicher hinreichend deutlich gemacht, dass die Förderung sozialer Teilhabe von Kindern mit schwerer und mehrfacher Behinderung für die Fachkräfte eine komplexe pädagogische Herausforderung darstellt. Das gilt sowohl für die Förderung im Setting eines Schulkindergartens, Förderkindergartens oder Heilpädagogischen Kindergartens, in dem alle Kinder einen individuellen Förderbedarf haben und die Fachkräfte in den Gruppen (in der Regel) über entsprechende sonder- oder heilpädagogische Grundkenntnisse und Erfahrungen verfügen, wie auch in inklusiven Kindertagesstätten. In beiden Betreuungssettings bedarf es spezifischer Kompetenzen zur Förderung sozialer Kontaktbereitschaft und Kommunikationsfähigkeiten und zur Gestaltung pädagogischer Alltagssituationen, um auch für Kinder mit einem so umfangreichen Hilfebedarf eine soziale Teilhabe zu sichern.

Ein individuell auf die spezifischen Gruppenbedingungen sowie die Fähigkeiten und Unterstützungsbedürfnisse des Kindes mit schwerer und mehrfacher Behinderung abgestimmtes Coaching kann dazu beitragen, dass Fachkräfte die erforderlichen Fähigkeiten zur Unterstützung sozialer Interaktionen und zur Förderung der Kommunikationsfähigkeiten erwerben. Die Erfahrungen – z. B. in der Kommunikationsförderung von taubblinden Kindern – sprechen dafür, dass ein solches Coaching effektiv ist, wenn es systematische Beobachtungen der individuellen Voraussetzungen und Teilhabebarrieren, videogestützte Einzelanleitungen und Möglichkeiten zur Gruppensupervision miteinander verbindet.

Im deutschsprachigen Raum bestehen bislang keine organisatorischen Strukturen und Erfahrungen, auf die bei der Implementierung eines solchen Coachings zurückgegriffen werden könnte. Es geht abschließend darum, Ansatzpunkte für die Entwicklung eines solchen Unterstützungssystems zu formulieren.

Es kann nicht vorausgesetzt werden, dass Sonderpädagogen, Psychologen oder Therapeuten in Frühförderstellen oder Sozialpädiatrischen Zentren grundsätzlich über Expertise in der Arbeit mit Kindern mit komplexen Kommunikationsbehinderungen verfügen. Dennoch kommt diesen Einrichtungen die Aufgabe zu, entsprechende Angebote einer Beratung oder eines Coachings zu entwickeln. Sonderpädagogische Frühförderstellen für blinde Kinder oder Kinder mit Hörschädigung, die bundesweit zur Verfügung stehen, sonderpädagogische Frühförderstellen für Kinder mit körperlicher oder geistiger Behinderung, wie sie in einzelnen Bundesländern vorhanden sind, interdisziplinäre Frühförderstellen und Sozialpädiatrische Zentren – sofern sie sich für Kinder mit unterschiedlichen Behinderungen zuständig fühlen und über Mitarbeiter mit spezifischen Fachkompetenzen verfügen – können diese Aufgabe übernehmen. Eine Beratung von Fachkräften in den Kindergärten, in die die von ihnen betreuten Kinder aufgenommen werden, entspricht ihrem Auftrag, der neben der Beratung der Familien und der Entwicklungsförderung der Kinder explizit auch die Unterstützung ihrer sozialen Inklusion einschließt.

Die Förderung der sozialen Teilhabe von Kindern mit diesem umfassenden Hilfebedarf erfordert verbindliche Kooperationsformen zwischen diesen Beratungseinrichtungen und den Mitarbeitern in den Kindergärten, in denen die Kinder integriert werden sollen. Elementarpädagogen mit ihrer unterschiedlichen Ausbildung als Erzieher oder akademisch ausgebildete Frühpädagogen und Experten in der Arbeit mit Kindern mit schwerer Behinderung müssen dabei zusammenarbeiten. Das Gelingen solcher Kooperationsprozesse – das zeigen die Erfahrungen bei der Integration von Kindern mit Behinderungen in Kindergärten und Schulen im Allgemeinen – setzt bestimmte Standards der Zusammenarbeit voraus. Sie muss auf einer partnerschaftlichen Ebene geschehen, d. h. pädagogische Fachkräfte und Beratungskräfte mit spezifischer Expertise müssen sich „auf einer Ebene“ begegnen und ihre jeweiligen Kompetenzen und beruflichen Erfahrungen wechselseitig anerkennen. Die Planung von Unterstützungsmaßnahmen für die soziale Teilhabe der Kinder muss in einem kooperativen, längerfristig angelegten Prozess erfolgen, für den es Bereitschaft zur Zusammenarbeit und entsprechende Rahmenbedingungen braucht. Ein individualisiertes Coaching setzt die Möglichkeit zur Beobachtung des pädagogischen Geschehens in der Gruppe (möglichst mit Videodokumentation) voraus sowie zeitliche Ressourcen, um die Beobachtungen sorgfältig zu analysieren und Empfehlungen für Interventionen zu entwickeln. Diese zeitlichen und räumlichen Bedingungen müssen von den Einrichtungsträgern gesichert werden, wenn ein Kind mit schwerer und mehrfacher Behinderung aufgenommen wird.

Ebenso wichtig ist es, alle Bezugspersonen des Kindes in die Planung und Umsetzung von Maßnahmen zur Förderung der sozialen Teilhabe einzubeziehen. Dazu gehören in erster Linie die Eltern, die um die spezifischen Bedürfnisse ihrer Kinder wissen und oft ihre Kommunikationsformen am besten einschätzen können. Sie wünschen sich, in die pädagogische Planung einbezogen und in ihrer spezifischen Kompetenz und ihren Erfahrungen respektiert zu werden. Ebenso müssen Physio-, Ergo- und Sprachtherapeuten einbezogen werden, wenn sie mit dem Kind innerhalb oder außerhalb des Kindergartensettings arbeiten. Sie können ihre spezifische Fachkompetenz einbringen, müssen aber auch bereit sein, Bedürfnisse des Kindes wahrzunehmen, die nicht unmittelbar in ihrem Fachgebiet liegen. Sie müssen in der gemeinsamen Planung von Interventionen zur Unterstützung der sozialen Teilhabe mitunter auch akzeptieren, dass Fördermaßnahmen, die aus der Sicht ihrer Fachrichtung wichtig erscheinen, hinter anderen Förderzielen zurückstehen, die für die soziale Partizipation eine höhere Priorität haben.

Einzelne empirische Studien belegen die positiven Wirkungen eines solchen Teamentwicklungsprozesses (Frazeur Cross et al. 2004; Hunt et al. 2004). In diesen Studien wurde jeweils systematisch dokumentiert, wie Eltern, Therapeuten und Pädagogen bei der Planung der Unterstützung sozialer Partizipation von Kindern mit schwerer Behinderung zusammenarbeiten, welche Anpassungen (z.B. in der räumlichen Gestaltung und im Materialangebot) vorgenommen, welche spezifischen Strategien zur Förderung sozialer Teilhabe vereinbart werden und wer für ihre Umsetzung jeweils die Verantwortung übernimmt. Die Befragung der Mitarbeiter nach ihren Erfahrungen bei diesem Prozess und die quantitativen Auswertungen von Beobachtungen zur Häufigkeit sozialer Interaktionen und der Beteiligung der Kinder am Gruppengeschehen belegen, dass ein solcher Teamentwicklungsprozess gelingen kann.

Zum Schluss sei auf die Notwendigkeit hingewiesen, Assistenzkräfte in die gemeinsame Planung und Umsetzung von Unterstützungsmaßnahmen einzubeziehen, die keine fachliche Vorerfahrung haben. Diesem Aspekt kommt in der gegenwärtigen Inklusionsdebatte eine besondere Bedeutung zu. In der Praxis, aber auch auf politischer Ebene lässt sich zunehmend stärker die Tendenz erkennen, Inklusion von Kindern mit Behinderungen in der Form zu gestalten, dass individuelle Assistenzkräfte als „Integrationshelfer" (bzw. im Schulbereich dann als „Schulbegleiter") eingesetzt und im Rahmen der Eingliederungshilfe für Menschen mit Behinderungen nach den Bestimmungen des Sozialgesetzbuchs finanziert werden. Die Zuweisungsgründe und Aufgabenbereiche für solche Assistenzkräfte wurden in umfangreichen Studien u. a. in Bayern und Baden-Württemberg für den Schulbereich analysiert (Dworschak 2012; Henn et al. 2014). In der Schule gehören die Unterstützung von Kindern mit Behinderungen bei schulbezogenen Lernprozessen, die Assistenz bei der Selbstversorgung und Mobilität sowie die Förderung der sozialen Kontakte zu den Mitschülern zu ihren Aufgaben. Ähnlich lässt sich das Aufgabenspektrum im Kindergarten beschreiben.

Aus den USA und England – Ländern, in denen ähnliche Bestrebungen seit längerer Zeit zu beobachten sind – liegen mittlerweile zahlreiche Untersuchungen vor, die die Problematik einer solchen Strategie deutlich machen (z. B. Giangreco 2010). Die Assistenzkräfte sind für ihre Aufgaben unzureichend ausgebildet und erhalten keine verlässliche Anleitung durch pädagogische Fachkräfte. Vielmehr führt die Zuordnung einer Assistenzkraft häufig dazu, dass ihr die direkte Arbeit mit dem Kind übertragen wird, d. h. der Kontakt zur kompetenten pädagogischen Fachkraft im Unterricht wird reduziert. Außerdem entstehen nicht selten „inselhafte" Beziehungen in der Gruppe, d. h. das Kind mit besonderem Hilfebedarf und seine Assistenzkraft haben engen Kontakt miteinander, die Assistenzkraft trägt aber nicht zu einer Förderung der sozialen Kontakte zu anderen Kinder der Gruppe bei.

Diese empirischen Ergebnisse stammen aus Beobachtungen im Schulbereich. Es muss jedoch angenommen werden, dass sie in Kindergärten ebenso gelten. Auch wenn einzelne Assistenzkräfte intuitive Fähigkeiten mitbringen mögen, um für ein Kind mit schwerer und mehrfachen Behinderungen eine wichtige Bezugsperson zu werden, ist nachdrücklich zu betonen: Assistenzkräfte können nur dann eine effektive Unterstützung bei der sozialen Partizipation sein, wenn sie in individualisierte Coaching-Maßnahmen und die Planung von systematischen Unterstützungsmaßnahmen im Team einbezogen werden. Die soziale Teilhabe von Kindern mit schwerer und mehrfacher Behinderung stellt eine so komplexe pädagogische Herausforderung dar, dass sie keinesfalls durch Zuordnung einer individuellen Assistenzkraft als „Integrationshilfe" allein gewährleistet werden kann.

Glossar

In das Glossar wurden vor allem medizinische Fachbegriffe aufgenommen, mit denen Leser mit einer pädagogischen oder psychologischen Ausbildung u.U. nicht vertraut sind.

Elektronische Kommunikationshilfen: Elektronische Kommunikationshilfen sind Hilfsmittel der Unterstützten Kommunikation, die Menschen ohne effektive Lautsprache ermöglichen können, dennoch über Laut- oder Schriftsprachausgaben zu kommunizieren.

Epilepsie: Epilepsie bezeichnet ein Krankheitsbild mit mindestens einem spontan aufgetretenen Krampfanfall, der neurologisch durch eine Folge anfallsartiger (paroxysmaler) synchroner Entladungen von Neuronengruppen im Gehirn ausgelöst wird, die zu plötzlichen unwillkürlichen stereotypen Verhaltens- oder Befindensstörungen führen. Die Formen von epileptischen Anfällen sind vielfältig.

Ernährungssonde: Als Ernährungssonde bezeichnet man einen Schlauch, der in den Magen-Darm-Trakt eines Kindes, Jugendlichen oder Erwachsenen eingebracht wird, um ihn mit Sondennahrung zu versorgen, wenn er selbst nicht in ausreichendem Maße Nahrung oder Flüssigkeit zu sich nehmen kann. Eine solche Sonde kann durch die Nase, den Rachen und die Speiseröhre in den Magen oder fest durch die Bauchdecke geschoben werden.

Gastro-ösophagealer Reflux: Gastro-ösophagealer Reflux (GÖR) meint den Rückfluss von Mageninhalt in die Speiseröhre. In diesen Fällen funktioniert der innere Schließmuskel (Ösophagussphinkter), der die Speiseröhre vom Magen trennt, nicht richtig, wodurch Speisen aus dem Magen zurück in die Speiseröhre fließen können und dort zu einer schmerzhaften Reizung oder Entzündung der Speiseröhre führen können.

Kontrakturen: Als Kontraktur wird eine Funktions- und Bewegungseinschränkung von Gelenken bezeichnet. Sie entsteht durch die Verkürzung umliegender Weichteile wie Muskeln, Sehnen, Bändern und Faszien. Die betroffenen Gelenke lassen sich sowohl aktiv wie auch passiv nicht oder nur schwer und in geringem Maße bewegen, dabei kann die Bewegung schmerzhaft sein. Das Ausmaß der Einschränkung kann bis zu einer vollständigen Versteifung reichen.

Orthese: Eine Orthese ist ein medizinisches Hilfsmittel, das zur Stabilisierung, Entlastung, Ruhigstellung, Führung oder Korrektur von Gliedmaßen eingesetzt wird. Sie wird z.B. bei Kindern mit einer spastischen Parese verwendet, um ihren Stand zu stabilisieren.

Regressionsanalyse: Regressionsanalysen sind statistische Analyseverfahren, die zum Ziel haben, Beziehungen zwischen einer abhängigen und einer oder mehreren unabhängigen Variablen zu analysieren. Dabei können auch einzelne Einflussvariablen (z. B. das unterschiedliche Ausgangsniveau in einem Entwicklungstest) in ihrer Auswirkung auf den Entwicklungsfortschritt eines Kindes rechnerisch kontrolliert werden.
Signifikanzniveau: Unterschiede zwischen Messgrößen in statistischen Analysen werden als signifikant bezeichnet, wenn die Wahrscheinlichkeit, dass sie durch Zufall zustande gekommen sein können, gering ist. Als Schwellenwert, ab dem der Unterschied als nicht zufallsbedingt angenommen wird, wird in der Regel eine Wahrscheinlichkeit von weniger als 5 % ($p < .05$) gesetzt.
Trachealkanüle: Die Tracheotomie (Luftröhrenschnitt) ist ein chirurgischer Eingriff, bei dem durch die Halsweichteile ein Zugang zur Luftröhre geschaffen (Tracheostoma) und eine Atemkanüle (Trachealkanüle) eingesetzt wird. Indikationen zur Tracheotomie können beispielsweise neurologische Erkrankungen mit Störungen des Schluckreflexes oder der automatischen Atemregulation sein.
Varianzanalyse: Als Varianzanalyse bezeichnet man statistische Verfahren, bei denen die Mittelwerte einer abhängigen Messgröße (Variable) zwischen mehr als zwei Gruppen verglichen werden.
Zerebralparese: Unter einer Zerebralparese versteht man Bewegungsstörungen, deren Ursache in einer frühkindlichen Hirnschädigung liegt. Die dadurch hervorgerufene Behinderung ist charakterisiert durch Störungen des Nervensystems und der Muskulatur im Bereich der willkürlichen Motorik. Am häufigsten sind spastische Mischformen und eine Muskelhypertonie, aber auch athetotische oder ataktische Formen kommen vor.

Literatur

Anderson, C. (2011): Developing professional learning for staff working with children with speech, language and communication needs combined with moderate-to-severe learning difficulties. British Journal of Special Education 38, 9–18

Arthur-Kelly, M., Foreman, P., Bennett, D., Pascoe, S. (2008): Interaction, inclusion and students with profound and multiple disabilities: towards an agenda for research and practice. Journal of Research in Special Educational Needs 8, 161–166

Arvio, M., Sillanpää, M. (2003): Prevalence, aetiology and comorbidity of severe and profound intellectual disability in Finland. Journal of Intellectual Disability Research 47, 108–112

Avramidis, E., Norwich, B. (2002): Teachers' attitudes towards integration / inclusion: a review of the literature. European Journal of Special Needs Education 17, 129–147

Baker, B., Brightman, B. (2004): Alltagsfähigkeiten: Ein Ratgeber für Eltern und Erzieher zur Förderung besonderer Kinder. G & S Verlag, Nürnberg

Baker-Ericzen, M., Mueggenborg, M., Shea, M. (2009): Impact of trainings on child care providers' attitudes and perceived competence toward inclusion. Topics in Early in Childhood Special Education 28, 196–208

Bertelsmann-Stiftung (2010): Gemeinsam lernen – Inklusion leben. Status Quo und Herausforderungen inklusiver Bildung in Deutschland. In: https://www.bertelsmann-stiftung.de/de/publikationen/publikation/did/gemeinsam-lernen-inklusion-leben/, 21.9.2015

Boenisch, J. (2008): Sprachförderung unterstützt kommunizierender Kinder. Zeitschrift für Heilpädagogik 59, 451–460

Botts, B., Hershfeldt, P., Christensen-Sandfort, B. (2008): Snoezelen: empirical review of product representation. Focus on Autism and Other Developmental Disabilities 23, 138–147

Boyle, C., Boulet, S., Schieve, L., Cohen, R., Blumberg, S., Yeargin-Allsopp, M., Visser, S., Kogan, M. (2011): Trends in the prevalence of developmental disabilities in US children, 1997–2008. Pediatrics 127, 1034–1042

Brigance, A. (1991): Brigance Diagnostic Inventory of Early Development – revised. Curriculum Associates, North Billerica

Bruce, S., Godbold, E., Naponelli-Gold, S. (2004): An analysis of communicative functions of teachers and their students who are congenitally deafblind. Re:view 36, 81–90

Bruns, D., Mogharreban, C. (2007): The gap between beliefs and practices: Early childhood practitioners' perceptions about inclusion. Journal of Research in Childhood Education 21, 229–241

Bunning, K., Smith, C., Kennedy, P., Greenham, C. (2013): Examination of the communication interface between students with severe and profound and multiple intellectual disability and educational staff during structured teaching sessions. Journal of Intellectual Disability Research 57, 39–52

Buysse, V., Skinner, D., Grant, S. (2001): Toward a definition of quality inclusion: Perspectives of parents and practioners. Journal of Early Intervention 24, 145–161

Caldwell, B. (2006): Speaking the other's language: imitation as a gateway to relationship. Infant and Child Development 15, 275–282

Chen, D., Klein, D., Haney, M. (2007): Promoting interactions with infants who have complex multiple disabilities. Infants and Young Children 20, 149–162

Damen, S., Kef, S., Worm, M., Janssen, M., Schuengel, C. (2011): Effects of video-feedback interaction training for professional caregivers of children and adults with visual and intellectual disabilities. Journal of Intellectual Disability Research 55, 581–595

De Geeter, K., Poppes, P., Vlaskamp, C. (2002): Parents as experts: the position of parents of children with profound multiple disabilities. Child: Care, Health and Development 28, 443–453

DIMDI (2013): ICD-10-WHO Version. In: http://www.dimdi.de/static/de/klassi/icd-10-who/kodesuche/onlinefassungen/htmlamtl2013/, 8.10.2015

Douglas, S., Light, J., McNaughton, D. (2012): Teaching paraeducators to support the communication of young children with complex communication needs. Topics in Early Childhood Special Education 33, 91–101

Dworschak, W. (2012): Schulbegleitung im Förderschwerpunkt geistige Entwicklung an der allgemeinen Schule. Gemeinsam leben, 80–94

Evenhuis, H., Theunissen, M., Denkers, L., Verschuure, H., Kemme, H. (2001): Prevalence of visual and hearing impairments in a Dutch institutionalized population with intellectual disability. Journal of Intellectual Disability Research 45, 457–464

Ferguson, D. (2008): International trends in inclusive education: the continuing challenge to teach each one and everyone. European Journal of Special Needs Education 23, 109–120

Firth, G., Barber, M. (2011): Using intensive interaction with a person with a social or communicative impairment. Jessica Kingsley Publishers, London

Foreman, P., Arthur-Kelly, M., Bennett, D., Neilands, J., Colyvas, K. (2014). Observed changes in the alertness and communicative involvement of students with multiple and severe disability following in-class mentor modeling for staff in segregated and general education classrooms. Journal of Intellectual Disability Research 58, 704–720

Foreman, P., Arthur-Kelly, M., Pascoe, S. (2007): The impact of partner training on the communicative involvement of students with multiple and severe disability in special schools. Journal of Intellectual and Developmental Disability 32, 233–247

Foreman, P., Arthur-Kelly, M., Pascoe, S., Smyth King, B. (2004): Evaluating the educational experiences of students with profound and multiple disabilities in inclusive and segregated classroom settings: an Australian perspective. Research and Practice for Persons with Severe Disabilities 29, 183–193

Frazeur Cross, A., Traub, E., Hutter-Pishgahi, L., Shelton, G. (2004): Elements of successful inclusion for children with significant disabilities. Topics in Early Childhood Special Education 24, 169–183

Fröhlich, A. (2014): Inklusion für Menschen mit schwerer Behinderung. Zeitschrift für Heilpädagogik, 379–385

Fröhlich, A., Heinen, N., Lamers, W. (2007): Frühförderung von Kindern mit schwerer Behinderung. Verlag Selbstbestimmtes Leben, Düsseldorf

Giangreco, M. (2010): One-to-one paraprofessionals for students with disabilities in inclusive classrooms: Is conventional wisdom wrong? Intellectual and Developmental Disabilities 48, 1–13

Goldbart, J., Chadwick, D., Buell, S. (2014): Speech and language therapist‘s approaches to communication intervention with children and adults with profound and multiple learning disability. International Journal of Language and Communication Disorders 49, 687–701

Graham, R., Pemstein, D., Palfrey, J. (2008): Included but isolated: early intervention programmes provision for children and families with chronic respiratory support needs. Child: Care, Health and Development 34, 373–379

Gresham, F. M., & Elliott, S. N. (1990): The Social Skills rating system. American Guidance Services, Circle Pines

Grove, N., Bunning, K., Porter, J., Olsson, C. (1999): See what I mean?: interpreting the meaning of communication by people with severe and profound intellectual disabilities. Journal of Applied Research in Intellectual Disabilities 12, 190–203

Henn, K., Thurn, L., Besier, T., Künster, A., Fegert, J., Ziegenhain, U. (2014): Schulbegleiter als Unterstützung von Inklusion im Schulwesen. Zeitschrift für Kinder- und Jugendpsychiatrie und Psychotherapie 42, 397–403

Hennig, B. (2011): Interaktion und Kommunikation zwischen Menschen mit schwerster Behinderung und ihren Bezugspersonen: Aspekte des Gelingens. In A. Fröhlich, N. Heinen, T. Klauß, W. Lamers (Hrsg.) Schwere und mehrfache Behinderung – interdisziplinär (273–298). Athena, Oberhausen

Hewett, D., Nind, M. (1998): Interaction in action. Fulton, London

Hewitt-Taylor, J. (2009): Children who have complex health needs: parents' experiences of their child's education. Child: Care, Health and Development 35, 521–526

Heyl, V., Seifried, S. (2014): „Inklusion? Da ist ja sowieso jeder dafür!?“ Einstellungsforschung zu Inklusion. In Trumpa, S., Seifried, S., Franz, E., Klauß, T. (Hrsg.) Inklusive Bildung: Erkenntnisse und Konzepte aus Fachdidaktik und Sonderpädagogik. Beltz, Weinheim

Holahan, A., Costenbader, V. (2000): A comparison of developmental gains for preschool children with disabilities in inclusive and self-contained classrooms. Topics of Early Childhood Special Education 20, 224–235

Hostyn, I., Daelman, M., Janssen, M., Maes, B. (2010): Describing dialogue between persons with profound intellectual and multiple disabilities and direct support staff using the Scale for Dialogical Meaning Making. Journal of Intellectual Disability Research 54, 679–690

Hostyn, I., Maes, B. (2009): Interaction between persons with profound intellectual and multiple disabilities and their partners: A literature review. Journal of Intellectual & Developmental Disability 34, 296–312

Hostyn, I., Neerincks, H., Maes, B. (2011): Attentional processes in interactions between people with profound intellectual and multiple disabilities and direct support staff. Research in Developmental Disabilities 32, 491–503

Huber, C. (2009): Gemeinsam einsam? Empirische Befunde und praxisrelevante Ableitungen zur sozialen Integration von Schülern mit sonderpädagogischem Förderbedarf im gemeinsamen Unterricht. Zeitschrift für Heilpädagogik, 224–242

Hundert, J., Mahoney, B., Mundy, F., Vernon, M. (1998): A descriptive analysis of developmental and social gains to children with severe disabilities in segregated and inclusive preschools in Southern Ontario. Early Childhood Research Quarterly 13, 49–65

Hunt, P., Soto, G., Maier, J., Liboiron, N., Bae, S. (2004): Collaborative teaming to support preschoolers with severe disabilities who are placed in general education early childhood programs. Topics of Early Childhood Special Education 24, 123–142

Hutchinson, N., Bodicoat, A. (2015): The effectiveness of intensive interaction, a systematic literature review. Journal of Applied Research in Intellectual Disabilities 28, 1–18

Iacono, T., Carter, M., Hook, J. (1998): Identification of intentional communication in students with severe and multiple disabilities. Augmentative and Alternative Communication 14, 102–114

Jansen, S., van der Putten, A., Vlaskamp, C. (2012): What parents find important in the support of a child with profound intellectual and multiple disabilities. Child: Care, Health and Development 39, 432–441

Janssen, M., Riksen Walraven, M., van Dijk, J. (2006): Applying the diagnostic intervention model for fostering harmonious interactions between deaf-blind children and their educators: A case study. Journal of Visual Impairment & Blindness 100, 91–104

Janssen, M., Riksen-Walraven, M., van Dijk, J. (2004): Enhancing the interactive competence of deafblind children: do intervention effects endure? Journal of Developmental and Physical Disabilities 16, 73–94

Janssen, M., Riksen-Walraven, M., van Dijk, J. (2003): Toward a diagnostic intervention model for fostering harmonious interactions between deaf-blind children and their educators. Journal of Visual Impairment & Blindness 97, 197–214

Janssen, M., Riksen-Walraven, M., van Dijk, J., Ruijssenaars, W. (2010): Interaction coaching with mothers of children with congenital deaf-blindness at home: Applying the diagnostic intervention model. Journal of Visual Impairment & Blindness 104, 15–29

Kane, G. (1992): Frühe kommunikative Entwicklung. Geistige Behinderung 31, 303–319

Kane, J., Kane, G. (1984): Geistig schwer Behinderte lernen lebenspraktische Fähigkeiten. Huber, Bern

Kellett, M., Nind, M. (2003): Implementing intensive interaction in schools. Daniel Fulton, London

Kirk, S., Glendinning, C. (2004): Developing services to support parents caring for a technology-dependent child at home. Child: Care, Health and Development 30, 209–218

Klauß, T. (2006): Menschen mit schweren Behinderungen im Spannungsfeld unterschiedlicher Interessen. Geistige Behinderung 45, 3–18

Klein, D., Chen, D., Haney, M. (2000): PLAI – Promoting Learning Through Active Interaction. A Guide to Early Communication with Young Children Who Have Multiple Disabilities. Paul Brookes, Baltimore

Koster, M., Minnaert, A., Nakken, H., Pijl, S., Van Houten, E. (2011): Assessing social participation of students with special needs in inclusive education: Validation of the Social Participation Questionnaire. Journal of Psychoeducational Assessment 29, 199–213

Koster, M., Nakken, H., Pijl, S.J., Van Houten, E.J. (2009): Being part of the peer group: A literature study focusing on the social dimension of inclusion in education. International Journal of Inclusive Education 13, 117–140

Koster, M., Pijl, S., Nakken, H., Van Houten, E. (2010): Social participation of students with special needs in regular primary education in the Netherlands. International Journal of Disability, Development and Education 57, 59–75

Kraus de Camargo, O., Simon, L. (2013). Die ICF-CY in der Praxis. Huber, Bern

Kuhl, J., Spies, K. (2013): Medizinisch-pflegerische Kompetenzen von Lehrkräften an Schulen mit dem Förderschwerpunkt Geistige Entwicklung. Zeitschrift für Heilpädagogik, 14–23

Kunz, A., Luder, R., Moretti, M. (2010): Die Messung von Einstellungen zur Integration (EZI). Empirische Sonderpädagogik 3, 83–94

Lancioni, G. E., Singh, N. N., O'Reilly, M. F., Sigafoos, J. S., Oliva, D., Campodonico, F., Lang, R. (2012): Persons with multiple disabilities exercise adaptive response schemes with the help of technology-based programs: three single-case studies. Research in Developmental Disabilities 33, 849–857

Lancioni, G. E., Singh, N. N., O'Reilly, M. F., Sigafoos, J. S., Oliva, D., Cingolani, E. (2009): Students with multiple disabilities using technology-based programs to choose and access stimulus events alone or with caregiver participation. Research in Developmental Disabilities 30, 689–701

Leyser, Y., Kirk, R. (2004): Evaluating inclusion: an examination of parent views and factors influencing their perspectives. International Journal of Disability, Development and Education 51, 271–285

Lhatoo, S., Sander, J. (2001): The epidemiology of epilepsy and learning disability, Epilepsia 42 (Suppl. 1), 6–9

Lott, J., Kroeger, K. (2003): Self-help skills in persons with mental retardation. In Matson, J., Laud, R., Matson, M. (Eds.): Behavior Modification for Persons with Developmental Disabilities: Treatments and Supports. Vol. 2 (pp. 33–64). NADD, New York

Mar, H., Sall, N. (1999): Profiles of the expressive communication skills of children and adolescents with severe cognitive disabilities. Education and Training in Mental Retardation and Developmental Disabilities 34, 77–89

Markos-Capps, G., Godfrey, A. (1999): Availability of day care services for preschool children with special health care needs. Infants and Young Children 11, 62–78

McLean, L., Brady, N., McLean, J. (1996): Reported communication abilities of individuals with severe mental retardation. American Journal on Mental Retardation 100, 580–591

Nafstad, A., Rødbroe, I. (1999): Co-creating communication. Forlaget Nord-Press, Dronninglund

Nakken, H., Vlaskamp, C. (2007): A need for a taxonomy for profound intellectual and multiple disabilities. Journal of Policy and Practice in Intellectual Disabilities 4, 83–87

Nielsen, L. (1992): Bist Du blind? Entwicklungsförderung sehgeschädigter Kinder. Bentheim, Würzburg

Nind, M. (1996): Efficacy of intensive interaction: developing sociability and communication in people with severe and complex learning difficutlies using an approach based on caregiver-infant interaction. European Journal of Special Needs Education 11, 48–66

Nind, M., Hewett, D. (2005): Access to communication: developing the basics of communication for people with severe learning difficulties. 2nd ed. Fulton, London

Nind, M., Hewett, D. (2001): A practical guide to intensive interaction. BILD Publ., Kidderminster

Odom, S. (2002): Widening the circle. New York: teachers College Press

Olsson, C. (2005): The use of communicative functions among pre-school children with multiple disabilities in two different setting conditions: Group versus individual patterns. Augmentative and Alternative Communication 21, 3–18

Palmer, D., Fuller, K., Arora, T., Nelson, M. (2001): Taking sides: Parent views on inclusion for their children with severe disabilities. Exceptional Children 67, 467–484

Papoušek, M. (1994): Vom ersten Schrei zum ersten Wort: Anfänge der Sprachentwicklung in der vorsprachlichen Kommunikation. Huber, Bern

Park, K. (1995): Using objects of reference: a review of the literature. European Journal of Special Needs Education 10, 40–46

Petry, K., Maes, B. (2006): Identifying expressions of pleasure and displeasure by persons with profound and multiple disabilities. Journal of Intellectual and Developmental Disability 31, 28–38

Pijl, S., Frostad, P., Flem, A. (2008): The social position of pupils with special needs in regular schools. Scandinavian Journal of Educational Research 52, 387–405

Rafferty, Y., Boettcher, C., Griffin, K. (2001): Benefits and risks of reverse inclusion for preschoolers with and without disabilities: Parents' perspectives. Journal of Early Intervention 24, 266–286

Rafferty, Y., Griffin, K. (2005): Benefits and risks of reverse inclusion for preschoolers with and without disabilities: Perspectives of parents and providers. Journal of Early Intervention 27, 173–192

Rafferty, Y., Piscitelli, V., Boettcher, C. (2003): Impact of inclusion on language development and social competence among preschoolers with disabilities. Exceptional Children 69, 467–479

Ratcliffe, C., Harrigan, R., Haley, J., Tse, A., Olson, T. (2002): Stress in families with medically fragile children. Issues in Comprehensive Pediatric Nursing 25, 167–188

Redmond, B., Richardson, V. (2003): Just getting on with it: Exploring the service needs of mothers who care for young children with severe/profound and life-threatening intellectual disability. Journal of Applied Research in Intellectual Disabilities 16, 205–218

Rehm, R., Bradley, J. (2006): Social interactions at school of children who are medically fragile and developmentally delayed. Journal of Pediatric Nursing 21, 299–307

Rehm, R., Bradley, J. (2005): Normalization in families raising a child who is medically fragile/technology dependent and developmentally delayed. Qualitative Health Research 15, 807–820

Reuner, G., Rosenkranz, J. (2014): Bayley-Scales of Infant and Toddler Development, Third Edition – Deutsche Version. Pearson Assessment, Frankfurt/M.

Rødbroe, I., Janssen, M., Souriau, J. (2014): Kommunikation und angeborene Taubblindheit (Booklet I – IV). Stiftung St. Franziskus, Heiligenbronn/Edition Bentheim, Würzburg

Rødbroe, I., Souriau, J. (1999): Communication. In: McInnes, J. M. (Ed.): A guide to planning and support for individuals who are deafblind (119–149). University of Toronto Press, Toronto

Roth, S. (2013a): Sie kann lächeln. Die Zeit 34. In: www.zeit.de/2013/34/inklusion-behinderte-kinder-kita/komplettansicht, 08.09.2015

Roth, S. (2013b): Lotta Wundertüte. Unser Leben mit Bobbycar und Rollstuhl. Köln, Kiepenheuer & Witsch

Sarimski, K. (2012a): Frühförderung und Beratung bei drohender schwerer Behinderung. Winter, Edition Schindele, Heidelberg

Sarimski, K. (2012b): Behinderte Kinder in inklusiven Kindertagesstätten. Kohlhammer, Stuttgart

Sarimski, K., Braunstein, S., Weishaupt, L. (2012): Einstellungen, Kompetenzen und Unterstützungssysteme von Erzieherinnen bei der Integration behinderter Kinder. Gemeinsam leben 20, 101–109

Samuel, J., Pritchard, M. (2001): The ignored minority: Meeting the needs of people with profound learning disability. Tizard Learning Disability Review 6, 34–44

Schwab, S. (2014): Integration für alle? Die Einstellung von österreichischen LehrerInnen zu integrativem Unterricht. In S. Trumpa, S. Seifried, E. Franz, T. Klauß (Hrsg.) Inklusive Bildung: Erkenntnisse und Konzepte aus Fachdidaktik und Sonderpädagogik. Beltz, Weinheim

Smith, J., Williams, J., Gibbin, K. (2003): Children with a tracheostomy: experience of their carers in school. Child: Care, Health and Development 29, 291–296

Smith, S. (1999): Living with cerebral palsy and tube feeding: A population-based follow-up study. Journal of Pediatrics 135, 307–310

Sparrow, S., Balla, D., Cicchetti, D. (1984): Vineland Adaptive Behavior Scales. American Guidance Services, Circle Pines

Stephenson, J., Carter, M. (2011): The use of multisensory environments in schools for students with severe disabilities: perception from teachers. Journal of Developmental and Physical Disabilities 23, 339–357

Stephenson, J., Carter, M., Arthur-Kelly, M. (2011): Professional learning for teachers without special education qualifications working with students with severe disabilities. Teacher Education and Special Education 34, 7–20

Stromme, P., Valvatne, K. (1998): Mental retardation in Norway: prevalence and subclassification in a cohort of 30 037 children born between 1980-85. Acta Paediatrica 87, 291–296

Van Splunder, J., Stilma, J., Bernsen, R., Evenhuis, H. (2006): Prevalence of visual impairment in adults with intellectual disabilities in the Netherlands: cross-sectional study. Eye 20, 1004–1010

Vervloed, M., van Dijk, R., Knoors, H., van Dijk, J. (2006): Interaction between the teacher and the congenitally deafblind child. American Annals of the Deaf 151, 336–344

Vlaskamp, C., De Geeter, K., Huijsmans, L., Smit, I. (2003): Passive activities: The effectiveness of multisensory environments on the level of activity of individuals with profound multiple disabilities. Journal of Applied Research in Intellectual Disabilities 16, 135–143

Ware, J. (1996): Creating a responsive environment for people with profound and multiple learning difficulties. Fulton, London

Wechsler, D. (1989): WPPSI-R manual: Wechsler Preschool and Primary Scale of Intelligence-Revised. Psychological Corporation, New York

White, O., Edgar, G., Hating, N., Affleck, J., Hayden, A., Bendersky, M. (1981): Uniform Performance Assessment System. Charles E. Merrill, Columbus/Ohio

Wilder, J. (2008): Video observations of dyadic interaction: Behaviour style of presymbolic children. Scandinavian Journal of Disability Research 10, 104–124

Wilder, J., Granlund, M. (2003): Behaviour style and interaction between seven children with multiple disabilities and their caregivers. Child: Care, Health and Development 29, 559–567

Wind, A., Sarimski, K. (2012): Alltag, Pflegeunterstützung und schulische Versorgung aus Sicht der Eltern von Kindern mit Trachealkanüle. Sonderpädagogische Förderung heute 57, 91–105

Zijlstra, H., Vlaskamp, C. (2005): The impact of medical conditions on the support of children with profound intellectual and multiple disabilities. Journal of Applied Research in Intellectual Disabilities 18, 151–161

Zimmermann, I., Steiner, V., Pond, R. (1992): Preschool Language Scales – third edition. Psychological Corporation, San Antonio

Sachregister

Leseprobe

Leseprobe aus

Klaus Sarimski / Manfred Hintermair / Markus Lang:

Familienorientierte Frühförderung von Kindern mit Behinderung

3.4 Alltags- und Lebensweltorientierung in der Praxis

Es gelingt vor allem dann, die soziale Teilhabe und die Kompetenzen des Kindes im Alltag zu fördern, wenn die Eltern dafür sensibilisiert werden, wie viele Gelegenheiten das gemeinsame Spiel oder andere alltägliche Begebenheiten dazu bieten. Das *Vertrauen der Eltern in ihre eigenen Fähigkeiten* zu stärken, den Lernprozess des Kindes wirksam unterstützen zu können, ist dabei essenziell. Die Eltern sollten jedoch nicht dazu aufgefordert werden, eine bestimmte Zeit ihres Tages für gezielte und geplante Übungen mit ihrem Kind zu „reservieren". Es geht vielmehr darum, sie in der Gestaltung ihrer Interaktion mit dem Kind so zu beraten, dass es in möglichst vielen Situationen von ihnen wirksame Hilfen zum Erwerb neuer Kompetenzen erhält (Dunst et al. 2001, 2010; Dunst/Swanson 2006). Die Wirksamkeit von Frühfördermaßnahmen hängt dabei von vier Prinzipien ab:

- Es sollten Lernsituationen gewählt werden, die im Familienleben bedeutsam sind und sich als Kontext eignen, um sozial-adaptive „Schlüsselkompetenzen" zur Teilhabe am familiären Alltag zu erwerben.

reinhardt
www.reinhardt-verlag.de

- Es sollten Lernanlässe gewählt werden, die dem Kind die Möglichkeit zu Eigeninitiative und zum Erwerb von Fähigkeiten bieten, mit denen es seine eigenen Ziele erreichen kann.
- Beratung und Anleitung von Eltern sind dann effektiv, wenn sie das Zutrauen der Eltern in ihre eigenen Fähigkeiten stärken, die Entwicklung ihres Kindes wirksam beeinflussen zu können.
- Die Aufgabe der Fachkraft ist es, wirksame (d. h. durch empirische Forschungsergebnisse belegte) Strategien zu vermitteln, wie kindliche Fähigkeiten unter den Bedingungen einer bestimmten Behinderung gefördert werden können, und die Eltern dabei zu unterstützen, sich ihrer „Selbstwirksamkeit" bewusst zu werden. Förderaktivitäten, die die Fachkraft selbst mit dem Kind durchführt, dienen dazu, den Eltern Beispiele zu geben, an denen sie sich orientieren können.

Tipp

Nutzen Sie für die Entwicklungsförderung ein möglichst breites Spektrum an vorbereiteten und spontan entstehenden Lernsituationen im Familienalltag – sowohl innerhalb als auch außerhalb der eigenen Wohnung. Spielsituationen, gemeinsame Mahlzeiten, Körperpflege im Badezimmer, das Backen eines Kuchens, ein Gang zum Spielplatz, eine Autofahrt, ein Besuch am Ententeich oder im Schwimmbad – all das (und vieles mehr) bietet Gelegenheit, kindliche Kompetenzen zu fördern.

Manchmal kann es ratsam sein, Fertigkeiten zunächst in isolierten Übungssituationen zu erproben. Wenn z.B. der Gebrauch von Gebärden für ein Kind noch gänzlich fremd ist, können sie zunächst mit Hilfe von Bildkarten eingeübt werden, bevor sie dann später in den Alltag übernommen werden.

Leseprobe

Fallbeispiel

Svenja, ein Mädchen mit Downsyndrom, kann sich bislang im Alltag nur verständlich machen, indem sie auf das zeigt, was sie möchte. Der Erwerb von ersten Worten oder weiteren Gebärden hat für die Eltern hohe Priorität. Dies kann anhand von Bildkarten geübt werden, auf denen verschiedene Dinge abgebildet sind, die es in der Familie z.B. zum Frühstück gibt. Der Gebrauch von Worten oder Gebärden wird während der Mahlzeiten geübt, indem Svenja jeweils vor die Wahl gestellt wird, ob sie Tee oder Kakao trinken, Müsli oder Brot, Streichkäse oder Salami essen möchte.

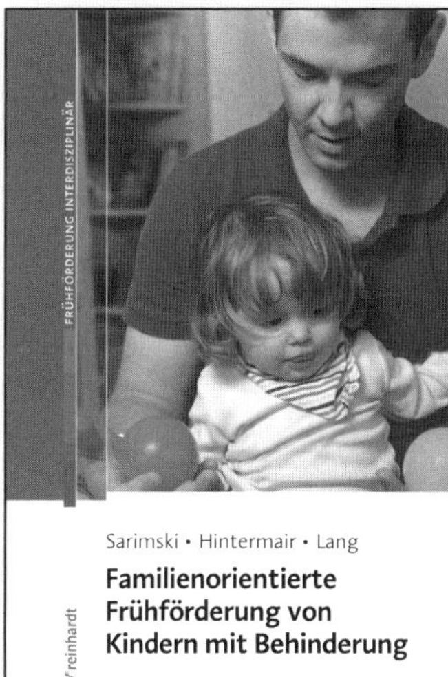